Italienisch

Rätsel & Übungen *für zwischendurch*

Italienisch
Rätsel & Übungen
für zwischendurch

Jetzt neu mit Verbtabellen

Weltbild

Genehmigte Lizenzausgabe der Verlagsgruppe Weltbild GmbH,
Steinerne Furt, 86167 Augsburg
Copyright der Originalausgaben
Italienisch ganz leicht. Rätsel und Übungen für zwischendurch
© 2007 by Max Hueber Verlag, 85737 Ismaning
Verbtabellen Italienisch
© 2006 by Max Hueber Verlag, 85737 Ismaning
Umschlaggestaltung: Atelier Seidel, Teising
Umschlagmotiv: Atelier Seidel, Teising
(unter Verwendung von istockphotos)
Gesamtherstellung: Bagel Roto-Offset GmbH & Co. KG, Schleinitz
Printed in the EU
ISBN 978-3-8289-2243-3

2008   2007
Die letzte Jahreszahl gibt die aktuelle Lizenzausgabe an.

Einkaufen im Internet:
www.weltbild.de

Teil 1

Johannes Schumann

Italienisch ganz leicht
Rätsel & Übungen *für zwischendurch*

Vorwort

Wie oft hat man nicht zwischendurch mal ein paar Minuten Zeit zum Lernen! Im Bus, am Strand, im Café ... Nutzen Sie diese Zeit zum Wiederholen und Entdecken von Neuem. Mit *Italienisch ganz leicht Rätsel und Übungen für zwischendurch* können Sie Ihren Grundwortschatz festigen und erweitern – eben auf ganz leichte Art! Dieses Buch bietet Ihnen 100 abwechslungsreiche Rätsel und Übungen (im Folgenden „Tests" genannt) zu verschiedenen Themenbereichen. Die Lösungen im Anhang geben Ihnen die nötige Sicherheit und Kontrolle.

Denken Sie daran, dass es nicht wichtig ist, möglichst viele Tests hintereinander zu lösen. Prägen Sie sich jeweils nur einen Test gut ein – aber möglichst regelmäßig und am besten täglich. Markieren Sie, was Ihnen wichtig ist und was Sie lernen möchten.
Beim Wortschatzerwerb spielt die Häufigkeit der Wiederholung die entscheidende Rolle, damit Neues ins Langzeitgedächtnis übergehen kann.

Dieses Testbuch ist geeignet für erwachsene Selbstlerner, aber auch für Schüler, die in abwechslungsreicher und spielerischer Form ihre Sprachkenntnisse auffrischen wollen.

Wir wünschen Ihnen viel Spaß!

INHALT

DIESE ARTEN VON TESTS GIBT ES

Hinweis: Einige Testnummern sind unter mehreren Rubriken genannt.

TESTS ZU BESTIMMTEN THEMEN

TESTS ZU WORTSCHATZ UND GRAMMATIK

Finden Sie die logische Entsprechung.

> acqua aereo arredamento ascoltare bicchiere colore
> farmacista guanto nano occhiali parete piccolo ~~pittura~~
> povero pulsante riscaldamento risolvere scuro sentire
> tagliare

1. Mozart : musica = Picasso : _pittura_____
2. giorno : chiaro = notte : _____
3. occhio : vedere = orecchio : _____
4. penna : scrivere = coltello : _____
5. bruciare : fuoco = scorrere : _____
6. elefante : grande = topo : _____
7. libro : leggere = radio : _____
8. enigma : scoprire = problema : _____
9. libreria : libri = ottico : _____
10. giacca : abbigliamento = divano : _____
11. freddo: aria condizionata = caldo : _____
12. navigare : barca = volare : _____
13. lampada : interruttore = ascensore : _____
14. generoso : avaro = ricco : _____
15. panetteria : panettiere = farmacia : _____
16. ovale : forma = viola : _____
17. piede : scarpa = mano : _____
18. tappeto : pavimento = quadro : _____
19. grande : piccolo = gigante : _____
20. caffè : tazza = vino : _____

Setzen Sie ein.

> Attenti bagagli buona denaro Dove ~~errore~~ esperienza
> Ha La Le maniglia Normale passo privato resistenza Si
> Si treno tutto Vorrei

1. Da irren Sie sich. > Lei si sbaglia / Lei è in _errore_____.
2. Haben Sie einen Ausweis bei sich? > _____ un documento?
3. Kann man am Ort Fahrräder anmieten? > _____ possono noleggiare biciclette in loco?
4. Das ist eine gute Idee. > È una _____ idea.
5. Ich möchte Salat mit Öl und Zitrone angemacht. > _____ dell'insalata condita con olio e limone.
6. Schritt fahren! > A _____ d'uomo!
7. den Griff ziehen > tirare la _____
8. Der Zug hält nicht. > Il _____ non ferma.
9. Ihr Wagen behindert den Verkehr. > _____ sua vettura intralcia il traffico.
10. Widerstand leisten > opporre _____
11. Wie schmeckt's? > È buono? / _____ piace?
12. Liegt es am Meer? > _____ trova sul mare?
13. Sind die Zimmer mit eigenem Telefon ausgestattet? > Le stanze hanno il telefono _____?
14. alles Mögliche > _____ il possibile / di tutto
15. Wo kann ich Briefmarken kaufen? > _____ posso comprare dei francobolli?
16. Holen Sie bitte mein Gepäck ab. > Per favore, ritiri i miei _____.
17. Normal oder Super? > _____ o super?
18. Vorsicht! Bissiger Hund! > _____ al cane!
19. Zeit ist Geld > il tempo è _____
20. aus Erfahrung > per _____

Kreuzworträtsel

¹T	A	²L		³		⁴		⁵		⁶		⁷		⁸
⁹			¹⁰								¹¹			
¹²	¹³				¹⁴	¹⁵				¹⁶		¹⁷		
				¹⁸										
¹⁹			²⁰		²¹			²²						
			²³			²⁴								
²⁵			²⁶					²⁷						
		²⁸												
²⁹						³⁰				³¹				
				³²										
³³	³⁴	³⁵	³⁶		,			³⁷						
³⁸			³⁹					⁴⁰						

WAAGERECHT

1 Hanno fatto un t** rumore che i vicini hanno chiamato la polizia.

3 I tuoi genitori lo s**** che sei qui?

6 Oggi il c**** è molto nuvoloso.

9 Padre nostro che sei n** cieli.

10 Ha dovuto prendere dei f****** molto potenti per poter guarire.

11 Quattro più t** fa sette.

12 È meglio e***** soli che male accompagnati.

14 Bambini, giocate piano. Papà potrebbe a******* se vi sente!

19 Luca, s** buono e vai a prendermi le forbici che stanno in quella scatola.

20 È un bravo impiegato, ma non r***** a integrarsi nel nuovo
    ambiente di lavoro.

22 Non mi sento a mio a*** in questo vestito.

23 Di chi è questo regalo ? Mio o t**?

25 O*** volta che mangio al ristorante mi sento male.

26 Ho camminato troppo. Sono s*****.

27 La chiesa e** del XIII secolo.

29 Per t******* questo testo avrei bisogno di un buon vocabolario.

30 Lo scoiattolo si arrampicò in cima all'a*****.

33 Mi dispiace, non posso mangiare, ho m** di stomaco.

35 Questa pentola è d'a****** inossidabile.

37 S** andando al cinema. Vuoi venire anche tu?

38 Mia madre a**** a Forlì.

39 Sono molto l**** di fare la sua conoscenza.

40 Ho d** sorelle, Chiara e Maria.

SENKRECHT

1 Vorrei comprare delle t**** per questa finestra.

2 Come sta? Bene, e L**?

3 Non mi è mai successo di s******* di mal di mare.

4 La tramontana è un vento del N***.

5 Desidera ancora qualcosa da bere? Basta così, per o**.

6 Preferisci la birra c***** o scura?

7 Il contrario dell'Ovest è l'E**.

8 Il volo per Londra dura due o**.

13 La matematica è una s****** esatta.

15 Cosa d***** i tuoi colleghi del nuovo capo?

16 Le bretelle servono a r****** i pantaloni.

17 La Sicilia è un'i**** molto bella.

18 Non m***** niente nel caffè, non prendo mai zucchero.

19 Il nuoto è uno s**** che fa molto bene alla salute.

21 Buon giorno, signor Rossi! Sta bene? E S** moglie?

24 Sono di nuovo tornati! E cosa v******* ancora?

28 La ruota anteriore della tua macchina è b*****.

31 Il basilico ha un o**** molto gradevole.

32 Quella signora si sente m***, chiamate un dottore!

33 Mi versi un po' di caffè nella m** tazza?

34 Mario è sempre di cattivo umore, con l** non si può mai scherzare!

36 C** caldo che fa sarà meglio smettere di lavorare ed andare al mare.

37 Il S** dell'Italia è più caldo del Nord.

TEST 4

Finden Sie die logische Entsprechung.

automobili bere ~~campanello~~ C.A.P. Danimarca fermarsi
figlia gamba igienica nuotare palcoscenico pesante
Paese racchetta scompartimento pattumiera shampoo
verdura vite vitello

1. automobile : clacson = bicicletta : _campanello_
2. arancio : frutta = cetriolo : _____
3. violino : strumento musicale = Italia : _____
4. Lisbona : Portogallo = Copenhagen : _____
5. automobile : ruota = tavolo : _____
6. cucchiaio : mangiare = bicchiere : _____
7. porto : navi = parcheggio : _____
8. pelle : saponetta = capelli : _____
9. martello : chiodo = cacciavite : _____
10. aquila : volare = balena : _____
11. padre : figlio = madre : _____
12. gallina : pulcino = mucca : _____
13. cinema : schermo = teatro : _____
14. box : guanto = tennis : _____
15. sigaretta : portacenere = immondizia : _____
16. bocca : tovagliolo = sedere : carta _____
17. casa : numero civico = città : _____
18. lettera : leggera = pacco : _____
19. verde : passare = rosso : _____
20. casa : stanza = treno : _____

11

Finden Sie die passenden Bedeutungen für die Redensarten.

1. avere l'acqua alla gola	a) trovarsi molto lontano
2. stare con un piede nella fossa	b) essere molto affamato
3. avere una fame da lupi	c) essere molto fortunato
4. battere il ferro finché è caldo	d) fare buona impressione
5. dare un bidone a qd.	e) insistere
6. essere nato con la camicia	f) non aver senso
7. essere solo come un cane	g) non avere nessun valore
8. fare bella figura	h) non dormire
9. finire in una bolla di sapone	i) non presentarsi all'appuntamento
10. essere in capo al mondo	j) non realizzarsi
11. non avere né capo né coda	k) sentirsi abbandonato
12. non valere un fico	l) stare per morire
13. passare la notte in bianco	m) trovarsi in difficoltà

TEST 6

Setzen Sie ein.

bisogno evento fretta lacrime lavorare nessuno oro ~~ossa~~
pancia porre possibile pulirsi raccolto scale sera sole Stavo
Tre versare vuole

1. nass bis auf die Haut > bagnato fino alle _ossa_
2. Ich gehe die Treppe hinunter. > Scendo le _____.
3. Ich wollte gerade weggehen. > _____ per uscire.
4. schwer arbeiten > _____ duramente
5. keiner von beiden > _____ dei due
6. sich die Nase putzen > _____ il naso
7. Die Sonne scheint. > C'è il _____.
8. ein freudiges Ereignis > un lieto _____
9. eine Frage stellen > _____ una domanda
10. eine gute Kartoffelernte > un buon _____ di patate
11. eines Abends > una _____
12. mit Tränen in den Augen > con le _____ agli occhi
13. in Eile sein > avere _____
14. in ein Glas gießen > _____ in un bicchiere
15. golden / aus Gold > d'_____
16. soviel wie möglich > quanto più _____
17. er will nicht hören > non _____ sentire
18. Drei mal drei ist neun. > _____ per tre fa nove.
19. es ist nicht nötig > non è necessario / non ce n'è _____
20. etwas gegen Bauchweh > qualche cosa contro il mal di _____

Finden Sie das Gegenteil zu den Verben.

~~arrivare~~ difendere distruggere prendere punire ringraziare
rispondere scendere smettere spegnere svegliarsi ubbidire

1. partire - *arrivare*
2. cominciare - _____
3. attaccare - _____
4. costruire - _____
5. comandare - _____
6. ricompensare - _____
7. pregare - _____
8. dare - _____
9. accendere - _____
10. addormentarsi - _____
11. salire - _____
12. domandare - _____

TEST 8

Setzen Sie die Sätze in die richtige Reihenfolge.

◯ Vuole bere con lui un paio di whisky.

◯ Undici cadono subito stecchiti.

(1) Un cowboy entra in un locale insieme ad un amico.

◯ Poi il cowboy tira fuori la pistola e spara agli uomini.

◯ Ma al bar sono seduti già dodici uomini.

◯ Il cowboy ne indica uno e chiede: ‚Vedi quello lì?'

◯ Dice: ‚Intendevo quello lì.'

◯ Allora il cowboy indica quello che è rimasto.

◯ ‚Quello non lo posso proprio soffrire.'

◯ ‚Non so quale intendi', risponde l'amico.

◯ ‚E cosa volevi dirmi a proposito di quello?', vuole sapere l'amico.

Setzen Sie ein.

abbiamo accettano aspetti aver che chiamare Come completo con cose dalla debiti ~~dove~~ forte giocare inviamo La Natale stazione

1. Woher rufst du an? > Da _dove_ telefoni?
2. Wann kommst du? > Quando vieni? / A _____ ora arrivi?
3. Darf man Hunde mitbringen? > Si _____ cani?
4. Karten spielen > _____ a carte
5. Ich möchte Salat mit Öl und Zitrone angemacht. > Vorrei dell'insalata condita _____ olio e limone.
6. Schulden machen > fare dei _____
7. Ihre Firma wurde uns durch ... empfohlen. > _____ Vostra ditta ci è stata consigliata / reccomandata da ... .
8. Wie bitte? > _____? / Come dice, per favore?
9. Wie weit ist das Hotel vom Strand entfernt? > Quanto dista l'Hotel _____ spiaggia?
10. Dieser Koffer enthält nur persönliche Dinge. > Questa valigia contiene solo _____ personali.
11. wir sind gleich alt > _____ la stessa età
12. Warten Sie! > _____!
13. Als Anlage senden wir Ihnen unseren neuesten Katalog. > In allegato Vi _____ il nostro ultimo catalogo.
14. Wo kann ich eine Tankstelle finden? > Dove posso trovare una _____ di rifornimento?
15. Holen Sie den Arzt! > Vada a _____ il medico!
16. voll besetzt > occupato / al _____
17. Sprich lauter! > Parla più _____!
18. Fröhliche Weihnachten! > Buon _____!
19. Lust haben zu > _____ voglia di

Bilden Sie aus den Silben die richtige Hauptstadt.

A - BEL - BER - BRIA - ~~BRU~~ - BU - BU - CA - CO - COL - DA -
DO - DRA - DRID - FIA - GA - GA - GEN - GI - GRA - HA - ~~LES~~ -
LI - LON - MA - MA - MA - MO - NA - NA - NA - NE - O - PA -
PEN - PEST - PRA - REST - RI - RO - SA - SBO - SCA - SLO - SO -
STOC - TE - VAR - VIA - VIEN - ~~XEL~~ - ZA

1. Belgio - BRU-XEL-LES
2. Bulgaria - _____
3. Danimarca - _____
4. Francia - _____
5. Grecia - _____
6. Gran Bretagna - _____
7. Italia - _____
8. Iugoslavia - _____
9. Croazia - _____
10. Norvegia - _____
11. Austria - _____
12. Polonia - _____
13. Portogallo - _____
14. Romania - _____
15. Russia - _____
16. Svezia - _____
17. Svizzera - _____
18. Spagna - _____
19. Repubblica Ceca - _____
20. Ungheria - _____

Mit welchen Körperteilen kann man das tun?

gli occhi – gli orecchi – le dita – le labbra – la lingua – i denti –
i muscoli – il cervello – il collo – il dito – il naso – il piede –
i polmoni – il pugno – le unghie – la mano – la pelle – le braccia
le gambe – le labbra

Con ...

1. si può abbracciare - _le braccia_ _____
2. si può mangiare - _____
3. si può pensare - _____
4. si può baciare - _____
5. si può colpire forte - _____
6. si può annusare - _____
7. si può vedere - _____
8. si può sentire - _____
9. si può scrivere a macchina - _____
10. si può fischiare - _____
11. si può scrivere - _____
12. si può indicare qualcosa - _____
13. si può sentire la temperatura - _____
14. si può gustare il sapore - _____
15. si può graffiare - _____
16. si può muovere la testa - _____
17. si può inspirare l'aria - _____
18. si può usare la propria forza - _____
19. si può frenare - _____
20. si può correre forte - _____

Setzen Sie ein.

> albero alla cambiato corrente cotto dividere esercitare interessa modo ~~preparare~~ primo questa Questi restare sbagliarsi scherzo spegnere su succedere sveglia

1. das Essen kochen > _prepare_____ da mangiare

2. Das ist nicht deine Sache. > _____ non sono fatti tuoi.

3. Ich habe kein Interesse daran. > Questo non m'_____.

4. den Motor abstellen > _____ il motore

5. der, die, das erste > il _____ / la prima

6. heute Nacht > _____ notte / stanotte

7. der Wecker geht richtig > la _____ è precisa

8. ein hohler Baum > un _____ cavo

9. eine Rede halten über > fare / tenere un discorso _____

10. einen Beruf ausüben > _____ una professione

11. am Ende der Straße > in fondo _____ strada

12. im Irrtum sein > essere in errore / _____

13. in Verbindung bleiben mit > _____ in contatto con

14. Er hat sich sehr verändert. > È _____ molto.

15. frisch, roh, gekocht, geräuchert > fresco, crudo, _____, affumicato

16. es einrichten, dass > fare in _____ che

17. es kommt vor, dass > può _____ che

18. auf dem Laufenden sein > essere al _____

19. durch vier teilen > _____ per quattro

20. aus Spaß / zum Spaß > per _____

Kreuzworträtsel

¹A	V	²E	R	³E		⁴		⁵		⁶		⁷		⁸
⁹				¹⁰								¹¹		
¹²		¹³					¹⁴				¹⁵			
					¹⁶									
¹⁷									¹⁸			¹⁹		
								²⁰						
²¹				²²										
			²³											
²⁴						²⁵								
					²⁶									
²⁷		²⁸		²⁹							³⁰			
³¹							³²							

WAAGERECHT

1   Potrei a**** un bicchiere d'aranciata per favore?

4   Questo è proprio un vino di qualità s********.

9   È meglio che il segreto rimanga t** di noi.

10   Non essere in c****** con me , non ho fatto niente!

11   Ho finito. O** possiamo andare.

12   Il pranzo è p****. Venite a tavola.

14   Quello del falegname è un m****** molto interessante.

17   Sulla s********* del lago galleggiavano molte barche a vela.

18   Non hai m*** da accendere, per favore?

21   Mi fanno male le o***. Forse ho i reumatismi.

22   Quando hai finito di telefonare, abbassa il r*********.

24 Mio zio Valerio è il f******* di mia madre.

25 Non r***** a cena da noi stasera?

27 Nove più t** fa dodici.

29 Questa è la sesta o la s****** volta che prendo l'aereo.

30 Non sono m** stato a Roma.

31 Il numero da Lei chiamato è occupato. Vi preghiamo di a********
in linea.

32 Quante persone c'e**** ieri sera a teatro?

SENKRECHT

1 Ecco il menù. Prendete qualcosa per a********?

2 E** molto tempo che non vedevo mia madre.

3 Hai preso tutto per andare al mare? Costume, asciugamano,
crema, e*******?

4 Accomodatevi nella s*** d'aspetto.

5 P********* non andare in vacanza piuttosto che dormire sotto
una tenda!

6 Ho detto a sua madre che Andrea dorme; in r***** è uscito e
non è ancora tornato.

7 I re magi portavano o**, incenso e mirra.

8 Domani ho l'e**** di guida. Fammi gli auguri.

13 Sonia abita dalla parte o****** della città.

15 Se vai all'e****** mi prenderesti il giornale?

16 È vietato lasciare b********* o motorini nel cortile.

19 Cosa gradisci per a********? Uno sherry o un martini?

20 Il medico è andato a v******* un paziente.

23 Ho deciso. Non ho più n***** dubbio.

24 Mi passeresti una f**** di torta, per favore?

26 Puoi d*** alla mamma che non torno a cena stasera?

28 Nord, Sud, Ovest, E**.

30 Vieni a bere un caffè a casa m**?

Finden Sie die logische Entsprechung.

> acqua arabo architettura aspirapolvere atterrare benzina
> Brasile fegato foto fotografica Indonesia lungo messicano
> musicale ~~pioggia~~ salato secco squadra testa vedere

1. sandali : sole = stivali : _pioggia_____
2. decollo : decollare = atterraggio : _____
3. Brasile : brasiliano = messico : _____
4. palude : umido = deserto : _____
5. lente : occhiali = obiettivo : macchina _____
6. uomo : alimentazione = motore : _____
7. musicista : orchestra = calciatore : _____
8. calza : piede = cappello : _____
9. microfono : parlare = lenti a contatto : _____
10. momento : eternità = breve : _____
11. disegnare : fotografare = disegno : _____
12. Delhi : India = Jakarta : _____
13. Volga : Russia = Rio delle Amazzoni : _____
14. Australia : inglese = Egitto : _____
15. espressionismo : pittura = gotico : _____
16. vulcano : fuoco = inondazione : _____
17. fuoco : estintore = polvere : _____
18. sigarette : polmone = alcool : _____
19. reni : organo = organo : strumento _____
20. zucchero : dolce = sale : _____

Setzen Sie ein.

Avete costo erano Faccia imparare incarti medico nelle parlare particolari raccomandata ritardo sè separarsi spettacolo stato telefono valige Vi Vorrei

1. Haben Sie einen Feuerlöscher? > _Avete_____ un estintore?
2. Machen Sie schnell! > _____ presto!
3. Ich möchte Vollpension. > _____ la pensione completa.
4. Beginn der Vorstellung um ... > Lo _____ inizierà alle ...
5. seine Koffer packen > fare le _____
6. lesen lernen > _____ a leggere
7. öffentlicher Fernsprecher > il _____ pubblico
8. Ihre Firma wurde uns von ... empfohlen. > La Vostra ditta ci è stata consigliata / _____ da ... .
9. Gibt es ein Einkaufszentrum in der näheren Umgebung? > C'è un centro commerciale _____ vicinanze?
10. sich trennen von > _____ da
11. Die Badezimmer waren unhygienisch. > I bagni non _____ puliti.
12. mit jemandem reden > _____ con qualcuno
13. Bitte wickeln Sie das ein. > Per favore, me lo _____.
14. um jeden Preis > ad ogni _____
15. ins Einzelne gehen > entrare nei _____
16. Können Sie mein Fahrzeug reparieren? > _____ è possibile riparare la mia macchina?
17. Holen Sie den Arzt! > Vada a chiamare il _____!
18. von sich hören lassen > farsi vivo / dare notizie di _____
19. Es gab einen Unfall. > C'è _____ un incidente.
20. zu spät kommen > arrivare in _____

Bilden Sie Redensarten.

1. andare	a) in aria
2. avere fin	b) a farsi benedire
3. avere l'acqua	c) bianca a qd.
4. cadere dal	d) la camicia
5. dare carta	e) ardenti
6. dare	f) sopra i capelli
7. essere nato con	g) sonno
8. essere solo	h) come un cane
9. essere sui carboni	i) un bidone a qd.
10. fare castelli	j) alla gola
11. fare una	k) al mondo
12. finire in	l) né capo né coda
13. in capo	m) barca di soldi
14. mettere il bastone	n) il cane che dorme
15. non avere	o) una bolla di sapone
16. non svegliare	p) tra le ruote a qd.
17. passare la notte	q) fuor d'acqua
18. rimandare alle	r) un capello in quattro
19. sentirsi un pesce	s) in bianco
20. spaccare	t) calende greche

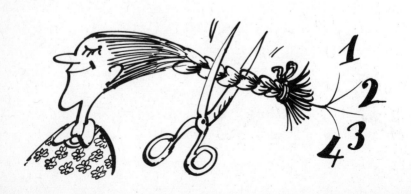

Finden Sie waagerecht oder senkrecht 26 Gemüsesorten.

B	R	O	C	C	O	L	I	V	E	C	H	A	M	P
X	F	S	P	I	N	A	C	I	P	O	L	L	E	E
A	L	N	S	**C**	**I**	**P**	**O**	**L**	**L**	**I**	**N**	**A**	L	P
S	P	R	E	Z	Z	E	M	O	L	O	J	H	A	E
P	C	A	V	O	L	O	A	G	L	I	O	Q	N	R
A	F	G	O	W	Z	U	C	C	H	I	N	E	Z	O
R	C	A	V	O	L	F	I	O	R	E	M	H	A	N
A	C	I	C	O	N	D	I	M	E	N	T	I	N	E
G	E	N	A	F	U	N	G	H	I	B	E	N	E	P
I	T	S	R	V	A	R	A	V	A	N	E	L	L	I
B	R	A	C	B	Y	P	O	M	O	D	O	R	I	S
E	I	L	I	H	A	M	L	C	A	R	O	T	E	E
L	O	A	O	P	A	T	A	T	E	R	B	A	L	L
S	L	T	F	A	G	I	O	L	I	H	X	H	V	L
T	I	A	O	O	R	P	O	R	R	O	N	V	I	I

Setzen Sie ein.

anni ~~autocarro~~ bene cogliere corrente coscienza costano
Che dalla dalla discorrere favore impiego Lei margini sta
storia Spegni testimone visitare

1. das Lastauto / der Laster / der LKW / der Lastwagen >
   l'_**autocarro**_____ / il camion
2. Was für ein Glück! > _____ fortuna!
3. Das ist sehr freundlich von Ihnen. > _____ è molto gentile.
4. Ober, die Rechnung bitte! > Cameriere, il conto, per
   _____!
5. Sei anständig! > Comportati _____!
6. den Strom abschalten > staccare la _____
7. die Gelegenheit ergreifen > _____ l'occasione
8. die deutsche Geschichte > la _____ della Germania
9. Wie geht es Ihnen? > Come _____?
10. Wieviel kosten die Äpfel? > Quanto _____ le mele?
11. ein Gespräch führen mit > _____ con /
    conversare con
12. ein reines Gewissen haben > avere la _____
    pulita / tranquilla
13. eine Stelle bekommen > ottenere un _____
14. einen Kranken untersuchen > _____ un malato
15. am Straßenrand > ai _____ della strada
16. Wollen Sie als Zeuge aussagen? > Vuol deporre come
    _____?
17. Er ist zwanzig Jahre jünger als ich. > Ha venti _____
    meno di me.
18. Stell das Radio ab! > _____ la radio!
19. auf der falschen Seite > _____ parte sbagliata
20. aus dem Wagen steigen > scendere _____ macchina

Setzen Sie ein.

accelerare   acqua   automobile   Bisogna   cortile   dei   di
Disturbo   feriti   Faccia   lana   luna   meglio   offrirVi   Qual'
Quanto   Questo   ritardo   servizio   ~~verdura~~

1. Haben Sie gekochtes Gemüse? > Ha della _verdura____ cotta?

2. Ich bin etwas spät. > Sono un po' in _____.

3. Das Wasser kocht. > L'_____ bolle.

4. Gas geben > _____

5. Was kostet das Buch? > _____ costa il libro?

6. Das muss anders werden! > _____ cambiare sistema!

7. Lassen Sie sich Zeit! > _____ con calma / comodo!

8. Ich brauche eine Luftmatratze. > Avrei bisogno _____ un
   materassino gonfiabile.

9. Ich möchte einen Wagen mieten. > Vorrei noleggiare
   un'_____.

10. Schulden machen > fare _____ debiti

11. der Mond scheint > c'è la _____

12. Wie hoch ist die erlaubte Höchstgeschwindigkeit? > _____ è la
    velocità massima consentita?

13. Niemand ist ernstlich verletzt. > Non ci sono _____ gravi.

14. Dieser Pass ist abgelaufen. > _____ passaporto è scaduto.

15. Wir sind in der Lage, Ihnen ... anzubieten. > Siamo in grado di
    _____ ... .

16. alles daran setzen / sein Möglichstes tun > fare del proprio
    _____

17. Ist die Bedienung inbegriffen? > Il _____ è compreso?

18. Störe ich? > _____?

19. auf dem Hof > in _____

20. aus Wolle > di _____

Finden Sie die logische Entsprechung.

abitare calcolare ~~canottiera~~ cattolico cavallo comporre
deserto domestico dorso duro francese gas Grecia Irlanda
lana mese pelle pesce porcellana solido

1. pantalone : slip = camicia : _canottiera_
2. ferro : metallo = ossigeno : _____
3. cuscino : morbido = pavimento : _____
4. leone : animale predatore = gatto : animale _____
5. parcheggio : parcheggiare = villa : _____
6. Bruxelles : Belgio = Atene : _____
7. agnello : pecora = puledro : _____
8. penna : scrivere = calcolatrice : _____
9. mercoledì : giorno = luglio : _____
10. Spagna : spagnolo = Francia : _____
11. Lutero : protestante = Papa : _____
12. rasoio : barba = crema : _____
13. gorilla : giungla = cammello : _____
14. davanti : petto = dietro : _____
15. autore : scrivere = compositore : _____
16. acqua : liquido = ghiaccio : _____
17. piccione : uccello = squalo : _____
18. libro : carta = maglione : _____
19. albero : legno = piatto : _____
20. Helsinki : Finlandia = Dublino : _____

TEST 21

Setzen Sie ein.

aspetto cammino certo Ci contrario ~~coscienza~~ dare
importa io Il meno mezzogiorno modo posto pulizia
Pittura regola rispetto specchio stiri

1. nach bestem Gewissen handeln > agire secondo __coscienza__
2. Darf ich die Rechnung haben? > _____ conto, per favore.
3. Aber gewiss! / Klar! > Chiaro! / Ma _____!
4. ich an Ihrer Stelle > se fossi al _____ Suo
5. ich mache mir nichts daraus > non me ne _____ niente
6. schlecht aussehen > avere una brutta cera / l'_____
   malato
7. gegen Mittag > verso _____
8. meines Wissens / soviel ich weiß > per quanto ne so _____
9. auf die Nerven gehen > _____ ai nervi / urtare i nervi
10. wenn Sie nichts dagegen haben > se non ha nulla in

    _____

11. vernünftig reden > ragionare / parlare in _____ ragionevole
12. sich auf den Weg machen > incamminarsi / mettersi in

    _____

13. Die Zimmer wurden sehr unzureichend gereinigt. > La
    _____ delle stanze era decisamente scarsa.
14. Sieh in den Spiegel! > Guarda nello _____!
15. Bitte bügeln Sie diese Anziehsachen/Kleidungsstücke. > Per
    favore, _____ questi vestiti.
16. im Verhältnis zu > in confronto a / _____ a
17. in der Regel > di _____ / normalmente
18. Frisch gestrichen! > _____ fresca! / Dipinto di fresco!
19. Es ist 10 vor eins. > È l'una _____ 10 / mancano
    10 minuti all'una.
20. Es hat fünfzehn Grad Kälte. > ___ sono quindici gradi sotto zero.

Was passt links und rechts zusammen?

1. fiori   biglietto
2. automobile   portabagagli
3. treno   vaso
4. caffè   coperchio
5. pentola   zucchero

a. minestra   skilift
b. febbre   cucchiaio
c. scala   ringhiera
d. salsiccia   termometro
e. neve   coltello

I. bicicletta   clown
II. teatro   pelle
III. bar   birra
IV. circo   campanello
V. borsa   palcoscenico

A. zoo   stella
B. finanza   valigia
C. cielo   musica
D. discoteca   animali
E. bagagli   tasse

Setzen Sie ein.

> Abbiamo bruciare completa con Controlli darsi figli motivi pane passarmi pezzi prime scala scopo spaccare specialità spese Si tutta ~~un~~

1. Haben Sie einen Feuerlöscher? > Avete __un__ estintore?
2. Mangel an Brot haben > mancare il _____
3. Papier verbrennen > _____ della carta
4. das Ziel erreichen > raggiungere lo _____ / la meta / l'obiettivo
5. Was ist Ihre Spezialität? > Qual è la Vostra _____?
6. Das mag stimmen. > Può _____.
7. Ich möchte Vollpension. > Vorrei la pensione _____.
8. den ganzen Tag hindurch / lang > per _____ la giornata
9. Setzen Sie sich! > _____ sieda! / S'accomodi!
10. Ihre Sendung haben wir empfangen/erhalten. > _____ ricevuto la Vostra spedizione.
11. die Kosten tragen > accollarsi le _____
12. Wie heißen die Kinder? > Come si chiamano i _____?
13. Wir haben 100 Stück auf Lager. > Abbiamo 100 _____ (in magazzino).
14. am frühen Nachmittag > nelle _____ ore del pomeriggio
15. Können Sie mich mit dieser Nummer verbinden? > Può _____ questo numero?
16. Holz hacken > _____ la legna
17. Streit anfangen mit > attaccare briga _____
18. Schauen Sie auch nach dem Ölstand. > _____ anche l'olio.
19. auf die Leiter steigen > salire sulla _____
20. aus guten Gründen > per dei buoni _____ / per delle valide ragioni

Kreuzworträtsel

¹P	U	²G	N	³O		⁴		⁵		⁶		⁷		⁸
⁹				¹⁰								¹¹		
¹²		¹³					¹⁴					¹⁵		
¹⁶						¹⁷				¹⁸				¹⁹
										²⁰				
²¹						²²								
			²³											
²⁴							²⁵							
						²⁶								
²⁷		²⁸		²⁹								³⁰		
³¹									³²					

WAAGERECHT

1 La squadra aveva ormai la vittoria in p****.

4 Mi sento la c******** un po' sporca.

9 Matteo è molto grande per la sua e**.

10 Luisa vuole t****** il biglietto del concerto come ricordo.

11 Io mi chiàmo Rossi, e L**?

12 Da d***** mi metto a dieta.

14 Abbiamo sbagliato strada. Dobbiamo tornare i*******.

16 Mi r********, non abbiamo più biglietti per il concerto.

18 Esco a prendere un po' d'a***.

21 Che bella i*** andare a fare un picnic in montagna!

22 Se vogliamo andare a mangiare in quel ristorante è meglio
p********.

24 Quale argomento vogliamo t******* oggi?

25 Su questa autostrada ci sono l***** in corso.

27 Sei più t** fa nove.

29 Non scrivere ai m****** di questo foglio.

30 Sei m** stato a Pompei?

31 Questo vino ha un sapore strano, deve essersi i********.

32 Gli operai e**** alla fine del loro turno di lavoro.

SENKRECHT

1 Vengo a p******** alle nove, va bene?

2 Ho g** finito di fare i compiti.

3 Il mio amico ha fatto domanda per o******* il permesso di
lavoro.

4 Quella signora possiede due c*** e tre gatti.

5 Quelle due signore s*** ***** vengono dalla Germania.

6 All'i***** della partita i nostri giocatori sembravano molto forti.

7 Ci sono molte storie interessanti n** libro che sto leggendo.

8 Matteo è un mio caro vecchio a****.

13 Mi piace cucinare alla mia m******.

15 Quando sei t******? Poco fa.

17 Mario e Luciana vanno dall'avvocato, hanno deciso di
s********.

19 Cosa beviamo per a********?

20 Sai se l'acqua di questa fontana è p*******?

23 Ho paura, s***** vicino!

24 Gli impiegati di quell'ufficio sono t**** malati.

26 Mio fratello non è mai stato un t*** molto puntuale.

28 Simona e** una bambina bionda con gli occhi azzurri.

30 Avete visto la m** borsa? L'avevo appoggiata qui.

Finden Sie die logische Entsprechung.

> asciutto banda blu bottone bruciare candela coperta
> critica estate freddo ~~marinaio~~ monaco panettiere paura
> riso sano sedia spegnere timbro treno

1. ordinare : ubbidire = capitano : _marinaio_____
2. neve : inverno = fiori : _____
3. lodare : criticare = lode : _____
4. ventilatore : caldo : pelliccia : _____
5. sigarette : malato = verdure : _____
6. salsiccia : macellaio = pane : _____
7. rubinetto : chiudere = televisore : _____
8. persona : gruppo = malvivente : _____
9. coraggioso : pauroso = coraggio : _____
10. pioggia : bagnato = asciugamano : _____
11. giaccone : cerniera = camicia : _____
12. prato : verde = acqua : _____
13. donna : uomo = suora : _____
14. Italia : spaghetti : Asia : _____
15. firmare : firma = timbrare : _____
16. acqua : fuoco = affogare : _____
17. cameriere : ristorante = controllore : _____
18. fuori : dentro = piscina all'aperto : piscina _____
19. divano : poltrona = panca : _____
20. casa : capanna = lampada : _____

Setzen Sie die Vokale *a* oder *i* ein, um den Witz zu verstehen.

Un tizio ha un_ t_vol_ c_ld_ propr_o d_ fronte _d un_ b_nc_. _rr_v_ un vecch_o _m_co e d_ce: „Sent_, m_ pre-sterest_ de_ sold_?" – „M_ d_sp__ce, _m_co m_o, non posso!" – „E perché no?" – „Perché ho f_rm_to un contr_tto con l_ b_nc_!" – „Che t_po d_ contr_tto?" – „_n b_se _l contr_tto _o non presto sold_ e loro non vendono p_n_n_!"

Setzen Sie ein.

> bicchiere caldo cattivo comprendo differenza domando finestra ~~frontiera~~ grave lasciare mano nessuna occhio parti prepararsi proprio rimettersi sonnellino uguale ultime

1. über die Grenze fahren > passare la _frontiera_ _____

2. ich frage mich, warum > mi _____ perché

3. ich verstehe vollkommen > capisco / _____
   perfettamente

4. Sechs minus zwei ist gleich vier. > Sei meno due fa quattro / è
   _____ a quattro.

5. keineswegs / keinesfalls / ganz und gar nicht > in nessuno
   modo / per _____ ragione

6. gesund werden > _____ / guarire

7. sich fertig/bereit machen > _____

8. nichts Schlimmes > niente di _____ / male

9. die neuesten Nachrichten > le _____ notizie

10. ein Schläfchen machen > fare un _____ / pisolino

11. ein übler Geruch > un _____ odore

12. eine Zeile frei lassen > _____ una riga in bianco

13. einen Unterschied machen > fare una _____ /
    distinguere

14. mit bloßem Auge > a _____ nudo

15. jemandem helfen > dare una _____ a qc

16. in ein Glas gießen > versare in un _____

17. von allen Seiten / von überall her > da tutte le _____

18. Er tritt ans Fenster. > S'affaccia alla _____.

19. Es ist höchste Zeit. > È _____ ora.

20. Es wird warm. > Comincia a fare _____.

Finden Sie die richtigen Farben.

	R			A				
				R				O
	V		O	A				
				N		O		
	B		A	C				
			G	I		I		
G			L	O				
M		R		N				
			V	E		E		

Finden Sie das Gegenteil zu den Adjektiven.

alto   brutto   chiaro   conveniente   duro   lontano   lungo
magro   meridionale   morto   nero   noioso   piccolo   ~~pigro~~
poco   sano   sinistra   stupido   veloce

1. diligente - _pigro_____
2. grande - _____
3. grasso - _____
4. lento - _____
5. carino - _____
6. vicino - _____
7. scuro - _____
8. caro - _____
9. intelligente - _____
10. bianco - _____
11. morbido - _____
12. molto - _____
13. vivo - _____
14. avvincente - _____
15. basso - _____
16. settentrionale - _____
17. corto - _____
18. malato - _____
19. a destra - a _____

Setzen Sie ein.

<del>accendino</del> al bere chiama commerciare dove fumare In Ingresso litri luogo La macchina Natale oggi qui senza spesa successo vettura

1. Haben Sie ein Feuerzeug? > Avete un _accendino_____?
2. Was ist mit ihm los? > Che gli è _____?
3. Ich möchte dreißig Liter. > Ne vorrei trenta _____.
4. Tee trinken > _____ il tè
5. Mein Wagen hat kein Benzin mehr. > La mia automobile è
   rimasta _____ benzina.
6. Der Versand der Ware erfolgt mit der Bahn. > _____ spedizione
   della merce avviene per ferrovia.
7. Geschäfte machen / Handel treiben > _____
8. Pfeife rauchen > _____ la pipa
9. Sie dürfen den Wagen hier nicht stehen lassen. > Non può
   lasciare qui la _____.
10. Wie heißt er doch gleich? > Ma come si _____ quello?
11. Eintritt frei! > _____ libero!
12. Wir haben heute Ihre Sendung erhalten. > Abbiamo ricevuto
    _____ la Vostra spedizione.
13. Bitte schleppen Sie mein Fahrzeug ab. > Vi prego di rimorchiare
    la mia _____.
14. im oberen Stock > _____ piano di sopra
15. an Stelle von > in _____ / invece di
16. Können Sie mir sagen, wo das Konsulat ist? > Sa dirmi _____
    si trova il consolato?
17. einkaufen > fare la _____
18. zu Weihnachten > a _____
19. Würden Sie hier unterschreiben. > Per cortesia, firmi _____.
20. Auf welche Weise? > _____ che maniera / modo?

Finden Sie die logische Entsprechung.

> apriscatole ascoltare Bulgaria capitano cioccolato dimagrire gioielleria giorno lavorare lavoro lettere ~~paziente~~ ponte sera sordo stretta Spagna Terra valle vedere

1. insegnante : scolaro = medico : _paziente_
2. università : studiare = fabbrica : _____
3. automobile : garage = lettera : buca delle _____
4. bastone : camminare = occhiali : _____
5. luna : notte = sole : _____
6. giornale : leggere = musica : _____
7. occhio : cieco = orecchio : _____
8. aereo : pilota = nave : _____
9. alto : basso = montagna : _____
10. autostrada : larga = via : _____
11. inquilino : padrone di casa = lavoratore : datore di _____
12. medicina : farmacia = gioiello : _____
13. montagna : tunnel = fiume : _____
14. Ankara : Turchia = Sofia : _____
15. farina : pane = cacao : _____
16. inizio : fine = mattino : _____
17. Stoccolma : Svezia = Madrid : _____
18. noce : schiaccianoci = scatola : _____
19. astronomia : universo = geografia : _____
20. grasso : magro = ingrassare : _____

Setzen Sie ein.

> bel buona capace due fondo giorno gomma importanza
> male ~~Ne~~ pezzi piace preferire prezzi questo resto rilasciare
> ~~semiaperto~~ sta vino

1. halb offen > ___semiaperto___ / socchiuso
2. falsch verstehen > capire _____
3. Das gefällt mir sehr. > Mi _____ moltissimo.
4. das übrige Geld > il denaro che avanza / il _____ del denaro
5. Ich habe es satt. > _____ ho abbastanza.
6. Der Reifen ist geplatzt. > La _____ è scoppiata.
7. Die Preise steigen. > I _____ aumentano.
8. lieber wollen > _____
9. ein Weinglas > un bicchiere da _____
10. eine Erklärung abgeben > _____ una dichiarazione
11. eine günstige Gelegenheit > una _____ occasione
12. eines Tages > un _____
13. im Grunde genommen > in _____
14. in Stücke schneiden > tagliare a _____
15. wichtig sein / ins Gewicht fallen > avere _____
16. doppelt so viel / noch einmal so viel > il doppio / _____ volte tanto
17. Er wohnt bei mir. > Abita / _____ da me.
18. Es ist schönes Wetter. > Oggi è bello. / Oggi c'è _____ tempo.
19. auf diesem Gebiet > in _____ settore
20. außerstande sein zu > non essere _____ di

Kreuzworträtsel

¹M	E	²D	I	³A		⁴		⁵		⁶		⁷		⁸
				⁹										
¹⁰						¹¹		¹²						
¹³								¹⁴				¹⁵		
						¹⁶								
¹⁷				¹⁸				¹⁹				²⁰		²¹
						²²								
²³	²⁴			²⁵						²⁶				
							²⁷							
²⁸		²⁹				³⁰		³¹		³²				³³
³⁴										³⁵				
								³⁶						
³⁷										³⁸				

WAAGERECHT

1 Il pane costa in m**** duemila lire al chilo.

5 Quando fa troppo freddo non r****** all'aria aperta.

9 N** parchi naturali gli animali sono protetti.

10 Luisa è stata presa da una crisi di n****.

11 Voglio mettere a c******** i prezzi dei due negozi.

13 Quell'edificio è una casa di riposo per a******.

14 Il cielo è così l****** oggi, non c'è nemmeno una nuvola.

16 Luigi e* Angela si sono sposati il mese scorso.

17 Hai passato l'esame di laurea? Questa sì che è una b**** notizia.

19 Finora ho sempre trascorso le vacanze c** i miei genitori.

20 Vorrei parlare con il direttore d** giornale.

22 Sono t** amico, a me puoi dire la verità.

23 Non esco più con Mario. Con l** è finita.

25 La camera dell'albergo e** molto grande.

26 Quella ragazza ha degli o**** molto belli.

27 In riferimento alla n* lettera del 2/6/99 Vi comunichiamo che.....

28 Io il pollo lo preferisco b****** o al forno.

31 Dalla parte o****** del paese c'è una gelateria molto buona.

34 C********, forse migliaia di persone erano presenti al concerto.

35 La Sardegna è il l**** ideale per andare in vacanza.

36 C'era un t** rumore che non si sentiva nulla.

37 Passo all'e****** e prendo il giornale.

38 Non a**** paura, quel cane non morde!

SENKRECHT

1 Siamo quasi arrivati, m**** poco.

2 Le d******** dei due stabilimenti hanno deciso di sospendere l'attività.

3 Ogni uomo ha un corpo e un'a****.

4 Gli accessori sono disponibili a r********.

6 Il violino è uno s******** molto difficile da suonare.

7 I s**** dell'uomo sono cinque: tatto, udito, vista, olfatto e gusto.

8 Per il loro anniversario suo marito le ha regalato un anello d'o**.

12 Metteresti quei fiori n** vaso per favore?

15 Tre più d** fa cinque.

17 La rosa è proprio un b** fiore.

18 Cosa desiderano da bere, un martini o un a****** *** della casa?

19 Devo andare al C******** americano per richiedere un visto.

20 È stata una d******** molto sofferta.

21 Signor Rossi? Questa raccomandata è per L**.

24 È stato u** scherzo di pessimo gusto.

29 Porto le l**** a contatto da molti anni.

30 Ho lavorato per 35 anni. O** sono in pensione.

32 Bambini! Avete voglia di giocare a p**** in giardino?

33 L'odio è il contrario dell'a****.

34 Il libro c** ho comprato è molto interessante.

Finden Sie die logische Entsprechung.

~~arroganza~~ chiaro chiesa Centrale credere discorso forchetta fucile fumare importare marea morte pace raccogliere tremare ubriaco università uomo vaso video

1. modesto : arrogante = modestia : **arroganza**

2. ombra : scuro = luce : _____

3. sicuro : insicuro = sapere : _____

4. minestra : cucchiaio = patate : _____

5. attore : teatro = parroco : _____

6. caffè : sobrio = alcool : _____

7. esportazioni : esportare = importazioni : _____

8. pericolo : sicurezza = guerra : _____

9. liquore : bere = tabacco : _____

10. pescatore : rete = cacciatore : _____

11. Svezia : Scandinavia = Panama : America _____

12. basso : alto = bassa marea : alta _____

13. danno : macchina = ferita : _____

14. pastore : predica = politico : _____

15. succo : bottiglia = fiori : _____

16. caldo : sudare = freddo : _____

17. biblioteca : libri = videoteca : _____

18. medico : ospedale = professore : _____

19. primavera : seminare = autunno : _____

20. inizio : fine = nascita : _____

TEST 35

Setzen Sie ein.

anni avuto bambini che cifra con ~~donna~~ figli luce
numero Quasi questi scritto sopravvissuti Sulla trigemini

Prolificità

La __donna__ tedesca con il maggior _____ di figli è

vissuta circa 500 _____ fa. _____ tomba di questa

donna c'è _____ che aveva _____ 38 maschietti e

15 femminucce, vale a dire che aveva dato alla _____

53_____. Questa _____ non fa impressione se la si

confronta _____ i dati riguardanti una certa contadina russa

_____ pare abbia avuto in tutto 69_____. _____

tutti erano stati parti quadrigemini, _____ e gemellari. Non si

sa quanti di _____ neonati siano _____.

45

TEST 36

Setzen Sie ein.

> misura altra cani ~~carta~~ dove dubbio fusibili Ha libri
> linea motorino muova pagare passi piano sedersi
> sotto stanza ultima uscire

1. Haben Sie eine Straßenkarte? > Ha una __carta__ stradale?

2. Haben Sie einen Stadtplan? > _____ una piantina della città?

3. Ich möchte ein Einzelzimmer mit Dusche. > Vorrei una
   _____ singola con doccia.

4. Mein Moped springt nicht an. > Il mio _____
   non parte.

5. seine Schulden bezahlen > _____ i propri debiti

6. Bewegen Sie sich nicht. > Non si _____.

7. ohne jeden Zweifel / zweifellos > senza _____

8. Die Sicherungen sind durchgebrannt. > I _____ sono
   saltati.

9. Sie haben die gleiche Größe. > Sono della stessa _____.

10. Sie müssen die Autobahn bei der nächsten Ausfahrt verlassen. >
    Deve _____ al prossimo svincolo.

11. mit schnellen Schritten > a _____ rapidi

12. Platz nehmen > prendere posto / _____

13. im unteren Stock > al _____ di sotto

14. unter dem Durchschnitt > al di _____ della media

15. Können Sie mir sagen, wo die Botschaft ist? > Sa dirmi
    _____ si trova l'ambasciata?

16. Folgen Sie der Straßenbahnlinie. > Segua la _____ tranviaria.

17. voriges Mal > l'_____ volta

18. Bücher aus zweiter Hand > _____ usati

19. zum letzten Mal > per l'_____ volta

20. Hunde an der Leine führen! > Tenere i _____ al guinzaglio!

TEST 37

Was passt links und rechts zusammen?

1.	parete	lampadina
2.	mano	buccia
3.	racchetta	palla da tennis
4.	lampada	carta da parati
5.	banana	dito

a.	vestito	mouse
b.	computer	pagina
c.	calcio	zucchero
d.	libro	cravatta
e.	caffè	gol

I.	Berlino	tappo
II.	tempo	città
III.	sera	imbrunire
IV.	sete	neve
V.	bottiglia	acqua

A.	albero	fetta
B.	televisione	regola
C.	pane	piede
D.	gamba	ramo
E.	grammatica	programma

TEST 38

Bringen Sie die Buchstaben in die richtige Reihenfolge, um die Getränke zu finden.

1. acqua [eiearmnl] - _minerale_
2. succo di [oooormpd] - _____
3. succo d'[niracaa] - _____
4. [nyrbad] - _____
5. succo di [aeml] - _____
6. [aaiotnlm] - _____
7. [hsykwi] - _____
8. [afècf] - _____
9. [atetl] - _____
10. [iureqol] - _____
11. [aacoc] - _____
12. [ionv] - _____
13. [irabr] - _____
14. [èt] - _____
15. [umr] - _____

TEST 39

Setzen Sie ein.

> alla ~~desidero~~ difficile dire esame forte francese lettera livello metri mezzo Non per primo Per richiamare salare stazione tavola tengo

1. ganz in meinem Sinne > proprio come __desidero__ / penso io
2. Das hat keinen Sinn/Zweck. / Das nützt nichts. > _____ ha senso. / Non serve a niente.
3. Was meinen Sie damit? / Worauf wollen Sie hinaus? > Che cosa intende _____ con questo? / A che cosa mira?
4. beim Anblick von > _____ vista di
5. den Brief schließen > chiudere la _____
6. der Weg zum Bahnhof > la strada per la _____
7. die Speisen salzen > _____ le pietanze
8. Wie hoch ist die Prämie für die Versicherung für eine Woche? > Quanto costa assicurarsi _____ una settimana?
9. ein großer Unterschied > una grande / _____ differenza
10. eine Prüfung bestehen > superare un _____
11. eineinhalb / anderthalb > uno e _____
12. Wir möchten Sie gern auf ... aufmerksam machen. > Vorremmo _____ la Vostra attenzione su ... .
13. Um Himmels willen! > _____ l'amor del cielo! / Per carità!
14. an der Spitze stehen > essere il _____
15. Er ist Franzose. > È _____
16. dreißig Meter breit > trenta _____ di larghezza
17. es fällt mir schwer > mi riesce _____
18. es liegt mir daran, dass > ci _____ molto che
19. Zu Tisch, bitte! > A _____, per favore!
20. auf gleicher Stufe mit > allo stesso _____ di

Finden Sie die Redensarten.

1.	andarsene	a)	al chiodo
2.	appendere qc.	b)	alla chetichella
3.	aver un nodo	c)	alla gola
4.	avere la coda	d)	come la fame
5.	avere un diavolo	e)	da lupi
6.	avere una fame	f)	di comprendonio
7.	battere il ferro	g)	di paglia
8.	domandare all'oste	h)	finché è caldo
9.	essere brutto	i)	per capello
10.	essere duro	j)	se ha buon vino
11.	lambiccarsi	k)	a crepapelle
12.	non alzare	l)	da mettere sotto i denti
13.	non avere nulla	m)	del proprio sacco
14.	non capirci	n)	di coccodrillo
15.	non essere farina	o)	dietro di sé
16.	perdere	p)	il cervello
17.	ridere	q)	la corda
18.	rompere i ponti	r)	la faccia
19.	tagliare	s)	un fico secco
20.	versare lacrime	t)	un dito

Setzen Sie ein.

abbiamo adirarsi colpa disturbare fastidio finalmente
indifferente lavoro lo mezzo moda pieno quaggiù
silenzio ~~suo~~ suonare tanti Tenere vino Vorrei

1. Kennen Sie ihren Mann? > Conosce __suo__ marito?
2. nach der neuesten Mode > alla _____ / all'ultima moda
3. Ich koste den Wein. > Assaggio il _____.
4. Ich möchte ein Pflaster. > _____ un cerotto.
5. schließlich etwas tun > decidersi _____ a
   fare qualche cosa
6. Geige spielen > _____ il violino
7. meinetwegen / das ist mir gleich/egal > per me è lo stesso / mi è
   _____
8. jemanden stören > dare _____ a qualcuno
9. Den wievielten / Welches Datum haben wir heute? > Quanti ne
   _____ oggi?
10. sich den Magen verderben > rovinarsi _____ stomaco
11. hier unten > _____
12. Einfahrt freihalten! > _____ libero il passo! / Passo carraio!
13. Bitte nicht stören! > Si prega di non _____!
14. im Stillen / im Verborgenen > in segreto / in _____
15. in der Mitte > nel _____ / al centro
16. An wem liegt es? / Wer ist schuld? > Di chi è la _____?
17. so viele > _____
18. voller Ideen > _____ d'idee
19. wütend werden > arrabbiarsi / _____
20. Was machen Sie beruflich? > Che _____ fa?

Kreuzworträtsel

¹S	U	²P	E	³R		⁴		⁵		⁶		⁷		⁸
⁹						¹⁰								
¹¹								¹²						
¹³				¹⁴		¹⁵		¹⁶				¹⁷		¹⁸
¹⁹				²⁰						²¹				
²²		²³				²⁴		²⁵		²⁶				²⁷
²⁸										²⁹				
³⁰				³¹						³²				

WAAGERECHT

1 La mia macchina consuma benzina s****.

4 Il tennis è uno s**** molto avvincente.

7 S** Mario che Luca sono stati al cinema ieri sera.

9 Mi sai dire la ricetta del p**** in salsa agrodolce?

10 Prima di p******** il pranzo devo andare a fare la spesa.

11 Vuoi r****** a dormire qui stanotte?

12 Su quel cartello c'è scritto: ‚Non t******'.

13 Sto aspettando che mia madre mi s**** la camicia.

15 L'a**** del mare è salata.

17 Non trovo più il m** portafogli.

19 Mi d** il tuo indirizzo?

20 Cosa t**** in mano quel signore?

21 E**** pure, è aperto!

22 Posso farti una d******?

25 Prima di t****** si mette la mano davanti alla bocca.

28 Devo andare al c******** per mettere il visto sul passaporto.

29 Luisa è s**** a teatro con Simona.

30 Non c'e** nessuno al cinema ieri sera.

31 I soldati sono stati ricevuti con o**** dalla regina.

32 I miei genitori a**** andare a teatro.

SENKRECHT

1 È difficile s**** giocare bene a tennis.

2 Per favore p******** le scarpe prima di entrare in casa.

3 Ho bucato una r**** della bicicletta.

4 Bisogna s******** i pro e i contro della situazione.

5 L'America è ad o**** dell'Europa.

6 Prima di partire è meglio t******** il percorso che vogliamo fare.

7 Attenzione quando salite! Questa s**** è molto scivolosa.

8 Posso a**** un bicchier d'acqua, per favore?

13 Vorrei andare in vacanza nei mari del S**.

14 Cosa i******* *** fare i tuoi figli dopo la scuola?

16 Era una q******** di vita o di morte.

17 Preferisco fissare un appuntamento in m********, mai di pomeriggio.

18 Ho mangiato tanto! O** non ho più fame.

22 Le d**** di questa piscina sono molto pulite.

23 Quanto m**** per arrivare?

24 Il caffè lo preferisci dolce o a****?

26 Prima di arrivare facciamo una s**** all'autogrill.

27 I bambini non e**** ancora tornati a casa da scuola.

Setzen Sie die Sätze in die richtige Reihenfolge.

◯ Al ritorno non trovò più la sua casa.

◯ Allora invece di mettere il detersivo nella lavatrice, ci versò della benzina ed uscì per andare a far spese.

① Dopo che la moglie lo aveva lasciato perché lui sosteneva di poter fare meglio di lei le faccende di casa, un giovane francese dovette cominciare a badare alla casa da solo.

◯ Imparò a stirare, cucinare, pulire e lavare.

◯ La macchia di sporco non c'era più.

◯ Sua madre gli aveva insegnato che la benzina aveva un particolare effetto detergente.

◯ Un giorno era alle prese con una macchia di sporco particolarmente difficile.

◯ Una scintilla aveva fatto esplodere la lavatrice provocando l'incendio dell'intero appartamento.

Finden Sie die logische Entsprechung.

> arte ~~avvincente~~ bella bianco canzone cucina effetto fattoria
> filo settimana invidia negozio pietre popolo presente
> ritrovare sindaco spazzolino uscire vodka

1. lezione : libro giallo = noiosa : _avvincente_
2. rabbia : gioia = perdere : _____
3. verso : poesia = ritornello : _____
4. ragno : brutto = farfalla : _____
5. fuoco : cenere = causa : _____
6. finestra : appartamento = vetrina : _____
7. recinto : legno = muro : _____
8. genitori : figli = governo : _____
9. dentro : fuori = entrare : _____
10. pavimento : scopa = denti : _____
11. dormire : cucinare = camera da letto : _____
12. imprenditore : fabbrica = contadino : _____
13. martello : chiodo = ago : _____
14. stato : presidente = città : _____
15. politico : politica = artista : _____
16. Francia : cognac = Russia : _____
17. geloso : invidioso = gelosia : _____
18. prima : oggi = passato : _____
19. caffè : nero = latte : _____
20. San Silvestro : fine anno = sabato : fine _____

Setzen Sie ein.

> abbronzarsi appoggiare arrivo ~~consolazione~~ cosa dalla errore grado imparare In lasciare lavagna le media Mi offerta ogni orologio punto secondo

1. Das ist kein Trost für mich. > Questa è una magra <u>consolazione</u> per me.

2. Was soll das heißen? > Che _____ significa / vuol dire?

3. Meine linke Hand blutet. > _____ sanguina la mano sinistra.

4. den Hörer auflegen > _____ il ricevitore / riagganciare

5. der / die / das zweite > il _____ / la seconda

6. Die Uhr steht. > L'_____ è fermo.

7. Wie komme ich zur Autobahn? > Come _____ all'autostrada?

8. Sie müssen in drei Monaten wieder ausreisen. > Deve _____ il paese entro tre mesi.

9. ein Angebot machen > fare un'_____

10. ein leichter Fehler > un piccolo _____

11. eine Sprache lernen > _____ una lingua

12. Wir sind in der Lage, Ihnen ... anzubieten. > Siamo in _____ di offrirVi ... .

13. alle zwei Tage > _____ due giorni / un giorno sì e un giorno no

14. Um wieviel Uhr öffnen/schließen die Banken? > Quando aprono/chiudono _____ banche?

15. In Gottes Namen! > _____ nome di Dio!

16. an die Tafel schreiben > scrivere alla _____

17. Könnten wir einen mittelgroßen Hund mitbringen? > Possiamo portare un cane di _____ grandezza?

18. braun werden > _____

19. Ich stehe auf seiner Seite. > Sto _____ parte sua.

20. Punkt 5 Uhr > alle ore 5 in _____

Finden Sie die Gegenstände im Badezimmer.

Es fehlen die Buchstaben *A*, *O* oder *I*.

1.   LA   LAMA DEL RASOIO
2.   IL   F . ZZ . LETT .
3.   IL   R . SSETT .
4.   LO   SP . ZZ . L . N .   D .   DENT .
5.   IL   DENT . FR . C . .
6.   LA   P . NZETT .
7.   IL   CER . TT .
8.   L'   . SC . UG . M . N .
9.   LO   SPECCH . .
10. LO   SH . MP . .
11. LA   SPUGN .
12. LE   F . RB . C .
13. IL   PR . FUM .
14. LA   SP . ZZ . L .
15. L'   . V . TT .
16. LA   S . P . NETT .
17. LA   C . PR . .
18. LA   CREM .
19. IL   PETT . NE

Setzen Sie die Sätze in die richtige Reihenfolge.

◯   Uno dei due spala una buca.

◯   Passa di lì un passante che li osserva.

◯   'Di solito siamo in tre.'

◯   Questo si ripete varie volte.

①   Per strada lavorano due uomini.

◯   'Ed il terzo che cosa fa?' vuole sapere il passante.

◯   Ma l'altro la ricopre subito.

◯   Chiede ai due perché stiano facendo così.

◯   Gli rispondono i due uomini:

◯   'Il terzo mette il lampione nel buco, ma oggi è malato.'

Setzen Sie ein.

> acquistabile attualmente bottone colpo giro guadagnarsi
> inizio me medico meno pane piatti proprio ragione
> rincresce scusa sempre ~~sottosopra~~ Stia volentieri

1. Ich bin ganz durcheinander. > Sono confuso / _sottosopra___.

2. Ich trinke gern Wein. > Mi piace il vino. / Bevo _____
   vino.

3. sein Brot verdienen > _____ il pane

4. keineswegs / keinesfalls / ganz und gar nicht > in nessuno modo
   / per nessuna _____

5. gerade gegenüber / gleich gegenüber > _____ di fronte

6. Besteht die Möglichkeit, vegetarische Kost zu bekommen? >
   È possibile avere dei _____ per vegetariani?

7. sich lustig machen über > beffarsi di / prendere in _____
   qualcuno

8. Die Mindestabnahmemenge beträgt 200. > La quantità minima
   _____ è di 200.

9. einen Knopf annähen > attaccare un _____

10. mit dem Gewehr schießen > tirare un _____ di fucile / sparare

11. Bleiben Sie sitzen! > _____ seduto! / Stia comodo!

12. um Verzeihung bitten > chiedere _____ / perdono a

13. immer weniger > _____ meno

14. in diesem Augenblick > in questo momento / _____

15. noch ein Baguette > un'altro filone di _____

16. von vorn > dall'_____ / di nuovo / da capo

17. Er ist zwanzig Jahre jünger als ich. > Ha venti anni meno di ____.

18. Es ist Viertel vor eins. > È l'una _____ un quarto.

19. es tut mir Leid, dass > mi dispiace che / mi _____ che

20. zum Arzt gehen > andare dal _____

Finden Sie die logische Entsprechung.

buccia confine cuocere dolce fiume giallo latte lunghezza manubrio montagne mordere morto note piangere rami ristorante Romania soffitto temperatura ~~triste~~

1. bianco : nero = allegro : _triste_ _____
2. gioia : ridere = dolore : _____
3. Islanda : isola = Alpi : _____
4. Atlantico : oceano = Reno : _____
5. senape : piccante = zucchero : _____
6. lavatrice : lavare = fornello : _____
7. moquette : pavimento : lampada : _____
8. arancia : arancione = limone : _____
9. scrittura : lettere = musica : _____
10. zanzara : pungere = serpente : _____
11. chilo : peso = metro : _____
12. Bibbia : chiesa = menu : _____
13. automobile : volante : bicicletta : _____
14. Oslo : Norvegia : Bucarest : _____
15. ape : miele = mucca : _____
16. orso : pelliccia = banana : _____
17. giardino : steccato = Stato : _____
18. clinica : malato = cimitero : _____
19. uomo : braccia = albero : _____
20. ora : tempo = termometro : _____

Was bedeuten diese Redensarten?

1.	all'ultimo grido	a)	andare a letto molto presto
2.	andare a letto con le galline	b)	all'ultima moda
3.	andarsene alla chetichella	c)	essere molto bravo
4.	appendere qc. al chiodo	d)	fuggire senza farsi notare
5.	aver un nodo alla gola	e)	mettere sottosopra
6.	avere la coda di paglia	f)	non avere la coscienza tranquilla
7.	essere in gamba	g)	rinunciare ad una attività
8.	buttare all'aria	h)	stare per piangere, commuoversi
9.	essere sui carboni ardenti	i)	aspettare qc. con impazienza
10.	fare castelli in aria	j)	beffare qd.
11.	non importarsene un accidente	k)	non curarsi di qc.
12.	prendersi gioco di qd.	l)	progettare cose impossibili
13.	raddrizzare le gambe al cane	m)	scappare
14.	tagliare la corda	n)	simulare pentimento
15.	versare lacrime di coccodrillo	o)	tentare un'impresa inutile

Setzen Sie ein.

contemporaneamente di ferma gira giù ha in indirizzo
Insomma lezione numero pelle ~~porzioni~~ risarcire svenire
trovare vale Va Vietato Vorrei

1. Haben Sie Kinderportionen? > Servite _porzioni_____ per bambini?

2. Geben Sie mir Ihre Adresse? > Mi dà il suo _____?

3. Falsch verbunden! > Ha sbagliato _____!

4. das Bewusstsein verlieren > _____

5. Das ist nicht der Rede wert. > Non _____ la pena parlarne.

6. Was willst du eigentlich? > _____, che cosa vuoi?

7. Rauchen verboten! > _____ fumare!

8. Ich möchte ein Schlafmittel. > _____ un sonnifero.

9. den Schaden wieder gutmachen > indennizzare / _____ i danni

10. Wie lange halten Sie sich in diesem Land auf? > Quanto tempo si _____ in questo paese?

11. Sie müssen ins Krankenhaus. > Deve essere ricoverato _____ ospedale.

12. Mir ist schwindlig. > Ho le vertigini./ Mi _____ la testa.

13. Alles hat seine Grenzen. > Ogni cosa _____ il suo limite.

14. In Ordnung! > A posto! / _____ bene!

15. Unterricht haben > aver _____

16. Wo finde ich eine Reifenwerkstatt? > Dove posso _____ un gommista?

17. Komm herunter! > Vieni _____! / Scendi!

18. gleichzeitig > _____

19. Hunderte von > centinaia _____

20. aus Leder > di _____

Finden Sie die logische Entsprechung.

~~arbitro~~ cena colpa diminuire divertimento divorzio eccezione l'altroieri moderno ossa pioggia proibire Papa scritto sentimento stanze strisciare talvolta testa uniforme

1. tribunale : giudice = partita di calcio : **arbitro** _____

2. presto : tardi = colazione : _____

3. clown : costume = soldato : _____

4. vittima : colpevole = innocenza : _____

5. impresa : direttore generale = chiesa : _____

6. pesce : lisca = uomo : _____

7. costi : aumentare = guadagni : _____

8. amore : fine = matrimonio : _____

9. domani : ieri = dopodomani : _____

10. valzer : rock = antiquato : _____

11. solido : liquido = neve : _____

12. scarpa : piede = cappello : _____

13. sì : no = permettere : _____

14. edificio : piani = appartamento : _____

15. mai : raramente = sempre : _____

16. normale : anormale = regola : _____

17. lavoro : serietà = gioco : _____

18. dire : scrivere = orale : _____

19. rana : saltare = serpente : _____

20. testa : cuore = ragione : _____

Kreuzworträtsel

¹A	V	²V	I	³E	N	⁴E		⁵		⁶		⁷		⁸
⁹			¹⁰								¹¹			
¹²	¹³				¹⁴				¹⁵					
				¹⁶										
¹⁷								¹⁸						
						¹⁹								
²⁰			²¹									²²		
		²³												
²⁴						²⁵								
					²⁶									
²⁷	²⁸		²⁹						³⁰					
³¹					³²									

WAAGERECHT

1 Come a****** spesso al nord, il tempo fu molto brutto e piovoso.

5 Carlo è una p****** molto gentile.

9 Roberto ha trovato lavoro in una fabbrica t** Venezia e Mestre.

10 Non essere in c****** con me!

11 Per venire da noi devi prendere la tangenziale e**.

12 La ruota della mia bicicletta è b*****.

14 Ieri il d******* mi ha tolto un dente del giudizio.

17 Il mare era coperto in s********* da uno strato di petrolio.

18 Oggi è una bella giornata piena di s***.

20 Ho bisogno di un p*** di pantaloni nuovi.

21 Cameriere, per me una c********* calda, per favore!

24 È stato organizzato un treno s****** per le festività natalizie.

25 E***** qui, sono tornato!

27 Mi prendi le forbici che sono n** cassetto?

29 All'i****** della grotta faceva molto freddo.

30 Non so come tu s** entrato qui.

31 Vado a comprare un giornale all'e******.

32 Ho paura dell'acqua. Non so n******.

SENKRECHT

1 Per andare a scuola prendo sempre l'a******.

2 Ad agosto sono v**, vado in vacanza.

3 Per fare dei biscotti occorrono uova, farina, miele, mandorle, e*******.

4 E*** va sempre in Sardegna in vacanza.

5 No, grazie, sono stanco, p********* tornare a casa.

6 La r***** è sempre diversa dal sogno.

7 Abbiamo fatto una fila di tre o** alla dogana.

8 Questo progetto è molto difficile da a******.

13 Posso c****** il letto con questa coperta?

15 Non posso mangiare, ho male allo s******.

16 Amo molto andare in b*********.

19 Per fare un dolce è meglio usare ciliegie senza n******.

20 Mi aiuti? Questo pacco è molto p******.

22 La nonna è venuta ad a****** con noi.

23 Vieni a sederti v***** a me.

26 La montagna più grande degli Appennini è il G*** Sasso.

28 Susanna è una persona in gamba. Mi piace parlare con l**.

30 Buon giorno Signor Rossi? Come s**?

Setzen Sie ein.

andare cercare dalla firmare fuggire grave ~~ho~~ ieri lingua mestiere occhi ora pulire qualcosa rischia sasso seriamente tedesco vincere voltare

1. Ich habe das Wort nicht verstanden. > Non __ho__ capito la parola.
2. reinigen / saubermachen > _____
3. seit gestern > da _____
4. vergebens suchen > _____ invano / inutilmente
5. die Flucht ergreifen > darsela a gambe / _____ / svignarsela
6. die englische Sprache > la _____ inglese
7. sieben zu fünf gewinnen > _____ sette a cinque
8. ein Handwerk lernen > imparare un _____
9. ein schwerer/grober Fehler > un _____ errore
10. eine Viertelstunde > un quarto d'_____
11. einen Stein werfen auf > gettare un _____ contro
12. links abbiegen > _____ a sinistra
13. mit seinem Namen unterschreiben > _____ con il proprio nome
14. im Ernst > sul serio / _____
15. in Stücke gehen/springen > _____ a pezzi
16. ins Deutsche übersetzen > tradurre in _____
17. Er tritt aus dem Zimmer. > Esce _____ stanza.
18. große Augen machen > sgranare gli _____
19. es ist lebensgefährlich > si _____ la vita
20. etwas gegen Bauchweh > _____ contro i disturbi intestinali / il mal di pancia

Finden Sie das Gegenteil der Verben.

abbandonare andare chiudere diffidare morire odiare
~~perdere~~ permettere raddoppiare ricevere trovare vendere

1. vincere - _perdere_ _____
2. dimezzare - _____
3. comprare - _____
4. venire - _____
5. vivere - _____
6. amare - _____
7. tenere stretto - _____
8. aprire - _____
9. inviare - _____
10. cercare - _____
11. proibire - _____
12. fidarsi - _____

Finden Sie das Gegenteil dieser Nomen.

> danno divorzio donna eccezione figlia ~~freddo~~ inverno
> maggioranza notte oriente pace pericolo ritorno sete
> silenzio sud vecchiaia vendita verità zia

1. il caldo – il _freddo_____
2. il matrimonio – il _____
3. la fame – la _____
4. la gioventù – la _____
5. la guerra – la _____
6. il rumore – il _____
7. l'andata – il _____
8. l'acquisto – la _____
9. la bugia – la _____
10. l'uomo – la _____
11. la minoranza – la _____
12. il nord – il _____
13. il beneficio – il _____
14. lo zio – la _____
15. la regola – l' _____
16. la sicurezza – il _____
17. il figlio – la _____
18. l'estate – l' _____
19. il giorno – la _____
20. l'occidente – l' _____

Setzen Sie ein.

---

alle   Accetta   come   Deve   essere   favore   la   Non   quanto
riparazioni   se   servirsi   sostegni   strada   taglia
trovare   Torni   una   ~~va~~   veicolo

---

1. Passt es dir? > Ti _**va**_____ bene?
2. Das Fahrzeug ist beschädigt. > Il _____ è danneggiato.
3. Ich möchte ein helles/dunkles Bier. > Vorrei _____ birra chiara/scura.
4. Gebrauch machen von > _____ di / fare uso di
5. Wecken Sie mich bitte um ... > Mi svegli _____ ...
6. Reichen Sie mir bitte das Salz! > Mi passi il sale, per _____!
7. wenn ich mich nicht irre > _____ non mi sbaglio
8. Vergnügen finden an / seine Freude haben an > _____ piacere in / divertirsi a
9. Wie lange? > Per _____ tempo?
10. Sie müssen warten. > _____ attendere.
11. Dieses Messer schneidet nicht. > Questo coltello non _____.
12. Mit Ihrer Berechnung sind wir nicht einverstanden. > _____ siamo d'accordo con il Vostro calcolo.
13. Bitte festhalten! > Reggersi agli appositi _____!
14. Akzeptieren Sie eine Kreditkarte? > _____ una carta di credito?
15. als ob > _____ se
16. In dieser Straße gibt es Parkuhren. > In questa _____ ci sono dei parchimetri.
17. Wo ist die nächste Werkstatt? > Dov'è l'officina di _____ più vicina?
18. Kommen Sie in zwei Tagen wieder! > _____ tra due giorni!
19. auf dem Laufenden sein > _____ al corrente
20. Hunger leiden > soffrire _____ fame

**Finden Sie waagerecht oder senkrecht 36 Gegenstände
im Haushalt.**

W	G	G	A	**M**	**O**	**Q**	**U**	**E**	**T**	**T**	**E**	C	T	F	Q	L	E
J	A	T	T	C	O	M	O	D	I	N	O	A	E	R	U	A	T
L	E	T	T	O	V	A	H	S	K	V	S	S	R	I	A	V	A
T	L	C	A	C	E	S	T	I	N	O	C	S	M	G	D	E	V
K	I	S	C	O	M	P	U	T	E	R	A	E	O	O	R	L	O
F	I	C	C	U	D	I	V	A	N	O	F	T	S	R	O	L	L
O	D	A	A	P	R	E	S	A	Y	F	T	I	I	T	O	A	
R	G	S	P	Y	C	A	S	E	D	I	A	I	F	F	E	L	Z
N	Q	S	A	T	A	P	P	E	T	O	L	E	O	E	L	I	P
O	T	E	N	D	A	O	X	O	G	W	E	R	N	R	E	B	B
V	L	T	N	P	O	L	T	R	O	N	A	A	E	O	V	R	L
A	T	T	I	L	A	V	A	N	D	I	N	O	G	J	I	E	A
S	K	O	I	N	T	E	R	R	U	T	T	O	R	E	S	R	M
O	N	H	P	S	C	R	I	V	A	N	I	A	F	C	O	I	P
X	R	U	B	I	N	E	T	T	O	R	A	D	I	O	R	A	A
C	L	A	V	A	S	T	O	V	I	G	L	I	E	Q	E	X	D
G	Y	L	A	M	P	A	D	A	R	I	O	P	I	A	N	T	A
W	L	L	A	V	A	T	R	I	C	E	A	R	M	A	D	I	O

Finden Sie die logische Entsprechung.

banca bocca caldo calvizie carne cavalli continente
Corano dipingere ghiaccio gocce guscio intelligente
naso Nord pelle petrolio stalla ventiquattro ~~vetro~~

1. armadio : legno = bottiglia : _vetro_____
2. gelo : freddo = afa : _____
3. albero : corteccia = uovo : _____
4. pesci : aquario = mucche : _____
5. Cristianesimo : Bibbia = Islam : _____
6. molto : niente = capelli : _____
7. rocce: pietra = acqua : _____
8. pinguino : Polo Sud = orso polare : Polo _____
9. uccello : becco = uomo : _____
10. Sudafrica : diamanti = Arabia Saudita : _____
11. sci : neve = pattini : _____
12. lettera : posta = soldi : _____
13. tre : sei = dodici : _____
14. cavallo : erba = leone : _____
15. foto : fotografare = dipinto : _____
16. elefante : proboscide = uomo : _____
17. pullover : lana = cintura : _____
18. gentilezza : gentile = intelligenza : _____
19. Belgio : Stato = Europa : _____
20. automobile : motore = carrozza : _____

Setzen Sie ein.

> dopo faccio giusta mettersi ore parlare parte pezzo piano
> ~~poco~~ principale problema può qualcuno questa reggere
> saltare sentire sento spingere

1. nach einer Weile > _poco_____ dopo / dopo un po' di tempo
2. das Klavier stimmen > accordare il _____
3. das ist wohl möglich / das mag sein > è possibile / _____ darsi
4. Ich halte es nicht mehr aus. > Non ci resisto più. / Non ce la
   _____ più.
5. jemandem Gesellschaft leisten > tenere compagnia a
   _____
6. den Wagen schieben > _____ la macchina
7. heute Früh / heute Morgen / heute Vormittag > _____
   mattina
8. die Hauptsache ist, dass > la cosa _____ è che
9. die nördliche Seite > la _____ settentrionale
10. ein Stück Holz > un _____ di legno
11. eine Aufgabe lösen > risolvere un _____
12. eine gerechte Sache > una causa _____ / una questione
    legittima
13. einer nach dem andern > l'uno _____ l'altro
14. Mir ist schlecht/übel. > Mi _____ male.
15. im Radio hören > _____ alla radio
16. in der Hand halten > tenere / _____ in mano
17. er wünscht Sie zu sprechen > desidera _____ con Lei
18. frische Wäsche anziehen > _____ la biancheria pulita
19. Es ist vier Uhr. > Sono le _____ 4.
20. aus dem Bett springen > _____ giù dal letto

Stimmt das?

1. Quando piove molto si ha un terremoto. _falso_

2. Vivaldi era uno scrittore italiano. _____

3. Il fittavolo deve pagare l'affitto. _vero_

4. Bari si trova in Umbria. _____

5. La lumaca ha quattro zampe. _____

6. Il Po sfocia nel Lago di Garda. _____

7. La maggior parte dei quadri ha una cornice. _____

8. A Palermo c'è l'Etna. _____

9. I sardi parlano solo in dialetto. _____

10. Napoli si chiamava anticamente Pompei. _____

11. Il Monte Bianco è la montagna più alta d'Italia. _____

12. Il fratello di mio cugino è mio zio. _____

13. La prima guerra mondiale finì nel 1920. _____

14. Ho dieci dita. _____

15. Il Pantheon è a Venezia. _____

16. Nella Svizzera del Sud si parla italiano. _____

17. Il formaggio parmigiano viene dalla zona di Padova. _____

18. Il cavolfiore è un fiore. _____

19. La volpe somiglia al leone. _____

20. Le uova e le banane si possono sbucciare. _____

Kreuzworträtsel

¹A	I	²U	T	³I		⁴		⁵		⁶		⁷		⁸
⁹				¹⁰								¹¹		
¹²		¹³				¹⁴					¹⁵			
					¹⁶									
¹⁷										¹⁸				¹⁹
								²⁰						
²¹				²²										
			²³											
²⁴							²⁵							
						²⁶								
²⁷		²⁸		²⁹							³⁰			
³¹								³²						

WAAGERECHT

1 La popolazione dell'Afganistan ha ricevuto molti a**** dall'ONU.

4 Hai messo la s******** e lo spazzolino da denti nella valigia?

9 T** l'Inghilterra e la Francia passa il Canale della Manica.

10 Ti prego, v******! Ne ho avuto abbastanza di te!

11 La casa e** situata sulla collina.

12 La palma è una p***** molto ornamentale.

14 Vogliamo vendere la nostra macchina. Domani m******* un annuncio sul giornale

17 L'acqua di questo fiume è pericolosa, nonostante sia molto calma in s**********.

18 A Natale regaliamo una nuova p*** al nonno. Gli piace così tanto fumare!

21 O*** volta che vado in città faccio compere.

22 Per t********* basta inserire la scheda telefonica.

24 Laura ha sempre seguito con molto p******* gli studi.

25 Ha così tanti d***** che non sa come pagare l'affitto.

27 Parla piano, s** telefonando!

29 Se non t****** di fare i compiti non vai a giocare!

30 Non s** andato in vacanza quest'anno?

31 Purtroppo il vino si è i********.

32 A****! Non ci vedremo mai più!

SENKRECHT

1 Cosa prepariamo per a********? Del vitello tonnato?

2 Sono stato all'opera u** volta sola.

3 Non i******* a cena il tuo amico, mi è antipatico!

4 Quando ho molta s*** preferisco bere tè freddo.

5 Sono stanco. P********* tornare a casa.

6 Non ho n***** da dichiarare.

7 Il triangolo ha t** lati.

8 Paolo e Francesca si a**** e vogliono sposarsi.

13 A****** per questo ti ho telefonato.

15 Lo zoo è pieno di a******.

16 D********* vuol dire passare il tempo piacevolmente.

19 Vuoi un Martini o preferisci un altro a********?

20 Dopo il sabato viene la d*******.

23 Ieri ho rotto due p***** di questo servizio.

24 In questo acquario vivono molti p****.

26 Preferisci del v*** bianco o rosso?

28 Ho finito di studiare. O** vado al mare.

30 I pinguini vivono al Polo S**.

Setzen Sie ein.

andare avere batteria Buona capace ~~chi~~ Capisce difficoltà dispiace domani Ha impegno metà motivo nascita pagina parte restare suo vedere

1. Wessen Buch ist das? > Di _chi_ è questo libro?
2. über Nacht bleiben / übernachten > _____ a dormire / pernottare
3. Ich habe schon etwas vor. > Ho già un _____.
4. schöne Grüße bestellen > salutare da _____ di qualcuno
5. Welche Blutgruppe haben Sie? > Qual è il _____ gruppo sanguigno?
6. Verstehen Sie Deutsch? > _____ il tedesco?
7. ans Meer fahren > _____ al mare
8. Die Batterie lädt sich nicht auf. > La _____ non si carica.
9. Sie sind in die falsche Straße gefahren. > _____ sbagliato strada.
10. Mitte August > a _____ agosto
11. Bitte wenden! > Pregasi voltare _____!
12. Das ist ein sehenswerter Film. > È un film da _____.
13. Kommen Sie morgen zu mir! > Venga a trovarmi _____!
14. von Geburt Deutscher > tedesco di _____
15. Es tut mir Leid, wir haben keine Zimmer frei. > Mi _____, non abbiamo stanze libere.
16. zu allem fähig > _____ di tutto
17. Rufen Sie mich an, wenn es Schwierigkeiten gibt. > Mi telefoni se ci sono _____.
18. Aus welchem Grund? > Per quale _____?
19. Husten haben > _____ la tosse
20. Gute Nacht! > _____ notte!

TEST 64

Was passt links und rechts zusammen?

1.	cappotto	foglio
2.	lago	biglietto
3.	cielo	nuvola
4.	stampante	barca
5.	tram	bottone

a.	treno	spina
b.	cantante	binario
c.	cuoco	giocattolo
d.	bambino	microfono
e.	presa	padella

I.	politica	ruota
II.	sole	zucchero
III.	bicicletta	ombrellone
IV.	pianta	terra
V.	caffè	elezioni

A.	comune	panchina
B.	bocca	infermiere
C.	ospedale	sindaco
D.	parco	dente
E.	quadro	colore

Finden Sie die logische Entsprechung.

> acquario arco astronave ~~coperchio~~ cornice futuro insuccesso
> interessi lenta libertà mendicante piano principessa riposare
> risposta scaffale solo tavolo telefono vostro

1. bottiglia : tappo = marmellata : __coperchio__
2. lettera : indirizzo = telefono : numero di _____
3. pallottola : arma = freccia : _____
4. tassista : tassì = astronauta : _____
5. leone : gabbia = pesce : _____
6. ghepardo : veloce = lumaca : _____
7. ricco : povero = miliardario : _____
8. computer : scrivania = pranzo : _____
9. vestiti : armadio = libri : _____
10. prima : dopo = domanda : _____
11. mare : riva = quadro : _____
12. fortuna : sfortuna = successo : _____
13. lavoro : lavorare = pausa : _____
14. matrimonio : figli = capitale : _____
15. padre : figlia = re : _____
16. gruppo : individuo = insieme : _____
17. dietro : davanti = passato : _____
18. mio : tuo = nostro : _____
19. gridare : sussurrare = forte : _____
20. prigioniero : libero = prigione : _____

Setzen Sie ein.

catinelle cappotto dalla dura Faccio fatto maggiore
neanch' piace piacere portare posso prossima riga
scale ~~segnale~~ Suppongo vento verso vita

1. das Zeichen abwarten > attendere il _segnale_____
2. das nächste Mal > la _____ volta
3. ich auch nicht > _____ io
4. Ich nehme an, er ist krank. > _____ che sia malato.
5. gegen 8 Uhr > _____ le 8
6. Der Mantel passt mir. > Il _____ mi sta bene.
7. Es ist windig. > C'è _____.
8. Wie schmeckt's? > E buono? / Le _____?
9. ein dickes Fell haben > avere la scorza _____
10. eine Linie ziehen > tracciare una _____
11. eine schwere Last tragen > _____ un grosso peso
12. am Leben bleiben > rimanere in _____
13. immer größer > sempre _____ / più grande
14. Wo kann ich eine Tankstelle finden? > Dove _____ trovare
    una stazione di rifornimento?
15. Ich frühstücke an der Bar. > _____ colazione al bar.
16. Er hat mir wehgetan. > Mi ha _____ male.
17. es freut mich > mi fa _____
18. Es regnet in Strömen. / Es gießt. > Piove a dirotto / a

    _____.

19. auf der Treppe > sulle _____
20. aus der Tasse trinken > bere _____ tazza

Was passt links und rechts zusammen?

1.	mento	benzina
2.	chiesa	Papa
3.	fulmine	barba
4.	vino	bicchiere
5.	automobile	tuono

a.	camicia	nuvola
b.	sport	affitto
c.	cielo	semaforo
d.	appartamento	Olimpiade
e.	incrocio	colletto

I.	albero	sentenza
II.	viso	risposta
III.	domanda	naso
IV.	giudice	effetto
V.	causa	legno

A.	riscaldamento	note
B.	lettera	calore
C.	denaro	portafoglio
D.	partiti	elezioni
E.	musica	francobollo

Setzen Sie ein.

> ama   bevanda   cliente   con   del   ~~fa~~   fin   grappa   latte
> pochissima   quotidianamente   ricevere   serve   tazzina
> variazioni

Il caffè

Si __fa_____ presto a dire caffè. Perché per gli italiani il caffè è

la solita _____ nella piccola tazzina, ma di essa ci sono

diverse _____. Il caffè ristretto è quello filtrato con

_____ acqua, quindi molto concentrato; poi c'è il caffè

lungo, filtrato _____ un po' più di acqua del caffè normale,

_____ quasi a riempire la _____; poi c'è il caffè

corretto, cioè con un po' di _____ o altro liquore a

seconda dei gusti e infine il caffè macchiato, per chi _____

berlo con un goccio di _____. Così si svolge _____,

e più volte al giorno il rito _____ caffè. Ma all'italiano,

_____ fisso di un certo bar, basta ordinare „il solito" per

_____ la bevanda che giornalmente il barista gli _____.

Setzen Sie ein.

andare andare contiene dei distinguersi fare fucile
mantenere problemi piccola prima ~~memoria~~ quando
richiamare ringraziamo semaforo meno vedere via volta

1. Ich will diesen Text auswendig lernen. > Voglio imparare a
   __memoria__ questo testo.

2. Sagen Sie mir, wann ich aussteigen muss. > Mi dica, per favore,
   _____ devo scendere.

3. Darf ich das Zimmer sehen? > Posso _____ la camera?

4. Ich möchte ein kleines/großes Bier. > Vorrei una birra
   _____ / grande.

5. sein Versprechen halten > _____ la promessa

6. keiner von beiden > nessuno _____ due

7. sich unterscheiden von > _____ da

8. Biegen Sie nach der dritten Verkehrsampel rechts ab. > Giri a
   destra al terzo _____.

9. Dieser Koffer enthält nur persönliche Dinge. > Questa valigia
   _____ solo effetti personali.

10. mit dem Gewehr schießen > sparare un colpo di _____

11. in die Schule gehen > _____ a scuola

12. und so weiter / und so fort > e così _____

13. nochmals anrufen > _____ / ritelefonare

14. vor den Mahlzeiten > _____ dei pasti

15. Motorrad fahren > _____ in motocicletta

16. Irgendetwas stimmt nicht mit dem Motor. > Ho dei _____ al
    motore.

17. Krieg führen gegen > _____ la guerra a

18. Für Ihre Anfrage bedanken wir uns. > Vi _____
    per la Vostra richiesta.

19. zum letzten Mal > per l'ultima _____

Setzen Sie die Sätze in die richtige Reihenfolge.

◯ 'Aspetta fino alla prossima luna piena.'

◯ Questa fissa per un po' la sfera e poi dice a Pierino:

◯ 'Diventerai ricco se farai esattamente quel che ti dico.'

(1) Pierino vuole sapere il suo futuro e per questo si rivolge ad un'indovina.

◯ Pierino si rallegra pensando al tesoro e si compra una vanga.

◯ 'Lo troverai a un paio di metri sotto terra.'

◯ Improvvisamente getta la vanga e si dispera:

◯ Alla prima notte di luna piena comincia a scavare.

◯ 'Se però scavando penserai ad una zuppa di fagioli, il tesoro non lo troverai mai.'

◯ 'Prendi una vanga e scava alla ricerca di un tesoro.'

◯ 'Povero me! In tutta la mia vita non ho mai pensato ad una zuppa di fagioli'

◯ 'Ed ora non riesco a togliermela dalla testa!'

◯ 'A mezzanotte va al vecchio cimitero'

Kreuzworträtsel

¹P	I	²O	V	³E		⁴	⁵	⁶	⁷	⁸
⁹			¹⁰						¹¹	
¹²		¹³			¹⁴			¹⁵		
¹⁶				¹⁷			¹⁸		¹⁹
					²⁰				
²¹			²²						
		²³							
²⁴					²⁵				
			²⁶						
²⁷	²⁸	²⁹					³⁰		
³¹					³²				

WAAGERECHT

1 L'ombrello si usa quando p****.

4 Questo p******** televisivo è un po' noioso.

9 Ho visto u** scoiattolo attraversare la strada.

10 È meglio c****** il piatto, altrimenti la minestra si raffredda.

11 C'e** poca gente ieri sera al cinema.

12 Non so perché, ma lui mi t***** sempre in maniera molto scortese!

14 Durante il temporale è meglio s******* la spina dalla presa di corrente.

16 Marco è molto triste, i suoi genitori stanno per s********.

18 Mi sai m*** dire quale strada si prende per arrivare a Milano?

21 O*** tanto sento che suona la chitarra nella sua stanza.

22 Ho mangiato tanto da s********.

24 Il mio o******* segna le diciotto e trenta.

25 Cinque più sei fa u*****.

27 La Francia si trova ad e** della Spagna.

29 I due prigionieri sono riusciti ad e****** dal carcere.

30 La famiglia Lucisano non abita più q**.

31 Se non vi sbrigate a tornare non t******** più niente da mangiare!

32 Non e**** mai andati in vacanza in Sardegna.

SENKRECHT

1 Sono p******** bravo a suonare la chitarra.

2 Ho perso un anello d'o** mentre nuotavo.

3 Al circo ci sono tigri, elefanti, scimmie, cavalli, e*******.

4 Zio Giorgio fuma il sigaro, mio padre la p***.

5 Dimagrire è diventato un o******** costante per lei.

6 Mario non r***** ad imparare a nuotare.

7 Dove sono le m** scarpe blu?

8 Queste ciliegie sono troppo a****, preferisco quelle dolci.

13 Bambini! Stavo per l'a****** dicendo di non correre più! Potete cadere!

15 La giungla è piena di a****** feroci.

17 I polmoni servono per r********.

19 Gradiresti un a******** prima di mangiare?

20 Per aprire s******* la porta.

23 Prima il d***** e poi il piacere.

24 La capitale della ex-Germania O**** è Bonn.

26 Posso avere un bicchiere d'acqua? Ho s***.

28 Qual è il t** cappello? Quello nero o quello grigio?

30 Nel cielo si vedono delle stelle q** e là.

Setzen Sie ein.

> andato biglietto buio col crede fortuna Guarda ieri mattina persone pieno spiaggia sulla sviluppare tramonta tredici tutti ~~tutto~~ uomo Vuol

1. das ganze Jahr hindurch > per _tutto_____ l'anno
2. Viel Glück! > Buona _____!
3. Der Saal fasst neunzig Personen. > La sala ha una capienza di novanta _____.
4. gestern Morgen > _____ mattina
5. Wie Sie meinen! > Come _____ / vuole!
6. die Sonne geht unter > il sole _____
7. Wie weit ist das Hotel vom Strand entfernt? > Quanto dista l'Hotel dalla _____?
8. Sieh mal, wie spät es ist! > _____ che ora è!
9. ein harter Mann > un _____ duro
10. eine Rückfahrkarte > un _____ di andata-ritorno
11. einen Film entwickeln > _____ una pellicola
12. am folgenden Morgen > l'indomani _____ / il mattino seguente
13. Wollen Sie als Zeuge aussagen? > _____ deporre come testimone?
14. voll tanken mit Super > faccia il _____ di super
15. Er ist ins Kino gegangen. > È _____ al cinema.
16. dreizehn Meter lang > _____ metri di lunghezza
17. es ist bekannt, dass > _____ sanno che
18. es wird finster/dunkel/Nacht > si fa _____ / si fa notte
19. auf die Leiter steigen > salire _____ scala
20. außer Atem > _____ fiato grosso

TEST 73

Setzen Sie ein.

alla aperta che con desiderio dove essere gastronomiche
opinioni parlare permette piace popolari preparazione
sorte varietà ~~vita~~

Sugli italiani

La _vita_____ sociale in Italia si svolge molto all'aria _____,
sulle strade e sulle piazze _____ la gente regolarmente si
incontra, anche per scambiarsi _____ e pettegolezzi. Agli
italiani _____ comunicare, stare insieme, scherzare e, se la
situazione lo _____, anche cantare. Le feste _____,
ma anche private, sono sempre collegate alla _____ di
prelibati piatti di specialità _____ locali, innaffiati
naturalmente _____ del buon vino. I cibi _____
compaiono sulle tavole degli italiani possono _____ diversissimi da regione a regione e la loro _____ riesce a stupire
qualsiasi turista che abbia il _____ di sperimentarli. Per
non _____dei vini, che dal Piemonte _____
Sicilia offrono sapori e tonalità di ogni _____.

TEST 74

Finden Sie die logische Entsprechung.

> capitale   direttore   economico   fiume   imparare   lode
> marciapiede   partecipanti   patente   pianta   pompieri
> portoghese   repubblica   salario   sangue   scarsezza
> spagnolo   ~~tabacco~~   visitatori   vittoria

1. benzina : petrolio = sigari : _tabacco_____

2. Russia : russo = Spagna : _____

3. Spagna : spagnolo = Portogallo : _____

4. Germania : Stato = Berlino : _____

5. cane : animale = fiore : _____

6. punizione : ricompensa = biasimo : _____

7. perdere : vincere = sconfitta : _____

8. politica : politico = economia : _____

9. metropolitana : passeggeri = zoo : _____

10. associazione : soci = conferenza : _____

11. villaggio : città = ruscello : _____

12. straniero : visto = automobilista : _____

13. ciclista : pista ciclabile = pedone : _____

14. classe : insegnante = orchestra : _____

15. delitto : polizia = incendio : _____

16. Inghilterra : monarchia = Francia : _____

17. polmone : aria = cuore : _____

18. molto : poco = eccesso : _____

19. chiesa : pregare = scuola : _____

20. avvocato : onorario = operaio : _____

Setzen Sie ein.

> ai età freddo interruttore leggere mettere odore per
> ~~pioggia~~ propria proprio questi ristorante saluti
> separati Sono solito successo stessa vedi

1. Wohin gehst du bei diesem Regen? > Dove vai con questa
   pioggia ?

2. Ich bin ohnmächtig geworden. > _____ svenuto.

3. Ich friere. / Mich friert. / Mir ist kalt. > Ho _____.

4. Getrennte Rechnungen, bitte! > Ci faccia i conti _____!

5. Der Schalter ist defekt/kaputt. > L'_____ è
   rotto.

6. lesen lernen > imparare a _____

7. Gibt es einen Speisewagen? > C'è una carrozza _____?

8. sich Mühe geben > fare del _____ meglio

9. riechen an > sentire l'_____ di

10. siehe oben > _____ sopra

11. viele Grüße von mir an > tanti _____ da parte mia a

12. Wir sind gleich alt. > Abbiamo la _____ età.

13. im Alter von fünfzig Jahren > all'____ di cinquanta anni

14. Bitte reinigen Sie diese Kleidungsstücke. > Per favore, pulisca
    _____ vestiti.

15. im Allgemeinen > in generale / di _____

16. in Ordnung bringen > _____ in ordine

17. in seinen vier Wänden > in casa _____

18. Anfang Oktober > ____ primi di ottobre

19. Erfolg haben > avere _____

20. Ist Post für mich da? > C'è posta ____ me?

TEST 76

Setzen Sie die Namen europäischer Länder ein.

ALBANIA
SPAGNA
UNGHERIA
ROMANIA
GERMANIA

Finden Sie waagerecht oder senkrecht 49 Tiere.

F	O	C	A	K	V	S	T	A	M	B	E	C	C	O	K	S	R	K
C	A	V	A	L	L	O	Y	T	A	C	C	H	I	N	O	Q	N	F
S	C	I	M	M	I	A	P	T	E	L	E	F	A	N	T	E	L	X
H	R	P	A	V	O	N	E	C	O	C	C	O	D	R	I	L	L	O
L	E	O	N	E	G	O	R	I	L	L	A	M	U	C	C	A	X	L
H	M	L	E	P	R	E	L	U	P	O	C	R	I	C	E	T	O	E
J	A	**M**	**U**	**L**	**O**	R	I	N	O	C	E	R	O	N	T	E	G	O
P	I	C	C	I	O	N	E	V	O	L	P	E	A	A	P	G	A	P
L	A	I	P	P	O	P	O	T	A	M	O	H	N	Z	I	A	T	A
A	L	T	P	T	O	G	F	C	C	A	P	R	A	P	N	L	T	R
M	E	G	N	A	C	I	A	A	I	Q	A	S	T	Z	G	L	O	D
A	U	G	W	R	A	R	R	P	N	U	P	E	R	E	U	O	P	O
L	C	I	O	T	M	A	F	R	G	I	P	R	A	B	I	K	O	B
C	L	A	S	A	M	F	A	I	H	L	A	P	P	R	N	M	C	K
E	Y	G	Z	R	E	F	L	O	I	A	G	E	E	A	O	T	A	P
N	P	U	C	U	L	A	L	L	A	E	A	N	C	A	S	I	N	O
H	A	A	D	G	L	K	A	O	L	O	L	T	O	O	U	G	E	B
K	B	R	I	A	O	P	N	P	E	I	L	E	R	T	O	R	O	X
U	C	O	N	I	G	L	I	O	R	S	O	P	A	N	T	E	R	A

91

Setzen Sie ein.

affaccia al calar causare chiaro cioccolata ~~conta~~
contro critica dare dice fare le modo nel pensiero
preciso tratta venire vincere

1. Das gilt/zählt nicht. > Non _conta_____.

2. Schaden anrichten > _____ danni

3. bei einbrechender Dunkelheit > al _____ della notte

4. den Doktor/Arzt holen lassen > far _____ il dottore

5. der bloße Gedanke an / allein der Gedanke an > il solo
   _____ di

6. Die Uhr geht genau. > L'orologio è _____.

7. Wie bitte? > Come? / Come _____, per favore?

8. Wieviel kosten die Äpfel? > Quanto costano _____ mele?

9. ein Beispiel geben > _____ un esempio

10. ein offenes Wort sprechen > dire _____ e tondo

11. Sind Sie haftpflichtversichert? > È assicurato _____ la
    responsabilità civile?

12. eine Tafel Schokolade > una tavoletta di _____

13. einen Preis gewinnen > _____ un premio

14. am späten Nachmittag > _____ tardo pomeriggio

15. Vorsicht! Bissiger Hund! > Attenti _____ cane!

16. Worum handelt es sich? > Di che si _____?

17. Er tritt ans Fenster. > S'_____ alla finestra.

18. Kritik üben > fare una _____

19. auf diese Art und Weise > in questo _____

20. Musik machen > _____ della musica

Bringen Sie die Buchstaben in die richtige Reihenfolge und finden Sie das Gegenteil der Nomen.

1. l'insuccesso – il [cuoscses] _successo_
2. la fortuna – la [aurfsont] _____
3. la montagna – la [lavel] _____
4. la nonna – il [ononn] _____
5. la partenza – l'[irovar] _____
6. la povertà – la [zieczcrha] _____
7. la ricompensa – il [tgasico] _____
8. la salute – la [aatatmli] _____
9. la sera – la [tantiam] _____
10. la sorella – il [oltrfela] _____
11. la sposa – lo [psoso] _____

Finden Sie das Gegenteil der Nomen.

città ~~cugina~~ diavolo fine inferno mittente nemico
nuora perdita rifiuto ritorno signora

1. il cugino – la _cugina_
2. il destinatario – il _____
3. il dio – il _____
4. il guadagno – la _____
5. il genero – la _____
6. il paradiso – l' _____
7. il signore – la _____
8. il viaggio di andata – il viaggio di _____
9. il villaggio – la _____
10. l'amico – il _____
11. l'accettazione – il _____
12. l'inizio – la _____

Setzen Sie ein.

---

ammalarsi andare anticipo calma contro giorni lista
massima mio ~~morto~~ questione responsabile saltare
sapore scusi sentito so vegetariani vendere Vattene

---

1. Abends komme ich todmüde nach Hause. > La sera torno a casa
   stanco __morto__ .

2. Muss man eine Vorauszahlung leisten? > Bisogna dare un
   _____?

3. über einen Graben springen > _____ un fosso

4. Ich bitte um Verzeihung! > Mi _____!

5. ich habe gehört, dass > ho _____ / saputo che

6. schuld sein an > essere colpevole / _____ di

7. jeden Tag / alle Tage > ogni giorno / tutti i _____

8. meines Wissens / soviel ich weiß > per quanto ne _____ io

9. Besteht die Möglichkeit, vegetarische Kost zu bekommen? > È
   possibile avere dei piatti per _____?

10. sich eine Krankheit zuziehen > _____ / prendersi
    una malattia

11. Die Sache ist erledigt! > La cosa è finita! / La _____
    è risolta.

12. im Laufe der Zeit > con l'_____ del tempo

13. in aller Gemütlichkeit > con tutta _____

14. von größter Wichtigkeit > della _____ importanza

15. Fort! / Verschwinde! / Raus! > _____! / Via!

16. Bringen Sie mir die Weinkarte. > Mi porti la _____ dei vini.

17. es ist meine Pflicht, zu > è _____ dovere verso

18. etwas gegen starke Zahnschmerzen > qualche cosa _____
    un forte mal di denti

19. zu verkaufen > da _____

20. gut schmecken > avere un buon _____

Kreuzworträtsel

¹C	H	²I		³		⁴		⁵		⁶		⁷		⁸
⁹					¹⁰	¹¹								
						¹²								
¹³				¹⁴			¹⁵							
					¹⁶									
¹⁷				¹⁸	¹⁹					²⁰				
		²¹	²²											
²³			²⁴					²⁵						
							²⁶							
²⁷	²⁸			²⁹										³⁰
			³¹											
³²					³³		³⁴							
³⁵				³⁶						³⁷				

WAAGERECHT

1 C** mi ha preso la penna?

3 Non può fare sforzi, il suo c**** è molto debole.

6 La famiglia reale r**** sui sudditi.

9 La mia macchina consuma parecchi l**** di benzina.

10 È un regalo troppo grande! Non lo posso a********!

12 H* bisogno di andare in vacanza al più presto.

13 Quanto ci manca per a******* a destinazione?

15 Cinque più sei fa u** ***.

17 Mi sembri dimagrita. Hai perso p***?

18 Non m***** tutto in disordine, per favore!

20 Sei già stato a Venezia? No, m**.

22 Luisa e la s** amica sono andate in piscina.

23 Ho t** figli: Luca, Giovanni e Laura.

24 E*****, scusate il ritardo!

25 Sedetevi e mettetevi a vostro a***, torno subito!

27 Quali sono le u***** notizie sul disastro aereo?

29 Vorrei una p******* della città di Milano.

31 Spero di fare in tempo a prendere il treno; se l* perdo ti telefono.

32 I complimenti la fanno sempre a********.

34 Giorgio è un a**** di mio fratello.

35 Nella sua casa c'e**** molte opere d'arte.

36 Abbiamo deciso di sposarci e**** l'anno.

37 Dopo due o** siamo riusciti a riparare la macchina.

SENKRECHT

1 È per c**** mia che abbiamo perso il treno.

2 Sto seguendo questo programma televisivo con molto i********.

3 Ho bisogno della c***** per aprire la macchina.

4 Questo ristorante è chiuso per turno. Ed o** che facciamo?

5 Hai un'altra penna, per caso? E***, è tua, la puoi tenere!

6 Non è giusto che lui debba r******* che abbiamo sbagliato!

7 Qui d'estate ci sono quaranta g**** all'ombra.

8 Cameriere! Un a******** della casa, per favore.

11 Il film c** hai visto ieri ha vinto l'Oscar.

14 Tua sorella non r***** mai a dire di no.

16 Ci vediamo! S***** bene!

17 Mi aiuti a p******** le pareti della camera da letto?

19 Ogni t** desiderio è un ordine.

20 Lorenzo il M******** è una figura storica di gran rilievo.

21 Il mio amico non ha ancora ottenuto il p******* di soggiorno.

26 Ho tentato i***** di telefonarti, dov'eri?

28 Il locale è aperto fino a t**** sera.

29 Vorrei p** fine al nostro litigio. Facciamo pace?

30 Per a**** del marito rinunciò alla carriera.

31 Cerca sempre di attaccar l*** con qualcuno.

33 L'E** del Paese è stato colpito da un violento nubifragio.

Finden Sie die logische Entsprechung.

animale   cantare   capo   ~~Cina~~   corrente   debolezza   diavolo
dividere   gomma   hostess   molti   Oriente   perdita   pericoloso
respirare   seno   suonare   svantaggio   Ungheria   verità

1. Mosca : Russia = Pechino : _Cina_

2. albero : vegetale = mucca : _____

3. pompa di benzina : benzina = presa di corrente : _____

4. fortuna : sfortuna = vincita : _____

5. addizionare : sottrarre = moltiplicare : _____

6. fede matrimoniale : oro = pneumatico : _____

7. uomo : petto = donna : _____

8. paradiso : inferno = dio : _____

9. potenza : impotenza = forza : _____

10. sicurezza : pericolo = sicuro : _____

11. falso : giusto = bugia : _____

12. minoranza : maggioranza = pochi : _____

13. buono : cattivo = vantaggio : _____

14. sinistra : destra : Occidente : _____

15. storia : raccontare = canzone : _____

16. budino : mangiare = aria : _____

17. Varsavia : Polonia = Budapest : _____

18. vacanze : guida turistica = aereo : _____

19. soldato : generale = segretaria : _____

20. scultore : scolpire = musicista : _____

Setzen Sie ein.

> anziani arabo arrivi camere cappello così Devo finito
> frontiera idea Il luce martedì me mercato Per ~~Rallentare~~
> va verdure vicino

1. Langsamer fahren! > _Rallentare_____!
2. Wann kommst du? > Quando vieni? / A che ora _____?
3. Das ist eine gute Idee. > È una buona _____.
4. Ich möchte eine Gemüsesuppe. > Vorrei una minestra di

   _____.

5. Schieb die Schuld nicht auf mich! > Non dare la colpa a _____!
6. den Hut abnehmen > levare il _____
7. dicht bei / ganz in der Nähe von > molto _____ a
8. die alten Leute > i vecchi / gli _____
9. Wie geht's? / Wie steht's? > Come _____?
10. billig einkaufen > comprare a buon _____
11. das Licht einschalten > accendere la _____
12. ein solcher Mensch / solch ein Mensch > un uomo _____
13. Sind die Zimmer mit eigenem Telefon ausgestattet? > Le

    _____ hanno il telefono privato?

14. Der Kaffee ist alle. > Il caffè è _____.
15. Wir haben Dienstag, den 17. April. > È _____ 17 aprile.
16. an der Grenze > alla _____
17. Ist das Restaurant offen? > _____ ristorante è aperto?
18. Würden Sie hier unterschreiben? > _____ cortesia, firmi qui.
19. auf Arabisch > in _____
20. Muss ich umsteigen? > _____ cambiare?

Finden Sie waagerecht oder senkrecht 36 Teile eines Gebäudes.

C	U	S	L	T	P	R	I	N	G	H	I	E	R	A	C	T	V
A	F	O	F	I	N	E	S	T	R	A	S	C	P	B	O	E	C
I	D	F	T	E	R	R	A	Z	Z	A	T	U	A	A	R	G	C
R	N	F	E	M	R	O	R	V	R	M	U	C	R	C	R	O	I
I	C	I	T	A	E	R	E	L	I	U	D	I	E	A	I	L	T
P	P	T	T	N	J	S	C	D	S	R	I	N	T	M	D	A	O
O	A	T	O	S	S	O	I	Y	C	O	O	A	E	P	O	G	F
S	V	O	C	A	N	G	N	C	A	N	T	I	N	A	I	R	O
T	I	C	A	R	T	G	T	A	L	K	M	M	F	N	O	O	N
I	M	I	M	D	C	I	O	M	D	P	E	Y	C	E	L	N	O
G	E	G	E	A	H	O	**P**	**I**	**A**	**N**	**O**	W	T	L	H	D	I
L	N	I	R	R	G	R	C	N	M	A	N	I	G	L	I	A	N
I	T	A	A	A	I	N	U	O	E	B	A	G	N	O	H	I	G
O	O	R	G	M	G	O	I	B	N	S	O	L	A	I	O	A	R
M	F	D	S	C	A	L	A	N	T	E	N	N	A	W	P	T	E
Y	I	I	M	P	O	S	T	A	O	B	A	L	C	O	N	E	S
O	C	N	Q	K	A	P	P	A	R	T	A	M	E	N	T	O	S
Y	P	O	R	T	A	T	A	P	P	E	Z	Z	E	R	I	A	O

Stimmt das?

1. La Luna è più grande del Sole. _falso_
2. La verza è di un colore tendente al blu. _____
3. Ad Ancona c'è il mare. _vero_
4. Il tulipano è un pesce. _____
5. L'Arno attraversa Firenze. _____
6. La Repubblica di San Marino confina con la Francia. _____
7. Gli abitanti di Milano sono in maggioranza lombardi. _____
8. Il ghiacciaio è fatto di gelato. _____
9. La formica è un piccolo animale. _____
10. Con la nebbia si vede male. _____
11. La Pianura Padana si trova al Nord. _____
12. Enzo Ferrari è stato Presidente della Repubblica. _____
13. Con le azioni si possono avere profitti in borsa. _____
14. Il pappagallo è un uccello. _____
15. A Brindisi si parla siciliano. _____
16. Il gasolio è un condimento. _____
17. Quando grandina si va a passeggio. _____
18. Al chiodo serve un martello. _____
19. La slitta si usa solo d'estate. _____
20. Generalmente la pesca si mangia cotta. _____

Setzen Sie ein.

> acquisto altro angolo caldo cambiare chiedere colmo
> commiato inverno largo mancare media nudo piacciono
> pomeriggio prestito ~~realizzare~~ ritelefonare sentirsi torta

1. wahr machen / in die Tat umsetzen > _realizzare_____ /
   attuare

2. Das ist die Höhe! / Das ist der Gipfel! > Questo è il _____!

3. Abschied nehmen > prendere _____

4. ich leihe es mir von ihm > lo prendo in _____ da
   lui / me lo faccio prestare da lui

5. sein Wort brechen > _____ alla parola / non
   mantenere la parola

6. Geld wechseln > _____ denaro

7. jemanden um Rat fragen > _____ consiglio a
   qualcuno

8. heute Nachmittag > oggi _____

9. sich wohl fühlen > stare / _____ bene

10. Ein Stück Torte, bitte. > Una fetta di _____, per favore.

11. einen guten Kauf machen > fare un buon _____

12. mit bloßem Auge > a occhio _____

13. Ich mag Süßigkeiten. > Mi _____ i dolci.

14. im Winter > d'_____

15. in die Ecke stellen > mettere nell'_____

16. unter dem Durchschnitt > al di sotto della _____

17. nochmals anrufen > richiamare / _____

18. Er wird jeden Augenblick hier sein. > Arriverà da un momento
    all'_____.

19. Es ist warm/heiß. > Fa _____ / molto caldo.

20. fünf Meter breit sein > essere _____ cinque metri

Stimmt das?

1. L'ora ha tremilaseicento secondi. _vero_
2. Cagliari è sull'Isola d'Elba. _falso_
3. L'Italia confina con due paesi. _____
4. Il ragno ha sei zampe. _____
5. Leonardo è nato a Firenze. _____
6. Dante Alighieri e Machiavelli erano amici. _____
7. L'Appennino si trova anche al Sud. _____
8. Per Mezzogiorno si intende l'Italia del Sud. _____
9. In Calabria ci sono i lupi. _____
10. Tutti gli italiani sanno cantare. _____
11. L'Italia ha perso la seconda guerra mondiale. _____
12. La squadra di calcio è fatta di 10 giocatori. _____
13. Molte api insieme fanno il latte. _____
14. Mia nipote è la figlia di mia sorella. _____
15. Circa 200 milioni di persone parlano l'italiano come lingua madre. _____
16. L'Italia è una penisola. _____
17. Il quarto è la metà della metà. _____
18. Agli italiani, in generale, piacciono i bambini. _____
19. Sulle autostrade ci sono molti semafori. _____
20. La volpe è più grossa dello scoiattolo. _____

Finden Sie waagerecht oder senkrecht 29 Kleidungsstücke.

G	T	A	I	L	L	E	U	R	W	C	C	P	C	Z	B
R	S	C	I	A	R	P	A	W	C	R	A	U	A	W	R
E	**C**	**A**	**P**	**P**	**E**	**L**	**L**	**O**	A	A	M	L	M	C	E
M	P	S	S	I	Z	I	U	W	L	V	I	L	I	C	T
B	A	L	C	G	O	W	C	Y	Z	A	C	O	C	A	E
I	N	I	A	I	G	O	A	A	E	T	E	V	I	P	L
U	T	P	R	A	U	G	N	F	T	T	T	E	A	P	L
L	A	S	P	M	A	I	O	A	T	A	T	R	K	O	E
E	L	A	A	A	N	A	T	Z	I	P	A	G	J	T	P
G	O	N	N	A	T	C	T	Z	V	E	S	T	I	T	O
I	N	D	G	H	O	C	I	O	X	Z	N	P	D	O	T
L	I	A	R	E	B	H	E	L	W	G	I	A	C	C	A
E	U	L	H	I	M	E	R	E	G	G	I	S	E	N	O
T	V	O	B	Z	W	T	A	T	C	O	L	L	A	N	T
B	E	R	R	E	T	T	O	T	C	I	N	T	A	Q	E
X	O	A	U	A	U	A	A	O	S	T	I	V	A	L	E

Setzen Sie ein.

Avete chiedo ~~Eccomi~~ esatta fortuna influenza mettere nella patate pezzo porre potabile si sono spingere stare suo tedesco tempo Vostra

1. Da/Hier bin ich. > __Eccomi__.
2. Haben Sie gekochtes Gemüse? > _____ della verdura cotta?
3. Was für ein Glück! > Che _____!
4. Das ist nicht deine Sache. > Questi non _____ fatti tuoi.
5. Lass das sein! > Lascia _____!
6. Ich bitte um Verzeihung! > Scusi! / Le _____ scusa!
7. Ich möchte einen Braten mit Kartoffeln. > Vorrei dell'arrosto con

   _____.

8. Schluss machen mit > _____ fine a / finirla / farla finita con
9. viel Zeit haben > avere un sacco di _____
10. den Schlüssel stecken lassen > lasciare la chiave _____

    serratura
11. Nicht drängen! > Non _____!
12. die Grippe haben > aver l'_____
13. die genaue Zeit > l'ora precisa / _____
14. Wie heißt das auf Deutsch? > Come _____ dice in tedesco?
15. ein Stück Papier > un _____ di carta
16. Wir haben heute Ihren Brief erhalten. > Abbiamo ricevuto oggi la

    _____ lettera.
17. Salz ins Wasser geben > _____ il sale nell'acqua
18. Sprechen Sie Deutsch? > Parla _____?
19. Ist das Trinkwasser? > L'acqua è _____?
20. auf seine Art > a modo _____

Kreuzworträtsel

¹A	N	²T	I	³P	A	⁴S	T	⁵O		⁶		⁷		⁸
⁹			¹⁰									¹¹		
¹²		¹³							¹⁴		¹⁵			
							¹⁶							
¹⁷				¹⁸										
			¹⁹											
²⁰									²¹					
								²²						
²³					²⁴									²⁵
				²⁶										
²⁷		²⁸		²⁹							³⁰			
³¹				³²										

WAAGERECHT

1 Per a******** vorrei del prosciutto e melone.

6 Andiamo a fare quattro p**** dopo cena?

9 Ho sempre desiderato u** casa con giardino.

10 Ti a****** domani a pranzo.

11 Da bambino aveva tanti capelli. O** invece è diventato calvo.

12 Vorrei i******* Luisa al nostro matrimonio. Cosa ne pensi?

14 Prima di uscire non dimenticare di lavare i p*****.

17 Mi d***, sa per caso dove si trova via Trieste?

18 Anna ama molto andare a d********* in discoteca.

20 Per il Paese sconfitto è stata una resa senza c*********.

21 C'è sempre un l*** buono nelle persone.

23 Sono andata dal calzolaio a riprendere le s*****.

24 Con le buone maniere si può o******* tutto.

27 Lo stiamo aspettando da più di due o**.

29 I tortellini vanno s****** in padella con un po' di panna.

30 Quella ragazza con la giacca blu è m** sorella.

31 E**** pure, la porta è aperta!

32 Gradiresti un bicchiere di prosecco come a********?

SENKRECHT

1 Il governo ha inviato a**** ai paesi terremotati.

2 T** qualche anno i nostri figli andranno all'università.

3 Questa p***** ha dato molti frutti quest'anno.

4 Sulla s********* del mare erano visibili i rottami dell'aereo precipitato.

5 O*** per otto fa sessantaquattro.

6 Mia figlia ha sempre terminato gli studi con p*******.

7 I rapporti con s** padre sono diventati molto tesi.

8 Questo vino si è i********.

13 Quest'anno andremo in v****** al mare.

15 Mi piacerebbe t****** a Parigi.

16 Vorrei p********* in un albergo economico.

17 Ormai abbiamo preso la nostra d********.

19 La mia domanda è rimasta senza r*******.

22 Si è rovinato facendo molti d***** di gioco.

25 Era troppo tardi, i negozi e**** già chiusi.

26 Quando andavo all'università mi svegliavo sempre all'a*** per studiare.

28 Berlino era la capitale della Germania E**.

30 Non riesco m** a tornare a casa dal lavoro prima delle sei.

Finden Sie die logische Entsprechung.

acuminato Asia aspro Austria cane collana cristianesimo fabbrica fratello frutta giorno guerra libri niente pagine rosso salate settimana sud tramonto

1. coltello : affilato = ago : _acuminato_
2. Nigeria : Africa = Vietnam : _____
3. tiramisu : dolce = olive : _____
4. ananas : dolce = limone : _____
5. avena : cereali = mela : _____
6. mattino : sera = alba : _____
7. secondo : minuto = ora : _____
8. albero : foglie = libro : _____
9. Budda : buddismo = Cristo : _____
10. scolaro : scuola = operaio : _____
11. vento : tempesta = conflitto : _____
12. chiosco : giornali = libreria : _____
13. rumore : silenzio = tutto : _____
14. Roma : Italia = Vienna : _____
15. tigre : gatto = lupo : _____
16. gennaio : anno = lunedì : _____
17. ragazza : ragazzo = sorella : _____
18. dito : anello = collo : _____
19. cetriolo : verde = pomodoro : _____
20. Artide : nord = Antardide : _____

Setzen Sie ein.

~~alta~~ cinque compagnia contro dentro diverso fine intorno libertà lo maniera mi pensiero possibile precedenza Preferisco rapidi sciocchezza somma troppo

1. laut sprechen > parlare forte / ad _alta_____ voce
2. Ich bin anderer Meinung. > Sono di parere _____.
3. Ich trinke lieber Wein als Bier. > _____ il vino alla birra.
4. gegen den Strom schwimmen > nuotare _____ corrente
5. sich Sorgen/Gedanken machen über > preoccuparsi di / darsi _____ di
6. Die Betten wurden zu selten frisch bezogen. > Le lenzuola venivano cambiate _____ di rado.
7. eine Dummheit machen > fare una stupidaggine / _____
8. eine hohe Summe > una grossa _____
9. rings umher > tutt'_____
10. mit schnellen Schritten > a passi _____
11. Bitte wickeln Sie das ein. > Per favore, me _____ incarti.
12. in Freiheit > in _____
13. in guter Gesellschaft > in buona _____
14. so oft wie möglich > il più spesso _____
15. Kommt herein, Kinder! > Venite _____, bambini!
16. Er hat Vorfahrt. > Ha la _____.
17. es fällt mir schwer > _____ riesce difficile
18. Es schlägt fünf Uhr. > Suonano le _____.
19. zu Ende gehen > volgere alla _____
20. Auf welche Weise? > In che _____ / modo?

Finden Sie die Fortsetzung der Redewendungen.

1.	all'ultimo	a)	alla gola
2.	andare a letto	b)	con le galline
3.	prendere	c)	fa traboccare il vaso
4.	avere un groppo	d)	figura
5.	avere un piede	e)	grido
6.	essere la goccia che	f)	incomodo
7.	fare bella	g)	nella fossa
8.	fare il terzo	h)	un granchio
9.	inghiottire	i)	un rospo
10.	mandare	j)	all'inferno
11.	non importarsene	k)	gioco di qd.
12.	non valere	l)	il fosso
13.	parlare di corda	m)	il ghiaccio
14.	prendersi	n)	in bianco
15.	mangiare	o)	in casa dell'impiccato
16.	render pan	p)	per focaccia
17.	rompere	q)	un accidente
18.	saltare	r)	un fico secco

Setzen Sie ein.

> avendo   capitale   comprensibili   cucina   esiste   famiglia
> governato   gradevole   maggioranza   mondiale   musicali
> ~~paesi~~   praticare   ruolo   si   visitatori

L'Italia

L'Italia è uno dei [1] paesi_____ preferiti dai turisti. Il suo clima è
molto [2]_____. Gli stupendi paesaggi, la [3]_____
raffinata e le molte località d'interesse culturale attirano ogni anno
[4]_____ da tutto il mondo.

D'estate hanno luogo, in molti paesi e città, manifestazioni teatrali e
[5]_____. In inverno sono le Alpi che invitano a
[6]_____ lo sci.

La [7]_____ Roma è ritenuta la culla della nostra civiltà.
La [8]_____ delle città con caratteristiche medioevali e
rinascimentali [9]_____ trovano nel triangolo compreso tra
Venezia, Milano e Roma.

L'unità d'Italia [10]_____ politicamente dal 1870. Nella
seconda guerra [11]_____ il paese si è schierato al fianco
dei nazisti tedeschi. Attualmente è [12]_____ piuttosto
centralisticamente da Roma. Pur [13]_____ una lingua
comune, gli italiani hanno anche circa 400 dialetti che per uno
straniero sono difficilmente [14]_____.

Ancora oggi, specialmente in provincia, la [15]_____ e
la religione cattolica hanno un [16]_____ molto
importante.

Setzen Sie ein.

assaggiare assicurata Avrei Ha Qual Questo Sbrigatevi
bambini casa della inacidito ~~incidente~~ legno mancanza
molto prendere rasoio sorpasso trattare travellers

1. Haben Sie den Unfall gesehen? > Ha assistito
   all' _incidente_ ?
2. Haben Sie gekochtes Gemüse? > Ha _____ verdura cotta?
3. Falsch verbunden! > _____ sbagliato numero!
4. Das Haus brennt. > La _____ è in fiamme.
5. Was ist das? > _____ che cos'è?
6. Das ist sehr freundlich von Ihnen. > Lei è _____ gentile.
7. Ich vermisse dich sehr. > Sento molto la tua _____.
8. Ich bräuchte eine Luftmatratze. > _____ bisogno di un
   materassino gonfiabile.
9. Ich möchte einen Reisescheck einlösen. > Vorrei incassare un
   _____ cheque.
10. Schnell! / Beeilen Sie sich! > Presto! / _____!
11. den Wein probieren/versuchen/kosten > _____ il vino
12. Nicht überholen! > Vietato il _____!
13. Die Milch ist sauer. > Il latte è _____ / andato a male.
14. Wie hoch ist der Wechselkurs? > _____ è il cambio?
15. Wir holen Luisa ab. > Noi andiamo a _____ Luisa.
16. alle kleinen Kinder > tutti i _____
17. anständig behandeln > _____ bene
18. Ist der Wagen versichert? > La macchina è _____?
19. Steckdose für den Rasierapparat > presa per il _____
    elettrico
20. aus Holz > di _____

Finden Sie waagerecht oder senkrecht 40 Körperteile.

I	K	D	G	N	M	T	O	C	C	H	I	O	N	U	C	A
P	L	I	I	I	A	B	K	O	L	A	B	B	R	O	T	P
I	P	T	N	Q	N	O	R	E	C	C	H	I	O	S	S	A
E	E	O	O	U	O	K	C	U	O	R	E	G	A	M	B	A
D	L	U	C	A	P	E	L	L	I	D	O	R	S	O	S	S
E	L	T	C	E	U	B	**B**	**R**	**A**	**C**	**C**	**I**	**O**	G	Y	V
N	E	F	H	E	G	Y	G	P	O	L	L	I	C	E	S	
T	R	U	I	T	I	V	S	X	F	S	J	F	L	S	C	P
E	O	L	O	B	O	J	F	P	Q	C	D	R	I	P	O	O
S	O	P	R	A	C	C	I	G	L	I	O	O	N	A	L	L
B	Q	V	S	T	O	M	A	C	O	A	Q	N	G	L	L	P
P	A	N	C	I	A	L	T	E	S	T	A	T	U	L	O	A
B	M	E	N	T	O	E	S	E	D	E	R	E	A	A	M	C
O	N	Z	G	U	A	N	C	I	A	G	O	M	I	T	O	C
C	A	U	J	U	N	G	H	I	A	S	E	N	O	M	O	I
C	S	P	E	T	T	O	R	A	B	A	R	B	A	Q	X	O
A	O	V	I	S	O	I	D	L	P	A	L	P	E	B	R	A

Bilden Sie aus den Silben das Land zur Hauptstadt.

AU - BEL - BLI - BRE - BUL - CA - CA - CA - CE - CIA - CIA -
CROA - DA - FRAN - GA - GAL - GHE - GIA - GIO - GNA -
GNA - GO - GRAN - GRE - I - IU - LIA - LO - LO - MA - MAR -
NI - NIA - NIA - NOR - PO - POR - PUB - RA - RE - RIA - RIA -
RO - RUS - SIA - SLA - SPA - STRIA - SVE - SVIZ - TA - TA -
TO - UN - VE - VIA - ZE - ZIA - ZIA

1. Bruxelles - _BEL-GIO_____

2. Sofia - _____

3. Copenhagen - _____

4. Parigi - _____

5. Atene - _____

6. Londra - _____

7. Roma - _____

8. Belgrado - _____

9. Zagabria - _____

10. Oslo - _____

11. Vienna - _____

12. Varsavia - _____

13. Lisbona - _____

14. Bucarest - _____

15. Mosca - _____

16. Stoccolma - _____

17. Berna - _____

18. Madrid - _____

19. Praga - _____

20. Budapest - _____

Setzen Sie ein.

ad alle ancora aperto certa dente due entrare giorno
indietro inizio nero Niente ~~Penso~~ persona Prenda
ricevere sapere sta vittima

1. Ja, ich denke schon. > __Penso__ di sì.
2. Keinen Zucker, bitte! > _____ zucchero, grazie!
3. Ich glaube kein Wort davon. > Non credo _____ una parola di ciò che dice.
4. schwarz auf weiß > _____ su bianco
5. Meine Uhr geht nach. > Il mio orologio resta _____.
6. gewisse Leute > _____ gente
7. sich einen Zahn ziehen lassen > togliersi un _____
8. Biegen Sie in die Straße nach dem Zeitungskiosk ein. > _____ la strada dopo l'edicola.
9. Dieser Anzug sitzt gut. > Questo vestito _____ bene.
10. ein feiner Mensch > una brava _____
11. eine Neuigkeit erfahren > venire a _____ una novità
12. einen Brief erhalten > _____ una lettera
13. um 5 Uhr nachmittags > _____ 5 del pomeriggio
14. im Freien / unter freiem Himmel > all'_____
15. in Verhandlungen treten > _____ in trattativa
16. von vorn / von Anfang an > dall'_____
17. Er ist noch nicht zurück. > Non è _____ ritornato/tornato/rientrato.
18. Es ist Viertel nach zwei. > Sono le _____ e un quarto.
19. Es wird hell. > Si fa _____.
20. zum Opfer fallen > rimanere _____ di

Finden Sie die logische Entsprechung.

acqua ~~attacco~~ baciare dollaro Egitto fiammifero giardino
guinzaglio melodia pescare pesce rifiutare scarpe spogliarsi
sugo svegliarsi tetto tè treno tovaglia

1. difendere : attaccare = difesa : _attacco_

2. Giappone : yen = USA : _____

3. deserto : sabbia = mare : _____

4. latte : caffè = limone : _____

5. persona : ombrello = casa : _____

6. orologiaio : orologio = calzolaio : _____

7. ancora : catena = cane : _____

8. ala : uccello = pinna : _____

9. cuoco : cucina = giardiniere : _____

10. insalata : condimento = arrosto : _____

11. arma : sparare = amo : _____

12. parola : frase = suono : _____

13. stanco : sveglio = addormentarsi : _____

14. dire di sì : dire di no = accettare : _____

15. vestito : nudo = vestirsi : _____

16. mani : accarezzare = labbra : _____

17. Reno : Germania = Nilo : _____

18. luce : interruttore = candela : _____

19. capolinea : autobus = stazione ferroviaria : _____

20. parete : carta da parati = tavolo : _____

LÖSUNGEN

TEST 1:

1. pittura 2. scuro 3. sentire 4. tagliare 5. acqua 6. piccolo 7. ascoltare
8. risolvere 9. occhiali 10. arredamento 11. riscaldamento 12. aereo
13. pulsante 14. povero 15. farmacista 16. colore 17. guanto 18. parete
19. nano 20. bicchiere

TEST 2:

1. errore 2. Ha 3. Si 4. buona 5. Vorrei 6. passo 7. maniglia
8. treno 9. La 10. resistenza 11. Le 12. Si 13. privato 14. tutto
15. Dove 16. bagagli 17. Normale 18. Attenti 19. denaro
20. esperienza

TEST 3:

1T	A	2L		3S	A	4N	N	5O		6C	I	7E	L	8O
E		E		O		O		R		H		S		R
9N	E	I	10F	A	R	M	A	C	I			11T	R	E
D			F			D		A						
12E	S	13S	E	R	E		14A	15D	I	R	A	16R	S	17I
		C		I		18M		I		A		E		S
19S	I	I	20R	I	E	21S	C	E			22A	G	I	O
P		E		E	23T	U	O		24V			G		L
25O	G	N	I		26S	T	A	N	C	O		27E	R	A
R		Z		28B		E		O		G		R		
29T	R	A	D	U	R	R	E		30A	L	B	E	R	31O
				C				32M	I					D
33M	A	34L	35A	C	36C	I	A	I	O			37S	T	O
I		U				T	O	L		N		U		R
38A	B	I	T	A		39L	I	E	T	O		40D	U	E

LÖSUNGEN

TEST 4:
1. campanello 2. verdura 3. Paese 4. Danimarca 5. gamba 6. bere
7. automobili 8. shampoo 9. vite 10. nuotare 11. figlia 12. vitello
13. palcoscenico 14. racchetta 15. pattumiera 16. igienica 17. C.A.P.
18. pesante 19. fermarsi 20. scompartimento

TEST 5:
1. avere l'acqua alla gola > trovarsi in difficoltà
2. stare con un piede nella fossa > stare per morire
3. avere una fame da lupi > essere molto affamato
4. battere il ferro finché è caldo > insistere
5. dare un bidone a qd. > non presentarsi all'appuntamento
6. essere nato con la camicia > essere molto fortunato
7. essere solo come un cane > sentirsi abbandonato
8. fare bella figura > fare buona impressione
9. finire in una bolla di sapone > non realizzarsi
10. essere in capo al mondo > trovarsi molto lontano
11. non avere né capo né coda > non aver senso
12. non valere un fico > non avere nessun valore
13. passare la notte in bianco > non dormire

TEST 6:
1. ossa 2. scale 3. Stavo 4. lavorare 5. nessuno 6. pulirsi 7. sole
8. evento 9. porre 10. raccolto 11. sera 12. lacrime 13. fretta
14. versare 15. oro 16. possibile 17. vuole 18. Tre 19. bisogno
20. pancia

TEST 7:
1. partire – arrivare
2. cominciare – smettere
3. attaccare – difendere
4. costruire – distruggere
5. comandare – ubbidire
6. ricompensare – punire
7. pregare – ringraziare
8. dare – prendere
9. accendere – spegnere
10. addormentarsi – svegliarsi
11. salire – scendere
12. domandare – rispondere

L Ö S U N G E N

TEST 8:
1. Un cowboy entra in un locale insieme ad un amico.
2. Vuole bere con lui un paio di whisky.
3. Ma al bar sono seduti già dodici uomini.
4. Il cowboy ne indica uno e chiede: 'Vedi quello lì?'
5. 'Non so quale intendi', risponde l'amico.
6. Poi il cowboy tira fuori la pistola e spara agli uomini.
7. Undici cadono subito stecchiti.
8. Allora il cowboy indica quello che è rimasto.
9. Dice: 'Intendevo quello lì.'
10. 'E cosa volevi dirmi a proposito di quello?', vuole sapere l'amico.
11. 'Quello non lo posso proprio soffrire.'

TEST 9:
1. dove 2. che 3. accettano 4. giocare 5. con 6. debiti 7. La 8. Come
9. dalla 10. oggetti 11. abbiamo 12. Aspetti 13. inviamo 14. stazione
15. chiamare 16. completo 17. forte 18. Natale 19. aver

TEST 10:
1.	Belgio	BRU-XEL-LES
2.	Bulgaria	SO-FIA
3.	Danimarca	CO-PEN-HA-GEN
4.	Francia	PA-RI-GI
5.	Grecia	A-TE-NE
6.	Gran Bretagna	LON-DRA
7.	Italia	RO-MA
8.	Iugoslavia	BEL-GRA-DO
9.	Croazia	ZA-GA-BRIA
10.	Norvegia	O-SLO
11.	Austria	VIEN-NA
12.	Polonia	VAR-SA-VIA
13.	Portogallo	LI-SBO-NA
14.	Romania	BU-CA-REST
15.	Russia	MO-SCA
16.	Svezia	STOC-COL-MA
17.	Svizzera	BER-NA
18.	Spagna	MA-DRID
19.	Repubblica Ceca	PRA-GA
20.	Ungheria	BU-DA-PEST

LÖSUNGEN

TEST 11:
1. Con le braccia si può abbracciare.
2. Con i denti si può mangiare.
3. Con il cervello si può pensare.
4. Con le labbra si può baciare.
5. Con il pugno si può colpire forte.
6. Con il naso si può annusare.
7. Con gli occhi si può vedere.
8. Con gli orecchi si può sentire.
9. Con le dita si può scrivere a macchina.
10. Con le labbra si può fischiare.
11. Con la mano si può scrivere.
12. Con il dito si può indicare qualcosa.
13. Con la pelle si può sentire la temperatura.
14. Con la lingua si può gustare il sapore.
15. Con le unghie si può graffiare.
16. Con il collo si può muovere la testa.
17. Con i polmoni si può inspirare l'aria.
18. Con i muscoli si può usare la propria forza.
19. Con il piede si può frenare.
20. Con le gambe si può correre forte.

TEST 12:
1. preparare 2. Questi 3. interessa 4. spegnere 5. primo 6. questa
7. sveglia 8. albero 9. su 10. esercitare 11. alla 12. sbagliarsi
13. restare 14. cambiato 15. cotto 16. modo 17. succedere
18. corrente 19. dividere 20. scherzo

LÖSUNGEN

TEST 13:

¹A	V	²E	R	³E		⁴S	U	⁵P	E	⁶R	I	⁷O	R	⁸E
N		R		C		A		R		E		R		S
⁹T	R	A		¹⁰C	O	L	L	E	R	A		¹¹O	R	A
I				E		A		F		L				M
¹²P	R	¹³O	N	T	O		¹⁴M	E	S	T	I	¹⁵E	R	E
A		P		E		¹⁶B		R		À		D		
¹⁷S	U	P	E	R	F	I	C	I	E		¹⁸M	I	C	¹⁹A
T		O		A		C		R		²⁰V		C		P
²¹O	S	S	A		²²R	I	C	E	V	I	T	O	R	E
		T		²³N		C		I		S		L		R
²⁴F	R	A	T	E	L	L	O		²⁵R	I	M	A	N	I
E				S		E		²⁶D		T				T
²⁷T	R	²⁸E		²⁹S	E	T	T	I	M	A		³⁰M	A	I
T		S		U		T		R		R		I		V
³¹A	T	T	E	N	D	E	R	E		³²E	R	A	N	O

TEST 14:

1. pioggia **2.** atterrare **3.** messicano **4.** secco **5.** fotografica **6.** benzina
7. squadra **8.** testa **9.** vedere **10.** lungo **11.** foto **12.** Indonesia
13. Brasile **14.** arabo **15.** architettura **16.** acqua **17.** aspirapolvere
18. fegato **19.** musicale **20.** salato

TEST 15:

1. Avete **2.** Faccia **3.** Vorrei **4.** spettacolo **5.** valige **6.** imparare
7. telefono **8.** raccomandata **9.** nelle **10.** separarsi **11.** erano **12.** parlare
13. incarti **14.** costo **15.** particolari **16.** Vi **17.** medico **18.** sè **19.** stato
20. ritardo

LÖSUNGEN

TEST 16:

1.	andare	a farsi benedire
2.	avere fin	sopra i capelli
3.	avere l'acqua	alla gola
4.	cadere dal	sonno
5.	dare carta	bianca a qd.
6.	dare	un bidone a qd.
7.	essere nato con	la camicia
8.	essere solo	come un cane
9.	essere sui carboni	ardenti
10.	fare castelli	in aria
11.	fare una	barca di soldi
12.	finire in	una bolla di sapone
13.	in capo	al mondo
14.	mettere il bastone	tra le ruote a qd.
15.	non avere	né capo né coda
16.	non svegliare	il cane che dorme
17.	passare la notte	in bianco
18.	rimandare alle	calende greche
19.	sentirsi un pesce	fuor d'acqua
20.	spaccare	un capello in quattro

TEST 17:

1. CONDIMENTI 2. CAVOLFIORE 3. PREZZEMOLO 4. MELANZANE
5. RAVANELLI 6. CIPOLLINA 7. INSALATA 8. CETRIOLI 9. PEPERONE
10. ASPARAGI 11. POMODORI 12. BROCCOLI 13. ZUCCHINI
14. CARCIOFO 15. FAGIOLI 16. PISELLI 17. SPINACI 18. CIPOLLE
19. CAVOLO 20. FUNGHI 21. CAROTE 22. PATATE 23. PORRO
24. OLIVE 25. AGLIO 26. ERBA

TEST 18:

1. autocarro 2. Che 3. Lei 4. favore 5. bene 6. corrente 7. cogliere
8. storia 9. sta 10. costano 11. discorrere 12. coscienza 13. impiego
14. visitare 15. margini 16. testimone 17. anni 18. Spegni 19. dalla
20. dalla

TEST 19:

1. verdura 2. ritardo 3. acqua 4. accelerare 5. Quanto 6. Bisogna 7. Faccia
8. di 9. automobile 10. dei 11. luna 12. Qual' 13. feriti 14. Questo
15. offrirVi 16. meglio 17. servizio 18. Disturbo 19. cortile 20. lana

L Ö S U N G E N

TEST 20:
1. canottiera 2. gas 3. duro 4. domestico 5. abitare 6. Grecia 7. cavallo
8. calcolare 9. mese 10. francese 11. cattolico 12. pelle 13. deserto
14. dorso 15. comporre 16. solido 17. pesce 18. lana 19. porcellana
20. Irlanda

TEST 21:
1. coscienza 2. Il 3. certo 4. posto 5. importa 6. aspetto
7. mezzogiorno 8. io 9. dare 10. contrario 11. modo 12. cammino
13. pulizia 14. specchio 15. stiri 16. rispetto 17. regola 18. Pittura
19. meno 20. Ci

TEST 22:

1. fiori	vaso	I.	bicicletta	campanello
2. automobile	portabagagli	II.	teatro	palcoscenico
3. treno	biglietto	III.	bar	birra
4. caffè	zucchero	IV.	circo	clown
5. pentola	coperchio	V.	borsa	pelle

a. minestra	cucchiaio	A.	zoo	animali
b. febbre	termometro	B.	finanza	tasse
c. scala	ringhiera	C.	cielo	stella
d. salsiccia	coltello	D.	discoteca	musica
e. neve	skilift	E.	bagagli	valigia

TEST 23:
1. un 2. pane 3. bruciare 4. scopo 5. specialità 6. darsi 7. completa
8. tutta 9. Si 10. Abbiamo 11. spese 12. bambini 13. pezzi 14. prime
15. passarmi 16. spaccare 17. con 18. Controlli 19. scala 20. motivi

LÖSUNGEN

TEST 24:

¹P	U	²G	³O		⁴C	O	⁵S	C	⁶I	E	⁷N	Z	⁸A
R		I	T		A		T		N		E		M
⁹E	T	À		¹⁰T	E	N	E	R	S	I		¹¹L	E	I
N			E		I		A		Z					C
¹²D	O	¹³M	A	N	I		¹⁴I	N	D	I	E	¹⁵T	R	O
E		A	E				I		O			O		
¹⁶R	I	N	C	R	E	¹⁷S	C	E			¹⁸A	R	I	¹⁹A
T		I	E		E	R		²⁰P		N		P
²¹I	D	E	A			²²P	R	E	N	O	T	A	R	E
		R		²³S	A			T		T		R
²⁴T	R	A	T	T	A	R	E		²⁵L	A	V	O	R	I
U			A		A		²⁶T		B			T
²⁷T	R	²⁸E		²⁹M	A	R	G	I	N	I		³⁰M	A	I
T		R		M		S		P		L		I		V
³¹I	N	A	C	I	D	I	T	O		³²E	R	A	N	O

TEST 25:

1. marinaio 2. estate 3. critica 4. freddo 5. sano 6. panettiere 7. spegnere 8. banda 9. paura 10. asciutto 11. bottone 12. blu 13. monaco 14. riso 15. timbro 16. bruciare 17. treno 18. coperta 19. sedia 20. candela

TEST 26:

Un tizio ha una tavola calda proprio di fronte ad una banca. Arriva un vecchio amico e dice: „Senti, mi presteresti dei soldi?" – „Mi dispiace, amico mio, non posso!" – „E perché no?" – „Perché ho firmato un contratto con la banca!" – „Che tipo di contratto?" – „In base al contratto io non presto soldi e loro non vendono panini!"

TEST 27:

1. frontiera 2. domando 3. comprendo 4. uguale 5. nessuna 6. rimettersi 7. prepararsi 8. grave 9. ultime 10. sonnellino 11. cattivo 12. lasciare 13. differenza 14. occhio 15. mano 16. bicchiere 17. parti 18. finestra 19. proprio 20. caldo

LÖSUNGEN

TEST 28:

R	O	S	A			
			R	O	S	S	O
V	I	O	L	A		
			N	E	R	O
B	I	A	N	C	O	
		G	R	I	G	I	O
G	I	A	L	L	O	
M	A	R	R	O	N	E
		V	E	R	D	E

TEST 29:

1. diligente – pigro
2. grande – piccolo
3. grasso – magro
4. lento – veloce
5. carino – brutto
6. vicino – lontano
7. scuro – chiaro
8. caro – conveniente
9. intelligente – stupido
10. bianco – nero
11. morbido – duro
12. molto – poco
13. vivo – morto
14. avvincente – noioso
15. basso – alto
16. settentrionale – meridionale
17. corto – lungo
18. malato – sano
19. a destra – a sinistra

TEST 30:

1. accendino 2. successo 3. litri 4. bere 5. senza 6. La 7. commerciare
8. fumare 9. macchina 10. chiama 11. Ingresso 12. oggi 13. vettura
14. al 15. luogo 16. dove 17. spesa 18. Natale 19. qui 20. In

TEST 31:

1. paziente 2. lavorare 3. lettere 4. vedere 5. giorno 6. ascoltare
7. sordo 8. capitano 9. valle 10. stretta 11. lavoro 12. gioielleria
13. ponte 14. Bulgaria 15. cioccolato 16. sera 17. Spagna
18. apriscatole 19. terra 20. dimagrire

TEST 32:
1. semiaperto 2. male 3. piace 4. resto 5. Ne 6. gomma 7. prezzi
8. preferire 9. vino 10. rilasciare 11. buona 12. giorno 13. fondo 14. pezzi
15. importanza 16. due 17. sta 18. bel 19. questo 20. capace

TEST 33:

¹M	E	²D	I	³A		⁴R		⁵R	E	⁶S	I	⁷S	T	⁸O
A		I		⁹N	E	I				T		E		R
¹⁰N	E	R	V	I		¹¹C	O	¹²N	F	R	O	N	T	O
C		E		M		H		E		U		S		
¹³A	N	Z	I	A	N	I		¹⁴L	I	M	P	I	¹⁵D	O
		I				¹⁶E	D			E			U	
¹⁷B	U	O	N	¹⁸A		S		¹⁹C	O	N		²⁰D	E	²¹L
E			N	P		²²T	U	O				T	E	E
²³L	²⁴U	I		²⁵E	R	A	N			²⁶O	C	C	H	I
	N			R			²⁷N	S				I		
²⁸B	O	²⁹L	L	I	T	³⁰O		³¹O	P	³²P	O	S	T	³³A
		E		T		R		L		A		I		M
³⁴C	E	N	T	I	N	A	I	A		³⁵L	U	O	G	O
	H		T	V				³⁶T	A	L		N		R
³⁷E	D	I	C	O	L	A		O		³⁸A	V	E	R	E

TEST 34:
1. arroganza 2. chiaro 3. supporre 4. forchetta 5. chiesa 6. ubriaco
7. importare 8. pace 9. fumare 10. fucile 11. Centrale 12. marea
13. uomo 14. discorso 15. vaso 16. tremare 17. video 18. università
19. raccogliere 20. morte

LÖSUNGEN

TEST 35: Prolificità

La <u>donna</u> tedesca con il maggior <u>numero</u> di figli è vissuta circa 500 <u>anni</u> fa. <u>Sulla</u> tomba di questa donna c'è <u>scritto</u> che aveva <u>avuto</u> 38 maschietti e 15 femminucce, vale a dire che aveva dato alla <u>luce</u> 53 <u>bambini</u>. Questa <u>cifra</u> non fa impressione se la si confronta <u>con</u> i dati riguardanti una certa contadina russa <u>che</u> pare abbia avuto in tutto 69 <u>figli</u>. <u>Quasi</u> tutti erano stati parti quadrigemini, <u>trigemini</u> e gemellari. Non si sa quanti di <u>questi</u> neonati siano <u>sopravvissuti</u>.

TEST 36:

1. carta **2.** Ha **3.** stanza **4.** motorino **5.** pagare **6.** muova **7.** dubbio
8. fusibili **9.** misura **10.** uscire **11.** passi **12.** sedersi **13.** piano **14.** sotto
15. dove **16.** linea **17.** altra **18.** libri **19.** ultima **20.** cani

TEST 37:

1. parete	carta da parati	**I.** Berlino	città
2. mano	dito	**II.** tempo	neve
3. racchetta	palla da tennis	**III.** sera	imbrunire
4. lampada	lampadina	**IV.** sete	acqua
5. banana	buccia	**V.** bottiglia	tappo

a. vestito	cravatta	**A.** albero	ramo
b. computer	mouse	**B.** televisione	programma
c. calcio	gol	**C.** pane	fetta
d. libro	pagina	**D.** gamba	piede
e. caffè	zucchero	**E.** grammatica	regola

TEST 38:

1. acqua minerale **2.** succo di pomodoro **3.** succo d'arancia **4.** brandy
5. succo di mela **6.** limonata **7.** whisky **8.** caffè **9.** latte **10.** liquore
11. cacao **12.** vino **13.** birra **14.** tè **15.** rum

TEST 39:

1. desidero **2.** Non **3.** dire **4.** alla **5.** lettera **6.** stazione **7.** salare
8. per **9.** forte **10.** esame **11.** mezzo **12.** richiamare **13.** Per **14.** primo
15. francese **16.** metri **17.** difficile **18.** tengo **19.** tavola **20.** livello

LÖSUNGEN

TEST 40:

1.	andarsene	alla chetichella
2.	appendere qc.	al chiodo
3.	aver un nodo	alla gola
4.	avere la coda	di paglia
5.	avere un diavolo	per capello
6.	avere una fame	da lupi
7.	battere il ferro	finché è caldo
8.	domandare all'oste	se ha buon vino
9.	essere brutto	come la fame
10.	essere duro	di comprendonio
11.	lambiccarsi	il cervello
12.	non alzare	un dito
13.	non avere nulla	da mettere sotto i denti
14.	non capirci	un fico secco
15.	non essere farina	del proprio sacco
16.	perdere	la faccia
17.	ridere	a crepapelle
18.	rompere i ponti	dietro di sé
19.	tagliare	la corda
20.	versare lacrime	di coccodrillo

TEST 41:

1. suo 2. moda 3. vino 4. Vorrei 5. finalmente 6. suonare
7. indifferente 8. fastidio 9. abbiamo 10. lo 11. quaggiù 12. Tenere
13. disturbare 14. silenzio 15. mezzo 16. colpa 17. tanti 18. pieno
19. adirarsi 20. lavoro

TEST 42:

¹S	U	²P	E	³R	▪	⁴S	P	⁵O	R	⁶T	▪	⁷S	I	⁸A
A	U	U	▪	O	V	▪	R	▪	C	▪	A	▪	▪	V
⁹P	O	L	L	O	▪	¹⁰P	R	E	P	A	R	A	R	E
E	I	T	▪	P	▪	S	▪	C	▪	L	▪	▪	R	
¹¹R	E	S	T	A	R	E	▪	¹²T	O	C	C	A	R	E
▪	C	▪	▪	S	▪	▪	I	▪	▪	▪	▪	▪	▪	▪
¹³S	T	I	R	¹⁴I	▪	¹⁵A	C	¹⁶Q	U	A	▪	¹⁷M	I	¹⁸O
U	T	N	▪	R	▪	U	▪	R	▪	A	▪	▪	R	
¹⁹D	A	I	▪	²⁰T	I	E	N	E	▪	²¹E	N	T	R	A
▪	▪	E	▪	▪	▪	S	▪	▪	▪	T	▪	▪	▪	▪
²²D	O	²³M	A	N	D	²⁴A	▪	²⁵T	O	²⁶S	S	I	R	²⁷E
O	A	D	▪	M	▪	I	▪	O	▪	N	▪	▪	R	
²⁸C	O	N	S	O	L	A	T	O	▪	²⁹S	T	A	T	A
C	C	N	▪	R	▪	N	▪	T	▪	T	▪	▪	N	
³⁰E	R	A	▪	³¹O	N	O	R	E	▪	³²A	M	A	N	O

TEST 43:

1. Dopo che la moglie lo aveva lasciato perché lui sosteneva di poter fare meglio di lei le faccende di casa, un giovane francese dovette cominciare a badare alla casa da solo.
2. Imparò a stirare, cucinare, pulire e lavare.
3. Un giorno era alle prese con una macchia di sporco particolarmente difficile.
4. Sua madre gli aveva insegnato che la benzina aveva un particolare effetto detergente.
5. Allora invece di mettere il detersivo nella lavatrice, ci versò della benzina ed uscì per andare a far spese.
6. Al ritorno non trovò più la sua casa.
7. Una scintilla aveva fatto esplodere la lavatrice provocando l'incendio dell'intero appartamento.
8. La macchia di sporco non c'era più.

L Ö S U N G E N

TEST 44:
1. avvincente   2. ritrovare   3. canzone   4. bella   5. effetto   6. negozio
7. pietre   8. popolo   9. uscire   10. spazzolino   11. cucina   12. fattoria   13. filo
14. sindaco   15. arte   16. vodka   17. invidia   18. presente   19. bianco
20. settimana

TEST 45:
1. consolazione   2. cosa   3. Mi   4. appoggiare   5. secondo   6. orologio
7. arrivo   8. lasciare   9. offerta   10. errore   11. imparare   12. grado
13. ogni   14. le   15. In   16. lavagna   17. media   18. abbronzarsi
19. dalla   20. punto

TEST 46:
1. la LAMA DEL RASOIO   2. il FAZZOLETTO   3. il ROSSETTO
4. lo SPAZZOLINO DA DENTI   5. il DENTIFRICIO   6. la PINZETTA
7. il CEROTTO   8. l'ASCIUGAMANO   9. lo SPECCHIO   10. lo SHAMPOO
11. la SPUGNA   12. le FORBICI   13. il PROFUMO   14. la SPAZZOLA
15. l'OVATTA   16. la SAPONETTA   17. la CIPRIA   18. la CREMA   19. il PETTINE

TEST 47:
1.   Per strada lavorano due uomini.
2.   Uno dei due spala una buca.
3.   Ma l'altro la ricopre subito.
4.   Questo si ripete varie volte.
5.   Passa di lì un passante che li osserva.
6.   Chiede ai due perché stiano facendo così.
7.   Gli rispondono i due uomini:
8.   'Di solito siamo in tre.'
9.   'Ed il terzo che cosa fa?' vuole sapere il passante.
10.   'Il terzo mette il lampione nel buco, ma oggi è malato.'

TEST 48:
1. sottosopra   2. volentieri   3. guadagnarsi   4. ragione   5. proprio   6. piatti
7. giro   8. acquistabile   9. bottone   10. colpo   11. Stia   12. scusa
13. sempre   14. attualmente   15. pane   16. inizio   17. me   18. meno
19. rincresce   20. medico

L Ö S U N G E N

TEST 49:

1. triste 2. piangere 3. montagne 4. fiume 5. dolce 6. cuocere 7. soffitto
8. giallo 9. note 10. mordere 11. lunghezza 12. ristorante 13. manubrio
14. Romania 15. latte 16. buccia 17. confine 18. morto 19. rami
20. temperatura

TEST 50:

1. all'ultimo grido > all'ultima moda
2. andare a letto con le galline > andare a letto molto presto
3. andarsene alla chetichella > fuggire senza farsi notare
4. appendere qc. al chiodo > rinunciare ad una attività
5. aver un nodo alla gola > stare per piangere, commuoversi
6. avere la coda di paglia > non avere la coscienza tranquilla
7. essere in gamba > essere molto bravo
8. buttare all'aria > mettere sottosopra
9. essere sui carboni ardenti > aspettare qc. con impazienza
10. fare castelli in aria > progettare cose impossibili
11. non importarsene un accidente > non curarsi di qc.
12. prendersi gioco di qd. > beffare qd.
13. raddrizzare le gambe al cane > tentare un'impresa inutile
14. tagliare la corda > scappare
15. versare lacrime di coccodrillo > simulare pentimento

TEST 51:

1. porzioni 2. indirizzo 3. numero 4. svenire 5. vale 6. Insomma
7. Vietato 8. Vorrei 9. risarcire 10. ferma 11. in 12. gira 13. ha 14. Va
15. lezione 16. trovare 17. giù 18. contemporaneamente 19. di 20. pelle

TEST 52:

1. arbitro 2. cena 3. uniforme 4. colpa 5. Papa 6. ossa 7. diminuire
8. divorzio 9. l'altroieri 10. moderno 11. pioggia 12. testa 13. proibire
14. stanze 15. talvolta 16. eccezione 17. divertimento 18. scritto
19. strisciare 20. sentimento

TEST 53:

A	V	V	I	E	N	E		P	E	R	S	O	N	A
U		I		C	G		R		E		R			T
T	R	A		C	O	L	L	E	R	A		E	S	T
O			E		I		F		L					U
B	U	C	A	T	A		D	E	N	T	I	S	T	A
U		O		E		B		R		À		T		R
S	U	P	E	R	F	I	C	I	E		S	O	L	E
	R	A		C		S		N		M				
P	A	I	O		C	I	O	C	C	O	L	A	T	A
E	R		V		C	O		C		C				B
S	P	E	C	I	A	L	E		E	C	C	O	M	I
A			C	E		G		I						T
N	E	L		I	N	T	E	R	N	O		S	I	A
T		E		N		T		A		L		T		R
E	D	I	C	O	L	A		N	U	O	T	A	R	E

TEST 54:

1. ho **2.** pulire **3.** ieri **4.** cercare **5.** fuggire **6.** lingua **7.** vincere
8. mestiere **9.** grave **10.** ora **11.** sasso **12.** voltare **13.** firmare
14. seriamente **15.** andare **16.** tedesco **17.** dalla **18.** occhi **19.** rischia
20. qualcosa

TEST 55:

1. vincere – perdere
2. dimezzare – raddoppiare
3. comprare – vendere
4. venire – andare
5. vivere – morire
6. amare – odiare
7. tenere stretto – abbandonare
8. aprire – chiudere
9. inviare – ricevere
10. cercare – trovare
11. proibire – permettere
12. fidarsi – diffidare

L Ö S U N G E N

TEST 56:

1. il caldo – il freddo	11. la minoranza – la maggioranza
2. il matrimonio – il divorzio	12. il nord – il sud
3. la fame – la sete	13. il beneficio – il danno
4. la gioventù – la vecchiaia	14. lo zio – la zia
5. la guerra – la pace	15. la regola – l'eccezione
6. il rumore – il silenzio	16. la sicurezza – il pericolo
7. l'andata – il ritorno	17. il figlio – la figlia
8. l'acquisto – la vendita	18. l'estate – l'inverno
9. la bugia – la verità	19. il giorno – la notte
10. l'uomo – la donna	20. l'occidente – l'oriente

TEST 57:

1. va 2. veicolo 3. una 4. servirsi 5. alle 6. favore 7. se 8. trovare
9. quanto 10. Deve 11. taglia 12. Non 13. sostegni 14. Accetta 15. come
16. strada 17. riparazioni 18. Torni 19. essere 20. la

TEST 58:

1. ASPIRAPOLVERE 2. LAVASTOVIGLIE 3. INTERRUTTORE 4. ATTACCAPANNI
5. TERMOSIFONE 6. FRIGORIFERO 7. CASSETTIERA 8. LAMPADARIO
9. TELEVISORE 10. LAVATRICE 11. RUBINETTO 12. LAVANDINO
13. SCRIVANIA 14. MOQUETTE 15. COMODINO 16. COMPUTER
17. CASSETTO 18. SCAFFALE 19. LIBRERIA 20. POLTRONA 21. CESTINO
22. TAPPETO 23. LAVELLO 24. ARMADIO 25. LAMPADA 26. PIANTA
27. QUADRO 28. DIVANO 29. TAVOLA 30. TENDA 31. PRESA 32. RADIO
33. LETTO 34. FORNO 35. SEDIA 36. VASO

TEST 59:

1. vetro 2. caldo 3. guscio 4. stalla 5. Corano 6. calvizie 7. gocce
8. Nord 9. bocca 10. petrolio 11. ghiaccio 12. banca 13. ventiquattro
14. carne 15. dipingere 16. naso 17. pelle 18. intelligente
19. continente 20. cavalli

TEST 60:

1. poco 2. piano 3. può 4. faccio 5. qualcuno 6. spingere 7. questa
8. principale 9. parte 10. pezzo 11. problema 12. giusta 13. dopo
14. sento 15. sentire 16. reggere 17. parlare 18. mettersi 19. ore
20. saltare

LÖSUNGEN

TEST 61:

1. falso   2. falso   3. vero   4. falso   5. falso   6. falso   7. vero   8. falso   9. falso
10. falso   11. vero   12. falso   13. falso   14. vero   15. falso   16. vero   17. falso
18. falso   19. falso   20. vero

TEST 62:

```
 A  I  U  T  I  ▓  S  A  P  O  N  E  T  T  A
 N  ▓  N  ▓  N  ▓  E  ▓  R  ▓  I  ▓  R  ▓  M
 T  R  A  ▓  V  A  T  T  E  N  E  ▓  E  R  A
 I  ▓  I  ▓  E  ▓  ▓  ▓  F  ▓  N  ▓  N  ▓  R
 P  I  A  N  T  A  ▓  M  E  T  T  I  A  M  O
 A  ▓  P  ▓  A  ▓  D  ▓  R  ▓  E  ▓  N  ▓  ▓
 S  U  P  E  R  F  I  C  I  E  ▓  P  I  P  A
 T  ▓  U  ▓  E  ▓  V  ▓  R  ▓  D  ▓  M  ▓  P
 O  G  N  I  ▓  T  E  L  E  F  O  N  A  R  E
 ▓  ▓  T  ▓  P  ▓  R  ▓  I  ▓  M  ▓  L  ▓  R
 P  R  O  F  I  T  T  O  ▓  D  E  B  I  T  I
 E  ▓  ▓  ▓  A  ▓  I  ▓  V  ▓  N  ▓  ▓  ▓  T
 S  ▓  O  ▓  T  E  R  M  I  N  I  ▓  S  E  I
 C  ▓  R  ▓  T  ▓  S  ▓  N  ▓  C  ▓  U  ▓  V
 I  N  A  C  I  D  I  T  O  ▓  A  D  D  I  O
```

TEST 63:

1. chi   2. restare   3. impegno   4. parte   5. suo   6. Capisce   7. andare
8. batteria   9. Ha   10. metà   11. pagina   12. vedere   13. domani   14. nascita
15. dispiace   16. capace   17. difficoltà   18. motivo   19. avere   20. Buona

L Ö S U N G E N

TEST 64:

1. cappotto	bottone	I. politica	elezioni
2. lago	barca	II. sole	ombrellone
3. cielo	nuvola	III. bicicletta	ruota
4. stampante	foglio	IV. pianta	terra
5. tram	biglietto	V. caffè	zucchero

a. treno	binario	A. comune	sindaco
b. cantante	microfono	B. bocca	dente
c. cuoco	padella	C. ospedale	infermiere
d. bambino	giocattolo	D. parco	panchina
e. presa	spina	E. quadro	colore

TEST 65:

1. coperchio 2. telefono 3. arco 4. astronave 5. acquario 6. lenta
7. mendicante 8. tavolo 9. scaffale 10. risposta 11. cornice 12. insuccesso
13. riposare 14. interessi 15. principessa 16. solo 17. futuro 18. vostro
19. piano 20. libertà

TEST 66:

1. segnale 2. prossima 3. neanch' 4. Suppongo 5. verso 6. cappotto
7. vento 8. piace 9. dura 10. riga 11. portare 12. vita 13. maggiore
14. posso 15. Faccio 16. fatto 17. piacere 18. catinelle 19. scale 20. dalla

TEST 67:

1. mento	barba	I. albero	legno
2. chiesa	Papa	II. viso	naso
3. fulmine	tuono	III. domanda	risposta
4. vino	bicchiere	IV. giudice	sentenza
5. automobile	benzina	V. causa	effetto

a. camicia	colletto	A. riscaldamento	calore
b. sport	Olimpiade	B. lettera	francobollo
c. cielo	nuvola	C. denaro	portafoglio
d. appartamento	affitto	D. partiti	elezioni
e. incrocio	semaforo	E. musica	note

L Ö S U N G E N

TEST 68:   Il caffè

Si <u>fa</u> presto a dire caffè. Perché per gli italiani il caffè è la solita <u>bevanda</u> nella piccola tazzina, ma di essa ci sono diverse <u>variazioni</u>. Il caffè ristretto è quello filtrato con <u>pochissima</u> acqua, quindi molto concentrato; poi c'è il caffè lungo, filtrato <u>con</u> un po' più di acqua del caffè normale, <u>fin</u> quasi a riempire la <u>tazzina</u>; poi c'è il caffè corretto, cioè con un po' di <u>grappa</u> o altro liquore a seconda dei gusti e infine il caffè macchiato, per chi <u>ama</u> berlo con un goccio di <u>latte</u>. Così si svolge <u>quotidianamente</u>, e più volte al giorno il rito <u>del</u> caffè. Ma all'italiano, <u>cliente</u> fisso di un certo bar, basta ordinare „il solito" per <u>ricevere</u> la bevanda che giornalmente il barista gli <u>serve</u>.

TEST 69:

1. memoria   2. quando   3. vedere   4. piccola   5. mantenere   6. dei
7. distinguersi   8. semaforo   9. contiene   10. fucile   11. andare   12. via
13. richiamare   14. prima   15. andare   16. problemi   17. fare   18. ringraziamo
19. volta

TEST 70:

1. Pierino vuole sapere il suo futuro e per questo si rivolge ad un'indovina.
2. Questa fissa per un po' la sfera e poi dice a Pierino:
3. 'Diventerai ricco se farai esattamente quel che ti dico.'
4. 'Aspetta fino alla prossima luna piena.'
5. 'A mezzanotte va al vecchio cimitero'
6. 'Prendi una vanga e scava alla ricerca di un tesoro.'
7. 'Lo troverai a un paio di metri sotto terra.'
8. 'Se però scavando penserai ad una zuppa di fagioli, il tesoro non lo troverai mai.'
9. Pierino si rallegra pensando al tesoro e si compra una vanga.
10. Alla prima notte di luna piena comincia a scavare.
11. Improvvisamente getta la vanga e si dispera:
12. 'Povero me! In tutta la mia vita non ho mai pensato ad una zuppa di fagioli'
13. 'Ed ora non riesco a togliermela dalla testa!'

LÖSUNGEN

TEST 71:

¹P	I	²O	V	³E		⁴P	R	⁵O	G	⁶R	A	⁷M	M	⁸A
I		R		C		I		B		I		I		M
⁹U	N	O		¹⁰C	O	P	R	I	R	E		¹¹E	R	A
T			E		A		E		S					R
¹²T	R	¹³A	T	T	A		¹⁴S	T	A	C	C	¹⁵A	R	E
O		P		E			T		E		N			
¹⁶S	E	P	A	R	A	¹⁷R	S	I			¹⁸M	I	C	¹⁹A
T		U		A		E		V		²⁰S		M		P
²¹O	G	N	I			²²S	C	O	P	P	I	A	R	E
		T		²³D		P				I		L		R
²⁴O	R	O	L	O	G	I	O		²⁵U	N	D	I	C	I
V			V		R		²⁶S		G					T
²⁷E	S	²⁸T		²⁹E	V	A	D	E	R	E		³⁰Q	U	I
S		U		R		R		T		R		U		V
³¹T	R	O	V	E	R	E	T	E		³²E	R	A	N	O

TEST 72:

1. tutto **2.** fortuna **3.** persone **4.** ieri **5.** crede **6.** tramonta **7.** spiaggia
8. Guarda **9.** uomo **10.** biglietto **11.** sviluppare **12.** mattina **13.** Vuol
14. pieno **15.** andato **16.** tredici **17.** tutti **18.** buio **19.** sulla **20.** col

TEST 73:   Sugli italiani

La <u>vita</u> sociale in Italia si svolge molto all'aria <u>aperta</u>, sulle strade e sulle piazze <u>dove</u> la gente regolarmente si incontra, anche per scambiarsi <u>opinioni</u> e pettegolezzi. Agli italiani <u>piace</u> comunicare, stare insieme, scherzare e, se la situazione lo <u>permette</u>, anche cantare. Le feste <u>popolari</u>, ma anche private, sono sempre collegate alla <u>preparazione</u> di prelibati piatti di specialità <u>gastronomiche</u> locali, innaffiati naturalmente <u>con</u> del buon vino. I cibi <u>che</u> compaiono sulle tavole degli italiani possono <u>essere</u> diversissimi da regione a regione e la loro <u>varietà</u> riesce a stupire qualsiasi turista che abbia il <u>desiderio</u> di sperimentarli. Per non <u>parlare</u> dei vini, che dal Piemonte <u>alla</u> Sicilia offrono sapori e tonalità di ogni <u>sorte</u>.

LÖSUNGEN

TEST 74:

1. tabacco **2.** spagnolo **3.** portoghese **4.** capitale **5.** pianta **6.** lode
7. vittoria **8.** economico **9.** visitatori **10.** partecipanti **11.** fiume **12.** patente
13. marciapiede **14.** direttore **15.** pompieri **16.** repubblica **17.** sangue
18. scarsezza **19.** imparare **20.** salario

TEST 75:

1. pioggia **2.** Sono **3.** freddo **4.** separati **5.** interruttore **6.** leggere
7. ristorante **8.** proprio **9.** odore **10.** vedi **11.** saluti **12.** stessa **13.** età
14. questi **15.** solito **16.** mettere **17.** propria **18.** ai **19.** successo **20.** per

TEST 76:

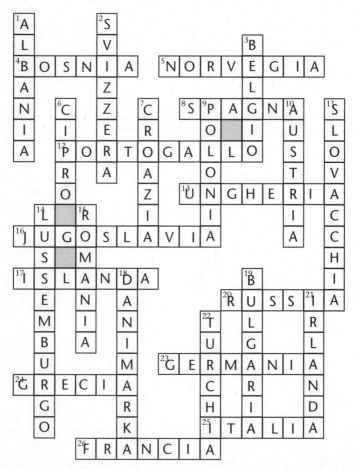

L Ö S U N G E N

TEST 77:

1. COCCODRILLO 2. RINOCERONTE 3. IPPOPOTAMO 4. PAPPAGALLO
5. STAMBECCO 6. CINGHIALE 7. TARTARUGA 8. PICCIONE
9. PINGUINO 10. FARFALLA 11. CAPRIOLO 12. TACCHINO
13. CONIGLIO 14. LEOPARDO 15. GIAGUARO 16. SERPENTE
17. CAMMELLO 18. ELEFANTE 19. GORILLA 20. GIRAFFA
21. CRICETO 22. PANTERA 23. CAVALLO 24. SCIMMIA 25. AQUILA
26. PAVONE 27. MAIALE 28. ANATRA 29. PECORA 30. MUCCA
31. GALLO 32. LEPRE 33. ASINO 34. ZEBRA 35. LEONE 36. TIGRE
37. VOLPE 38. GATTO 39. CAPRA 40. LUPO 41. LAMA 42. TORO
43. TOPO 44. ALCE 45. FOCA 46. MULO 47. ORSO 48. CANE 49. OCA

TEST 78:

1. conta 2. causare 3. calar 4. venire 5. pensiero 6. preciso 7. dice
8. le 9. dare 10. chiaro 11. contro 12. cioccolata 13. vincere 14. nel
15. al 16. tratta 17. affaccia 18. critica 19. modo 20. fare

TEST 79:

1. l'insuccesso – il successo
2. la fortuna – la sfortuna
3. la montagna – la valle
4. la nonna – il nonno
5. la partenza – l'arrivo
6. la povertà – la ricchezza
7. la ricompensa – il castigo
8. la salute – la malattia
9. la sera – la mattina
10. la sorella – il fratello
11. la sposa – lo sposo

TEST 80:

1. il cugino – la cugina
2. il destinatario – il mittente
3. il dio – il diavolo
4. il guadagno – la perdita
5. il genero – la nuora
6. il paradiso – l'inferno
7. il signore – la signora
8. il viaggio di andata – il viaggio di ritorno
9. il villaggio – la città
10. l'amico – il nemico
11. l'accettazione – il rifiuto
12. l'inizio – la fine

TEST 81:

1. morto 2. anticipo 3. saltare 4. scusi 5. sentito 6. responsabile 7. giorni 8. so 9. vegetariani 10. ammalarsi 11. questione 12. andare 13. calma 14. massima 15. Vattene 16. lista 17. mio 18. contro 19. vendere 20. sapore

TEST 82:

¹C	H	²I		³C	U	⁴O	R	⁵E		⁶R	E	⁷G	N	⁸A
O		N		H		R		C		I		R		P
⁹L	I	T	R	I		¹⁰A	¹¹C	C	E	T	T	A	R	E
P		E		A		¹²H	O		E		D		R
¹³A	R	R	I	V	A	¹⁴R	E		¹⁵U	N	D	I	C	I
		E		E		I		¹⁶S		E				T
¹⁷P	E	S	O		¹⁸M	E	¹⁹T	T	E	R		²⁰M	A	I
I		S		²¹P		²²S	U	A		E		A		V
²³T	R	E		²⁴E	C	C	O	M	I		²⁵A	G	I	O
T				R		E		M		²⁶I		N		
²⁷U	L	²⁸T	I	M	E		²⁹P	I	A	N	T	I	N	³⁰A
R		A		E		³¹L	O		V		F		M
³²A	R	R	O	S	S	I	R	³³E		³⁴A	M	I	C	O
R		D		S		T		S		N		C		R
³⁵E	R	A	N	O		³⁶E	N	T	R	O		³⁷O	R	E

L Ö S U N G E N

TEST 83:
1. Cina   2. animale   3. corrente   4. perdita   5. dividere   6. gomma   7. seno
8. diavolo   9. debolezza   10. pericoloso   11. verità   12. molti
13. svantaggio   14. Oriente   15. cantare   16. respirare   17. Ungheria
18. hostess   19. capo   20. suonare

TEST 84:
1. Rallentare   2. arrivi   3. idea   4. verdure   5. me   6. cappello   7. vicino
8. anziani   9. va   10. mercato   11. luce   12. così   13. camere   14. finito
15. martedì   16. frontiera   17. Il   18. Per   19. arabo   20. Devo

TEST 85:
1. RISCALDAMENTO   2. APPARTAMENTO   3. TAPPEZZERIA   4. RIPOSTIGLIO
5. CAMPANELLO   6. CORRIDOIO   7. SOGGIORNO   8. PAVIMENTO
9. RINGHIERA   10. MANSARDA   11. GRONDAIA   12. CITOFONO
13. INGRESSO   14. GIARDINO   15. SOFFITTO   16. MANIGLIA   17. FINESTRA
18. TERRAZZA   19. RECINTO   20. ANTENNA   21. CANTINA   22. IMPOSTA
23. BALCONE   24. SOLAIO   25. CAMINO   26. STUDIO   27. CUCINA
28. CAMERA   29. PARETE   30. TEGOLA   31. BAGNO   32. PIANO   33. SCALA
34. PORTA   35. TETTO   36. MURO

TEST 86:
1. falso   2. falso   3. vero   4. falso   5. vero   6. falso   7. vero   8. falso   9. vero
10. vero   11. vero   12. falso   13. vero   14. vero   15. falso   16. falso   17. falso
18. vero   19. falso   20. falso

TEST 87:
1. realizzare   2. colmo   3. commiato   4. prestito   5. mancare   6. cambiare
7. chiedere   8. pomeriggio   9. sentirsi   10. torta   11. acquisto   12. nudo
13. piacciono   14. inverno   15. angolo   16. media   17. ritelefonare   18. altro
19. caldo   20. largo

TEST 88:
1. vero   2. falso   3. falso   4. falso   5. falso   6. falso   7. vero   8. vero   9. falso
10. falso   11. vero   12. falso   13. falso   14. vero   15. falso   16. vero   17. vero
18. vero   19. falso   20. vero

LÖSUNGEN

TEST 89:
1. GIACCHETTA 2. FAZZOLETTO 3. CANOTTIERA 4. PANTALONI
5. CAMICETTA 6. GREMBIULE 7. REGGISENO 8. CAPPELLO 9. BERRETTO
10. TAILLEUR 11. CAPPOTTO 12. CALZETTI 13. CRAVATTA 14. PULLOVER
15. BRETELLE 16. CAMICIA 17. VESTITO 18. SCIARPA 19. SANDALO
20. STIVALE 21. PIGIAMA 22. COLLANT 23. GIACCA 24. SCARPA
25. GUANTO 26. GONNA 27. GILET 28. CINTA 29. SLIP

TEST 90:
1. Eccomi 2. Avete 3. fortuna 4. sono 5. stare 6. chiedo 7. patate
8. porre 9. tempo 10. nella 11. spingere 12. influenza 13. esatta 14. si
15. pezzo 16. Vostra 17. mettere 18. tedesco 19. potabile 20. suo

TEST 91:

¹A	N	²T	I	³P	A	⁴S	T	⁵O		⁶P	A	⁷S	S	⁸I
I		R		I		U		T		R		U		N
⁹U	N	A		¹⁰A	S	P	E	T	T	O		¹¹O	R	A
T				N		E		O		F				C
¹²I	N	¹³V	I	T	A	R	E		¹⁴P	I	A	¹⁵T	T	I
		A		A		F		¹⁶P		T		O		D
¹⁷D	I	C	A		¹⁸D	I	V	E	R	T	I	R	S	I
E		A		¹⁹R		C		R		O		N		T
²⁰C	O	N	D	I	Z	I	O	N	I		²¹L	A	T	O
I		Z		S		E		O		²²D		R		
²³S	C	A	R	P	E		²⁴O	T	T	E	N	E	R	²⁵E
I				O		²⁶A		T		B				R
²⁷O	R	²⁸E		²⁹S	A	L	T	A	T	I		³⁰M	I	A
N		S		T		B		R		T		A		N
³¹E	N	T	R	A		³²A	P	E	R	I	T	I	V	O

L Ö S U N G E N

TEST 92:
1. acuminato   2. Asia   3. salate   4. aspro   5. frutta   6. tramonto   7. giorno
8. pagine   9. cristianesimo   10. fabbrica   11. guerra   12. libri   13. niente
14. Austria   15. cane   16. settimana   17. fratello   18. collana   19. rosso
20. sud

TEST 93:
1. alta   2. diverso   3. Preferisco   4. contro   5. pensiero   6. troppo
7. sciocchezza   8. somma   9. intorno   10. rapidi   11. lo   12. libertà
13. compagnia   14. possibile   15. dentro   16. precedenza   17. mi   18. cinque
19. fine   20. maniera

TEST 94:

1.	all'ultimo	grido
2.	andare a letto	con le galline
3.	prendere	un granchio
4.	avere un groppo	alla gola
5.	avere un piede	nella fossa
6.	essere la goccia che	fa traboccare il vaso
7.	fare bella	figura
8.	fare il terzo	incomodo
9.	inghiottire	un rospo
10.	mandare	all'inferno
11.	non importarsene	un accidente
12.	non valere	un fico secco
13.	parlare di corda	in casa dell'impiccato
14.	prendersi	gioco di qd.
15.	mangiare	in bianco
16.	render pan	per focaccia
17.	rompere	il ghiaccio
18.	saltare	il fosso

TEST 95:
1. paesi   2. gradevole   3. cucina   4. visitatori   5. musicali   6. praticare
7. capitale   8. maggioranza   9. si   10. esiste   11. mondiale   12. governato
13. avendo   14. comprensibili   15. famiglia   16. ruolo

L Ö S U N G E N

TEST 96:
1. incidente   2. della   3. Ha   4. casa   5. Questo   6. molto   7. mancanza
8. Avrei   9. travellers   10. Sbrigatevi   11. assaggiare   12. sorpasso
13. inacidito   14. Qual   15. prendere   16. bambini   17. trattare   18. assicurata
19. rasoio   20. legno

TEST 97:
1. SOPRACCIGLIO   2. GINOCCHIO   3. POLPACCIO   4. PALPEBRA
5. ORECCHIO   6. BRACCIO   7. CAPELLI   8. STOMACO   9. GUANCIA
10. POLLICE   11. SEDERE   12. OCCHIO   13. FRONTE   14. COSCIA
15. GOMITO   16. PANCIA   17. LABBRO   18. LINGUA   19. SPALLA
20. UNGHIA   21. BARBA   22. GAMBA   23. COLLO   24. PELLE   25. MENTO
26. TESTA   27. BOCCA   28. CUORE   29. DENTE   30. PIEDE   31. PETTO
32. DORSO   33. MANO   34. NASO   35. SENO   36. DITO   37. NUCA
38. VISO   39. OSSA   40. LOBO

TEST 98:
1. BEL-GIO   2. BUL-GA-RIA   3. DA-NI-MAR-CA   4. FRAN-CIA   5. GRE-CIA
6. GRAN BRE-TA-GNA   7. I-TA-LIA   8. IU-GO-SLA-VIA   9. CROA-ZIA
10. NOR-VE-GIA   11. AU-STRIA   12. PO-LO-NIA   13. POR-TO-GAL-LO
14. RO-MA-NIA   15. RUS-SIA   16. SVE-ZIA   17. SVIZ-ZE-RA   18. SPA-GNA
19. RE-PUB-BLI-CA CE-CA   20. UN-GHE-RIA

TEST 99:
1. Penso   2. Niente   3. ad   4. nero   5. indietro   6. certa   7. dente   8. Prenda
9. sta   10. persona   11. sapere   12. ricevere   13. alle   14. aperto   15. entrare
16. inizio   17. ancora   18. due   19. giorno   20. vittima

TEST 100:
1. attacco   2. dollaro   3. acqua   4. tè   5. tetto   6. scarpe   7. guinzaglio
8. pesce   9. giardino   10. sugo   11. pescare   12. melodia   13. svegliarsi
14. rifiutare   15. spogliarsi   16. baciare   17. Egitto   18. fiammifero
19. treno   20. tovaglia

Teil 2

Anna Colella

Verbtabellen Italienisch

Die wichtigsten regelmäßigen und
unregelmäßigen Verben im Überblick

Inhalt

Vorwort

Verbtabellen Italienisch bietet die wichtigsten **regelmäßigen und unregel-mäßigen Verben** zum **Lernen** und **Nachschlagen**. Das Werk richtet sich an Italienischlernende aller Stufen, vom **Anfänger** bis zum **Fortgeschrittenen**. Es eignet sich zum **Selbststudium**, kann aber auch **kursbegleitend** eingesetzt werden.

Verbtabellen Italienisch ist **übersichtlich** gestaltet. Jedem Verb ist eine eigene Seite gewidmet, auf der **umfassend** alle Zeiten des Verbs – einfache und zusammengesetzte – dargestellt werden.

Verbtabellen Italienisch enthält insgesamt **75 Musterkonjugationen der regel-mäßigen und unregelmäßigen Verben**. Hinzu kommen **57 Verben**, die nur einige **wenige unregelmäßige Formen** aufweisen, sowie **3 Tabellen** zur Bildung des **Passivs**. Das Kapitel der regelmäßigen Verben enthält außerdem **Verben mit Besonderheiten** und **reflexive Verben**.

Verbtabellen Italienisch bietet darüber hinaus:

- Eine Übersicht über die wichtigsten **grammatischen Fachbegriffe** im Italienischen und Deutschen.
- Eine **Einführung in die Grundlagen des Verbs** mit Hinweisen zum Gebrauch aller Zeitformen mit Beispielsätzen und deutscher Übersetzung.
- Nützliche **Lerntipps** zum effizienten und gezielten Üben der Verbformen.
- Eine Liste der am häufigsten gebrauchten **Verben, die mit oder ohne Präpositionen** gebraucht werden, mit deutscher Übersetzung.
- Ein **alphabetisches Verbregister** mit über 1 000 regelmäßigen und unregel-mäßigen Verben, jeweils mit Angabe des Hilfsverbs, mit Verweis auf das Konjugationsmodell und mit deutscher Übersetzung.

5

Hinweise zum Gebrauch der Verbtabellen

Die Verbtabellen sind in 4 Hauptkapitel aufgeteilt:
1 Hilfsverben
2 Regelmäßige Verben
3 Unregelmäßige Verben
4 Passiv

Die Kapitel „Regelmäßige Verben" und „Unregelmäßige Verben" sind entsprechend der drei Konjugationsklassen (Verben auf **-are**, **-ere** und **-ire**) jeweils in drei Unterkapitel aufgeteilt. Das Kapitel „Regelmäßige Verben" enthält zusätzlich die Modellkonjugation der reflexiven Verben.

Erklärung des Aufbaus der Verbtabellen:

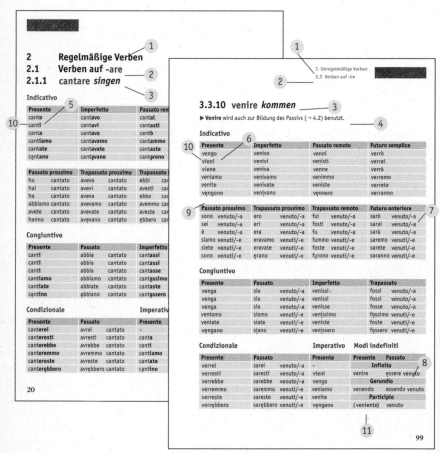

1 Die **1. Überschrift** verweist auf das Hauptkapitel.

2 Die **2. Überschrift** verweist auf das Unterkapitel.

3 Die **3. Überschrift** verweist auf das konjugierte Musterverb in der Grundform (mit deutscher Übersetzung).

4 Hier finden Sie **Hinweise zu Besonderheiten und/oder Unregelmäßigkeiten** des Musterverbs.

5 Die **Endungen** der regelmäßigen Musterverben sind **fett markiert**.

6 Alle regelmäßigen Verbformen, die **Besonderheiten** aufweisen, sowie alle **unregelmäßigen Verbformen** sind **blau hervorgehoben**.

7 **Partizip Perfekt mit *essere*:** Bei der Bildung der zusammengesetzten Zeiten mit *essere* erhält das Partizip Perfekt eine maskuline oder eine feminine Endung (-*o/-a*) im Singular und eine maskuline oder eine feminine Endung (-*i/-e*) im Plural.

8 ***Modi indefiniti* mit *essere*:** Aus Gründen der Übersichtlichkeit wird bei den *modi indefiniti*, die mit *essere* konjugiert werden, nur die männliche Form Singular (-*o*) des Partizip Perfekt angegeben: z. B. *infinito passato* von *venire* → *essere venuto* statt *essere venuto/-a/-i/-e*.

9 Wenn die **Betonung** nicht auf der vorletzten Silbe liegt, wird die betonte Silbe durch einen Punkt unter der Verbform gekennzeichnet, z. B. *vengono*.

10 Da die **Subjektpronomen** in der Regel nicht erforderlich sind, wurden sie in den Verbtabellen weggelassen. Ausführliche Informationen dazu erhalten Sie in der Einführung (→ S. 13).

11 Die selten gebrauchten Formen werden in Klammern angegeben.

7

Grammatische Fachbegriffe

Übersicht über die gebräuchlichsten italienischen und
deutschen Grammatikbegriffe

italienische Begriffe	deutsche Begriffe
accento	Akzent / Betonung
aggettivo	Adjektiv / Eigenschaftswort
complemento di termine	indirektes Objekt / Ergänzung im Dativ (3. Fall)
complemento oggetto	direktes Objekt / Ergänzung im Akkusativ (4. Fall)
condizionale passato	Konditional II / Bedingungsform II
condizionale presente	Konditional I / Bedingungsform I
congiuntivo	Konjunktiv / Möglichkeitsform
congiunzione	Konjunktion / Bindewort
coniugazione	Konjugation / Beugung der Verben
desinenza	Endung
forma attiva	Aktivform / Tätigkeitsform
forma passiva	Passivform / Leideform
futuro anteriore	Futur II / Vorzukunft
futuro semplice	Futur I / Zukunft
gerundio	Gerundium
imperativo	Imperativ / Befehlsform
imperfetto	Präteritum / Vergangenheit
indicativo	Indikativ / Wirklichkeitsform
infinito	Infinitiv / Grundform des Zeitworts
modo	Modus, (Plural) Modi / Aussageweise
modo finito / indefinito	persönliche / unpersönliche Form
numero	Numerus / Zahl
participio passato	Partizip Perfekt / Mittelwort der Vergangenheit
participio presente	Partizip Präsens / Mittelwort der Gegenwart
passato remoto	historische Vergangenheit

italienische Begriffe	deutsche Begriffe
passato prossimo	Perfekt / vollendete Gegenwart
preposizione	Präposition / Verhältniswort
presente	Präsens / Gegenwart
pronome personale soggetto	Subjektpronomen / persönliches Fürwort (1. Fall)
radice del verbo	Verbstamm
sillaba	Silbe
singolare	Singular / Einzahl
soggetto	Subjekt / Satzgegenstand
sostantivo	Substantiv / Hauptwort
tempo	Tempus, (Plural) Tempora / Zeitform
tempo composto	zusammengesetzte Zeitform
tempo semplice	einfache Zeitform
trapassato prossimo	Plusquamperfekt / Vorvergangenheit
trapassato remoto	historisches Plusquamperfekt
persona	Person
plurale	Plural / Mehrzahl
verbo	Verb / Tätigkeitswort / Zeitwort
verbo ausiliare	Hilfsverb / Hilfszeitwort
verbo impersonale	unpersönliches Verb / Zeitwort
verbo intransitivo	intransitives Verb
verbo irregolare	unregelmäßiges Verb / Zeitwort
verbo regolare	regelmäßiges Verb / Zeitwort
verbo riflessivo	reflexives Verb / rückbezügliches Zeitwort
verbo servile	Modalverb
verbo transitivo	transitives Verb

Einführung in die Grundlagen des Verbs

1 Merkmale des Verbs

Das Verb ist das wichtigste Element des Satzes. Alle anderen Satzteile sind vom Verb abhängig. Das Verb drückt eine Handlung oder einen Zustand aus. Diese Fähigkeit spiegelt sich in den Merkmalen des Verbs wider: dem Modus, dem Tempus, der Person, dem Numerus und der Aktionsart.

- Der **Modus** verweist auf die Aussageweise und den Gesichtspunkt des Sprechers: z. B. Wirklichkeit → Modus „indicativo" (*Indikativ*) oder Befehl → Modus „imperativo" (*Imperativ*).
- Das **Tempus** (= Zeitform) verweist auf den chronologischen Zusammenhang zwischen Sprecher und Handlung: Gegenwart, Vergangenheit, Zukunft.
- Die **Person** und der **Numerus** (= Zahl) kennzeichnen, auf wen oder was sich das Verb bezieht: z. B. 3. Person Singular → lui/lei *er/es/sie*; 2. Person Plural → voi *ihr*.
- Die **Aktionsart**: Aktiv und Passiv
  Das Verb in einem Aktivsatz hebt den Urheber der Handlung hervor:
  Enzo ha comprato una casa. *Enzo hat ein Haus gekauft.*
  Das Verb in einem Passivsatz hebt hervor, was mit einer Person oder einer Sache geschieht:
  La casa è stata venduta. *Das Haus ist verkauft worden.*

2 Bildung der Verbformen

2.1 Konjugationsklassen

Im Italienischen wird das Verb nach der Endung des Infinitivs (= Grundform) in drei Klassen mit jeweils unterschiedlichen Konjugationsmustern eingeteilt:

1. Konjugation → Verben mit Infinitiv auf -are
Die meisten italienischen Verben gehören zur 1. Konjugation, z. B. **cantare** *singen*. Verbneubildungen gehören in der Regel ebenso dieser Gruppe an, z. B. **cliccare** *klicken*.

2. Konjugation → Verben mit Infinitiv auf -ere
Die meisten unregelmäßigen Verben gehören zu dieser Gruppe, z. B. **prendere** *nehmen*.

3. Konjugation → Verben mit Infinitiv auf -ire
Die 3. Konjugation weist eine weitere Unterteilung auf:
- Verben ohne Stammerweiterung, z. B. **sentire** *hören*
- Verben mit Stammerweiterung -isc-, z. B. **preferire** *bevorzugen*
Einige Verben lassen sich mit und ohne Stammerweiterung konjugieren, z. B. **applaudire** *klatschen* → **applaudo** / **applaudisco**.

2.2 Verbformen

Alle Formen des Verbs werden aus dem Infinitiv abgeleitet. Jede Verbform besteht aus dem Stamm und der Endung, die direkt an den Stamm angehängt wird.

Stamm	→	parl-	+	**Endung**	→	-are	parlare *sprechen*
		cred-	+			-i	credi *du glaubst*
		rid-	+			-ono	ridono *sie lachen*

Die Verb-Endung liefert Informationen zu Modus, Tempus, Person und Numerus.

2.3 Übersicht über alle Modi und Tempora

Modi		Tempi		
Indicativo	Presente	Imperfetto		Futuro semplice
		Passato prossimo		Futuro anteriore
		Passato remoto		
		Trapassato prossimo		
		Trapassato remoto		
Congiuntivo	Presente	Imperfetto		
		Passato		
		Trapassato		
Condizionale	Presente	Passato		
Imperativo	Presente			
Infinito	Presente	Passato		
Gerundio	Presente	Passato		
Participio	Presente	Passato		

(finiti / indefiniti — Gegenwart — Vergangenheit — Zukunft)

2.4 Modi

Die Modi werden unterteilt in **modi finiti** (= persönliche Formen) und **modi indefiniti** (= unpersönliche Formen):

- Die **modi finiti** sind die konjugierten (= flektierten) Formen des Verbs. Man unterscheidet jeweils sechs Formen (entsprechend den 3 Personen im Singular und Plural) pro Zeit / Modus.

  Beispiel: **indicativo presente** von **cantare** *singen*

Singular	1. Person	(io) **canto**	*ich singe*
	2. Person	(tu) **canti**	*du singst*
	3. Person	(lui)	*er/es singt*
		(lei) **canta**	*sie singt*
		(Lei)	*Sie singen*
Plural	1. Person	(noi) **cantiamo**	*wir singen*
	2. Person	(voi) **cantate**	*ihr singt*
			Sie singen
	3. Person	(loro) **cạntano**	*sie singen*

11

- Die **modi indefiniti** werden nicht konjugiert, z. B. **participio passato** von
  cantare → **cantato** *gesungen*.

2.5 Tempora

Die Zeitformen werden unterteilt in „einfache Zeiten" und „zusammengesetzte
Zeiten".

- Bei den **einfachen Zeiten** (wie **presente, imperfetto, futuro semplice**) besteht
  jede Verbform aus nur einem Wort: z. B. **indicativo presente**, 1. Person Singular,
  von **trovare** *finden* → **trovo** *ich finde*.

- Bei den **zusammengesetzten Zeiten** (wie **passato prossimo, futuro anteriore**)
  besteht jede Verbform aus zwei Teilen: einem konjugierten Hilfsverb und dem
  participio passato (Partizip Perfekt).

Die Hilfsverben sind, wie im Deutschen, **avere** *haben* und **essere** *sein*.
- Werden die zusammengesetzten Zeiten mit **avere** gebildet, bleibt das **participio
  passato** unverändert (Endung auf **-o**).
  Pietro **ha** mangiat**o**.   *Pietro hat gegessen.*
  Rosa **ha** mangiat**o**.   *Rosa hat gegessen.*
- Werden die zusammengesetzten Zeiten mit **essere** gebildet, wird das **participio
  passato** in Geschlecht und Zahl dem Subjekt angeglichen (Endungen auf **-o, -a, -
  i, -e**).
  Pietro **è** partit**o**.   *Pietro ist abgefahren.*
  Rosa **è** partit**a**.   *Rosa ist abgefahren.*
  Pietro e Gina **sono** partit**i**.   *Pietro und Gina sind abgefahren.*
  Rosa e Maria **sono** partit**e**.   *Rosa und Maria sind abgefahren.*

Gebrauch von *avere*
Das Hilfsverb **avere** wird sowohl mit transitiven Verben [1] als auch mit einigen
intransitiven Verben [2] verwendet.
[1] **Ho** letto un libro.   *Ich habe ein Buch gelesen.*
[2] **Ho** camminato molto.   *Ich bin viel gelaufen.*

Gebrauch von *essere*
Das Hilfsverb **essere** wird mit intransitiven Verben [1], mit reflexiven Verben [2] und
mit unpersönlichen Verben [3] verwendet.
[1] **Siamo** andati a Roma.   *Wir sind nach Rom gefahren.*
[2] I bambini si **sono** lavati.   *Die Kinder haben sich gewaschen.*
[3] Che **è** successo?   *Was ist passiert?*

Gebrauch von *avere* oder *essere*
- Die Modalverben **volere, potere** und **dovere** bilden die zusammengesetzten
  Zeiten mit beiden Hilfsverben (**avere, essere**), je nachdem ob das darauf
  folgende Verb (im Infinitiv) **essere** oder **avere** verlangt.
  Ho dovuto lavorare.   *Ich habe arbeiten müssen.*
  Sono dovuto/a uscire.   *Ich habe ausgehen müssen.*

- Einige Verben verlangen **avere** bzw. **ẹssere**, je nachdem ob sie transitiv[1] **1** oder intransitiv[2] **2** gebraucht werden.

1 **Hai** iniziato l'università?   *Hast du mit dem Studium angefangen?*

2 La scuola **è** iniziata.   *Die Schule hat angefangen.*

2.6 Subjektpronomen

Singular	1. Person	**io**	*ich*
	2. Person	**tu**	*du*
	3. Person	**lui**	*er/es*
		lei	*sie*
		Lei	*Sie*
Plural	1. Person	**noi**	*wir*
	2. Person	**voi**	*ihr/Sie*
	3. Person	**loro**	*sie*

Da die Verb-Endungen bereits Informationen zu Person und Numerus enthalten, sind die Subjektpronomen in der Regel nicht erforderlich und werden normalerweise nur dann gebraucht, wenn man sie betonen will.

Vado a casa.   *Ich gehe nach Hause.*

Io vado a casa, e **tu**?   *Ich gehe nach Hause, und du?*

Für die Höflichkeitsform (Sie) wird im Singular das Pronomen **Lei** benutzt, im Plural dagegen das Pronomen **voi**, seltener auch **loro**.

2.7 Betonung

Die Betonung der Verbformen kann sowohl auf dem Verbstamm als auch auf der Endung liegen. In den Verbtabellen wird explizit auf die Betonung hingewiesen. Wenn die Betonung <u>nicht</u> auf der vorletzten Silbe liegt, wird die betonte Silbe durch einen Punkt unter der Verbform gekennzeichnet.

canto   *ich singe*   Betonung auf der vorletzten Silbe → kein Punkt

cạntano   *sie singen*   Betonung auf der drittletzten Silbe → Punkt

2.8 Aussprache

Wenn die Konsonanten **c** und **g** und die Konsonantengruppen **ch**, **gh**, **gl** und **sc** auf Endungen treffen, die mit **-a/-o/-i/-e** beginnen, gelten folgende Aussprache-Regeln:

ca / co	werden wie dt.	ka / ko	ausgesprochen
chi / che	werden wie dt.	ki / ke	ausgesprochen
ci / ce	werden wie dt.	tschi / tsche	ausgesprochen
ga / go	werden wie dt.	ga / go	ausgesprochen
ghi / ghe	werden wie dt.	gi / ge	ausgesprochen

---

[1] **Ein transitives Verb** ist ein Verb, dem ein direktes Objekt (= Akkusativ) folgt.
Rosa mangia <u>una mela</u>.   *Rosa isst <u>einen Apfel</u>.*

[2] **Ein intransitives Verb** ist ein Verb, dem kein direktes Objekt folgt.
Giorgio parte domani.   *Giorgio fährt morgen ab.*

gi / ge	werden wie dt.	dschi / dsche	ausgesprochen
gli	wird wie dt.	lj	ausgesprochen
sca /sco	werden wie dt.	ska / sko	ausgesprochen
sci / sce	werden wie dt.	schi / sche	ausgesprochen

3 Gebrauch der Modi und Tempora

3.1 Indicativo

- Das **presente** drückt in der Gegenwart ablaufende Vorgänge aus: die unmittelbare Gegenwart 1, Gewohnheiten 2, die nahe Zukunft 3.

1 **Scrivo** una lettera. — *Ich schreibe einen Brief.*
2 **Giochiamo** sempre a calcio. — *Wir spielen immer Fußball.*
3 Domani **andate** a scuola? — *Geht ihr morgen in die Schule?*

- Das **imperfetto** drückt in der Vergangenheit abgelaufene Vorgänge aus: Handlungen von unbestimmter Dauer 1, wiederholte oder gewohnheitsmäßige Vorgänge 2, gleichzeitig ablaufende Handlungen 3, Beschreibungen von Personen, Dingen, Zuständen etc. 4.

1 **Vivevamo** a Londra. — *Wir lebten in London.*
2 Mi **chiamava** sempre. — *Er rief mich immer an.*
3 Mentre **studiavo**, **ascoltavo** la musica. — *Während ich lernte, hörte ich Musik.*
4 **Era** bel tempo. — *Es war schönes Wetter.*

- Das **passato prossimo** drückt ebenfalls Vorgänge aus, die sich in der Vergangenheit abgespielt haben: abgeschlossene Vorgänge 1, einmalige 2 oder aufeinander folgende Handlungen 3.

1 **Sono stato** un anno a Roma. — *Ich bin ein Jahr in Rom gewesen.*
2 Ieri **ho visto** Mario. — *Gestern habe ich Mario gesehen.*
3 **Abbiamo cenato** e poi **siamo andati** a dormire. — *Wir haben zu Abend gegessen und dann sind wir ins Bett gegangen.*

- Das **trapassato prossimo** drückt Vorzeitigkeit in der Vergangenheit aus.
Anna **aveva** già **mangiato** quando Leo è arrivato. — *Anna hatte schon gegessen, als Leo ankam.*

- Das **passato remoto** und das **trapassato remoto** werden hauptsächlich in der gehobenen schriftlichen Sprache benutzt. In Süditalien wird das **passato remoto** auch in der gesprochenen Sprache verwendet. Das **passato remoto** 1 entspricht im Gebrauch dem **passato prossimo**, das **trapassato remoto** 2 entspricht dem **trapassato prossimo**.

1 Nel 1990 **andai** negli Stati Uniti. — *1990 ging ich in die Vereinigten Staaten.*
2 Quando **ebbe finito**, uscì. — *Als er/sie fertig (geworden) war, ging er/sie weg.*

- Das **futuro semplice** drückt eine zukünftige Handlung **1** oder eine Vermutung **2** aus.

1 Tra un anno **comprerà** una casa.	*In einem Jahr wird er/sie ein Haus kaufen.*
2 Dove **saranno** le chiavi?	*Wo werden die Schlüssel wohl sein?*

- Das **futuro anteriore** drückt Vorzeitigkeit in der Zukunft **1** aus sowie eine auf die Vergangenheit bezogene Vermutung **2**.

1 Andrò in vacanza appena **avrò finito** questo lavoro.	*Ich werde in Urlaub fahren, sobald ich diese Arbeit abgeschlossen habe(n werde).*
2 **Sarà** già **arrivato** a casa Fabio?	*Wird Fabio schon zu Hause angekommen sein?*

3.2 Congiuntivo

Der **congiuntivo** wird hauptsächlich in Nebensätzen verwendet, die durch das Bindewort **che** (*dass*) eingeleitet werden. Auslöser des **congiuntivo** sind Verben (die im Hauptsatz erscheinen), die Meinung (z. B. **pensare** *denken*, **credere** *glauben*), Hoffnung (z. B. **sperare** *hoffen*), Wunsch (z. B. **desiderare** *wünschen*) oder Unsicherheit (z. B. **sembrare** *scheinen*) ausdrücken, sowie einige unpersönliche Ausdrücke mit dem Verb **essere** (z. B. **è importante** *es ist wichtig*, **è necessario** *es ist nötig*, **è facile** *es ist leicht*).

Hauptsatz	Indicativo		Nebensatz	Congiuntivo	
	Presente			Presente	*[gegenwärtige/zukünftige Handlung]*
	Presente			Passato	*[vorzeitige Handlung]*
	Imperf./Pass. pross.			Imperfetto	*[gleichzeitige/nachzeitige Handlung]*
	Imperf./Pass. pross.			Trapassato	*[vorzeitige Handlung]*

Penso	che **venga**.	*Ich denke, er kommt.*
Penso	che **sia** già **venuto**.	*Ich denke, er ist schon gekommen.*
Pensavo	che **venisse**.	*Ich dachte, er käme.*
Pensavo	che **fosse** già **venuto**.	*Ich dachte, er wäre schon gekommen.*

3.3 Condizionale

- Das **presente** drückt aus: Wünsche **1**, Bitten **2**, Vorschläge **3**, Ratschläge **4** und Möglichkeiten **5**.

1 **Vorrei** imparare l'italiano.	*Ich möchte Italienisch lernen.*
2 **Potresti** aiutarmi?	*Könntest du mir helfen?*
3 Che ne **direste** di andare al cinema?	*Was würdet ihr davon halten, ins Kino zu gehen?*
4 **Dovresti** dirgli la verità.	*Du solltest ihm die Wahrheit sagen.*
5 Roberto **potrebbe** frequentare un corso di lingua all'estero.	*Roberto könnte einen Sprachkurs im Ausland besuchen.*

- Das **passato** drückt zweierlei in der Vergangenheit aus: einen nicht erfüllten Wunsch **1** sowie eine Handlung, die hätte stattfinden können **2**.

1 Ieri **sarei andato** volentieri al cinema.   *Gestern wäre ich gerne ins Kino gegangen.*

2 Ti **avrei chiamato**, ma ho perso il cellulare.   *Ich hätte dich angerufen, aber ich habe das Handy verloren.*

3.4 Imperativo
Der **imperativo** entspricht der Befehlsform.

Vieni qui!   *Komm hierher!*

Prego, **si accomodi**.   *Nehmen Sie bitte Platz.*

3.5 Modi indefiniti
- Der **infinito** wird häufig nach Verben (mit oder ohne Präposition) gebraucht.

Devo **cucinare**.   *Ich muss kochen.*

Andate **a ballare**?   *Geht ihr tanzen?*

- Das **gerundio** und das **participio** dienen hauptsächlich dazu, zwei Sätze in verkürzter Form auszudrücken.

<u>Se andiamo</u> in aereo, arriviamo prima. → **Andando** in aereo arriviamo prima.
Wenn wir fliegen, kommen wir früher an.

<u>Quando sono tornato</u> in albergo, mi sono riposato. → **Tornato** in albergo mi sono riposato.
Als ich ins Hotel zurückkehrte, habe ich mich ausgeruht.

- Das **gerundio presente** wird außerdem in der Verlaufsform verwendet.

Stanno **lavorando**.   *Sie arbeiten gerade.*

- Das **participio (presente / passato)** kann auch als Substantiv **1** oder Adjektiv **2** gebraucht werden.

1 i **partecipanti**   *die Teilnehmer*
il **laureato**   *der Akademiker*

2 una donna **affascinante**   *eine faszinierende Frau*
un uomo molto **stimato**   *ein sehr geschätzter Mann*

Lerntipps

1. Wenn Sie ein neues Verb lernen wollen, ist es empfehlenswert, sich seine Grundform und sein Partizip Perfekt gleichzeitig anzueignen. Das hilft Ihnen später, die zusammengesetzten Zeiten leichter zu bilden.

2. Wenn Sie die Konjugation eines Verbs (z. B. im Präsens) üben wollen, empfiehlt es sich, es vorher mehrmals schriftlich durchzukonjugieren. Sie werden sehen, wie leicht es sich dann einprägt. Dabei sprechen Sie die Verbformen, die Sie schreiben, laut nach.

3. Besonders effizient ist es, ein Verb zusammen mit seiner Präposition zu lernen. Bilden Sie Beispiele aus Ihrem Alltagsleben. So lernen Sie es auf praktische Weise.

4. Wenn Sie einen Lernpartner haben, können Sie zu zweit die Konjugationen üben. Fragen Sie sich gegenseitig und abwechselnd die Verben ab. Oder konjugieren Sie zusammen ein Verb durch, eine Verbform nach der anderen, z. B. das Präsens von **cantare** → Sie sagen: **canto**; Ihr Lernpartner sagt: **canti**; Sie sagen: **canta** usw.

5. Machen Sie eine vergrößerte Fotokopie einer Verbtabelle. Wenn Sie z. B. das **congiuntivo presente** üben wollen, dann schneiden Sie die sechs Verbformen aus und versuchen, sie wieder in die ursprüngliche Reihenfolge zu bringen.

6. Nehmen Sie einen Spielwürfel. Die Zahlen 1–6 stehen für die sechs Subjektpronomen, also: 1 = **io**, 2 = **tu**, 3 = **lui/lei/Lei**, 4 = **noi**, 5 = **voi**, 6 = **loro**. Wollen Sie z. B. das Verb **andare** üben, dann fangen Sie mit dem Präsens an, würfeln und konjugieren die Verbform, die der Würfelzahl entspricht: z. B. die Zahl 6 → **vanno**.

7. Zeichnen Sie auf einem großen Blatt ein Kästchenraster, das Sie in 10 bis 20 Felder unterteilen. In jedes Feld schreiben Sie ein Verb und entscheiden, welche Zeitform (**presente, imperfetto, futuro** usw.) Sie üben wollen. Dann konjugieren Sie mit einem Spielwürfel nach dem Zufallsprinzip nach und nach die Verben, die auf den Feldern sind. Die Zahlen des Würfels 1–6 stehen wieder für die Personen: 1 = **io**, 2 = **tu**, 3 = **lui/lei/Lei**, 4 = **noi**, 5 = **voi**, 6 = **loro**. Benutzen Sie dabei immer das Buch zur Kontrolle.
Beispiel:

abitare	sciare	sentire	bere	dare	vedere	dire	uscire	correre	fare

Zeitform: **futuro semplice**
Würfelzahl: 3, Verb: **abitare** → **abiterà**; Würfelzahl: 5, Verb: **sciare** →
scierete . . .

8. Erstellen Sie eine leere Verbtabelle und benutzen Sie sie, um die Konjugation eines Verbs zu üben. Vervollständigen Sie sie mit allen Verbformen, die Sie kennen. Vergleichen Sie dann zur Kontrolle Ihre Verbtabelle mit der im Buch.

1 Hilfsverben
1.1 avere *haben*

▶ **Avere** dient zur Bildung der zusammengesetzten Zeiten (→ S. 12/13).

Indicativo

Presente	Imperfetto	Passato remoto	Futuro semplice
ho	avevo	ebbi	avrò
hai	avevi	avesti	avrai
ha	aveva	ebbe	avrà
abbiamo	avevamo	avemmo	avremo
avete	avevate	aveste	avrete
hanno	avevano	ebbero	avranno

Passato prossimo		Trapassato prossimo		Trapassato remoto		Futuro anteriore	
ho	avuto	avevo	avuto	ebbi	avuto	avrò	avuto
hai	avuto	avevi	avuto	avesti	avuto	avrai	avuto
ha	avuto	aveva	avuto	ebbe	avuto	avrà	avuto
abbiamo	avuto	avevamo	avuto	avemmo	avuto	avremo	avuto
avete	avuto	avevate	avuto	aveste	avuto	avrete	avuto
hanno	avuto	avevano	avuto	ebbero	avuto	avranno	avuto

Congiuntivo

Presente	Passato		Imperfetto	Trapassato	
abbia	abbia	avuto	avessi	avessi	avuto
abbia	abbia	avuto	avessi	avessi	avuto
abbia	abbia	avuto	avesse	avesse	avuto
abbiamo	abbiamo	avuto	avessimo	avessimo	avuto
abbiate	abbiate	avuto	aveste	aveste	avuto
abbiano	abbiano	avuto	avessero	avessero	avuto

Condizionale

Presente	Passato	
avrei	avrei	avuto
avresti	avresti	avuto
avrebbe	avrebbe	avuto
avremmo	avremmo	avuto
avreste	avreste	avuto
avrebbero	avrebbero	avuto

Imperativo

Presente
–
abbi
abbia
abbiamo
abbiate
abbiano

Modi indefiniti

Presente	Passato
Infinito	
avere	avere avuto
Gerundio	
avendo	avendo avuto
Participio	
avente	avuto

1.2 ẹssere *sein*

▶ **Ẹssere** dient zur Bildung der zusammengesetzten Zeiten (→ S. 12/13) und des Passivs (→ 4.1).

Indicativo

Presente	Imperfetto	Passato remoto	Futuro semplice
sono	ero	fui	sarò
sei	eri	fosti	sarai
è	era	fu	sarà
siamo	eravamo	fummo	saremo
siete	eravate	foste	sarete
sono	ẹrano	fụrono	saranno

Passato prossimo	Trapassato prossimo	Trapassato remoto	Futuro anteriore
sono stato/-a	ero stato/-a	fui stato/-a	sarò stato/-a
sei stato/-a	eri stato/-a	fosti stato/-a	sarai stato/-a
è stato/-a	era stato/-a	fu stato/-a	sarà stato/-a
siamo stati/-e	eravamo stati/-e	fummo stati/-e	saremo stati/-e
siete stati/-e	eravate stati/-e	foste stati/-e	sarete stati/-e
sono stati/-e	ẹrano stati/-e	fụrono stati/-e	saranno stati/-e

Congiuntivo

Presente	Passato	Imperfetto	Trapassato
sia	sia stato/-a	fossi	fossi stato/-a
sia	sia stato/-a	fossi	fossi stato/-a
sia	sia stato/-a	fosse	fosse stato/-a
siamo	siamo stati/-e	fọssimo	fọssimo stati/-e
siate	siate stati/-e	foste	foste stati/-e
sịano	sịano stati/-e	fọssero	fọssero stati/-e

Condizionale

Presente	Passato
sarei	sarei stato/-a
saresti	saresti stato/-a
sarebbe	sarebbe stato/-a
saremmo	saremmo stati/-e
sareste	sareste stati/-e
sarẹbbero	sarẹbbero stati/-e

Imperativo

Presente
–
sii
sia
siamo
siate
sịano

Modi indefiniti

Presente	Passato
Infinito	
ẹssere	ẹssere stato
Gerundio	
essendo	essendo stato
Participio	
–	stato

2 Regelmäßige Verben
2.1 Verben auf -are
2.1.1 cantare *singen*

Indicativo

Presente	Imperfetto	Passato remoto	Futuro semplice
canto	cantavo	cantai	canterò
canti	cantavi	cantasti	canterai
canta	cantava	cantò	canterà
cantiamo	cantavamo	cantammo	canteremo
cantate	cantavate	cantaste	canterete
cantano	cantavano	cantarono	canteranno

Passato prossimo		Trapassato prossimo		Trapassato remoto		Futuro anteriore	
ho	cantato	avevo	cantato	ebbi	cantato	avrò	cantato
hai	cantato	avevi	cantato	avesti	cantato	avrai	cantato
ha	cantato	aveva	cantato	ebbe	cantato	avrà	cantato
abbiamo	cantato	avevamo	cantato	avemmo	cantato	avremo	cantato
avete	cantato	avevate	cantato	aveste	cantato	avrete	cantato
hanno	cantato	avevano	cantato	ebbero	cantato	avranno	cantato

Congiuntivo

Presente	Passato		Imperfetto	Trapassato	
canti	abbia	cantato	cantassi	avessi	cantato
canti	abbia	cantato	cantassi	avessi	cantato
canti	abbia	cantato	cantasse	avesse	cantato
cantiamo	abbiamo	cantato	cantassimo	avessimo	cantato
cantiate	abbiate	cantato	cantaste	aveste	cantato
cantino	abbiano	cantato	cantassero	avessero	cantato

Condizionale

Presente	Passato	
canterei	avrei	cantato
canteresti	avresti	cantato
canterebbe	avrebbe	cantato
canteremmo	avremmo	cantato
cantereste	avreste	cantato
canterebbero	avrebbero	cantato

Imperativo

Presente
–
canta
canti
cantiamo
cantate
cantino

Modi indefiniti

Presente	Passato
Infinito	
cantare	avere cantato
Gerundio	
cantando	avendo cantato
Participio	
cantante	cantato

2.1.2 abitare *wohnen*

▶ Bei einigen mehrsilbigen Verben werden die stammbetonten Formen auf der dritt- oder viertletzten Silbe betont.

Indicativo

Presente	Imperfetto	Passato remoto	Futuro semplice
abito	abitavo	abitai	abiterò
abiti	abitavi	abitasti	abiterai
abita	abitava	abitò	abiterà
abitiamo	abitavamo	abitammo	abiteremo
abitate	abitavate	abitaste	abiterete
abitano	abitavano	abitarono	abiteranno

Passato prossimo		Trapassato prossimo		Trapassato remoto		Futuro anteriore	
ho	abitato	avevo	abitato	ebbi	abitato	avrò	abitato
hai	abitato	avevi	abitato	avesti	abitato	avrai	abitato
ha	abitato	aveva	abitato	ebbe	abitato	avrà	abitato
abbiamo	abitato	avevamo	abitato	avemmo	abitato	avremo	abitato
avete	abitato	avevate	abitato	aveste	abitato	avrete	abitato
hanno	abitato	avevano	abitato	ebbero	abitato	avranno	abitato

Congiuntivo

Presente	Passato		Imperfetto	Trapassato	
abiti	abbia	abitato	abitassi	avessi	abitato
abiti	abbia	abitato	abitassi	avessi	abitato
abiti	abbia	abitato	abitasse	avesse	abitato
abitiamo	abbiamo	abitato	abitassimo	avessimo	abitato
abitiate	abbiate	abitato	abitaste	aveste	abitato
abitino	abbiano	abitato	abitassero	avessero	abitato

Condizionale

Presente	Passato	
abiterei	avrei	abitato
abiteresti	avresti	abitato
abiterebbe	avrebbe	abitato
abiteremmo	avremmo	abitato
abitereste	avreste	abitato
abiterebbero	avrebbero	abitato

Imperativo

Presente
–
abita
abiti
abitiamo
abitate
abitino

Modi indefiniti

Presente	Passato
Infinito	
abitare	avere abitato
Gerundio	
abitando	avendo abitato
Participio	
abitante	abitato

2.1.3 giocare (-care) *spielen*

▶ Bei Verben auf **-care** wird zur Erhaltung der Aussprache des Stammes ein **h** zwischen dem **-c-** des Stammes und dem **-e** bzw. dem **-i** der Endungen eingefügt: **-c-** + **-e** → **-che**; **-c-** + **-i** → **-chi**.

Indicativo

Presente	Imperfetto	Passato remoto	Futuro semplice
gioco	giocavo	giocai	giocherò
giochi	giocavi	giocasti	giocherai
gioca	giocava	giocò	giocherà
giochiamo	giocavamo	giocammo	giocheremo
giocate	giocavate	giocaste	giocherete
giocano	giocavano	giocarono	giocheranno

Passato prossimo		Trapassato prossimo		Trapassato remoto		Futuro anteriore	
ho	giocato	avevo	giocato	ebbi	giocato	avrò	giocato
hai	giocato	avevi	giocato	avesti	giocato	avrai	giocato
ha	giocato	aveva	giocato	ebbe	giocato	avrà	giocato
abbiamo	giocato	avevamo	giocato	avemmo	giocato	avremo	giocato
avete	giocato	avevate	giocato	aveste	giocato	avrete	giocato
hanno	giocato	avevano	giocato	ebbero	giocato	avranno	giocato

Congiuntivo

Presente	Passato		Imperfetto	Trapassato	
giochi	abbia	giocato	giocassi	avessi	giocato
giochi	abbia	giocato	giocassi	avessi	giocato
giochi	abbia	giocato	giocasse	avesse	giocato
giochiamo	abbiamo	giocato	giocassimo	avessimo	giocato
giochiate	abbiate	giocato	giocaste	aveste	giocato
giochino	abbiano	giocato	giocassero	avessero	giocato

Condizionale

Presente	Passato	
giocherei	avrei	giocato
giocheresti	avresti	giocato
giocherebbe	avrebbe	giocato
giocheremmo	avremmo	giocato
giochereste	avreste	giocato
giocherebbero	avrebbero	giocato

Imperativo

Presente
–
gioca
giochi
giochiamo
giocate
giochino

Modi indefiniti

Presente	Passato
Infinito	
giocare	avere giocato
Gerundio	
giocando	avendo giocato
Participio	
giocante	giocato

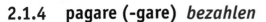

2.1.4 pagare (-gare) *bezahlen*

▶ Bei Verben auf **-gare** wird zur Erhaltung der Aussprache des Stammes ein **h** zwischen dem **-g-** des Stammes und dem **-e** bzw. dem **-i** der Endungen eingefügt: **-g- + -e** → **-ghe**; **-g- + -i** → **-ghi**.

Indicativo

Presente	Imperfetto	Passato remoto	Futuro semplice
pago	pagavo	pagai	**pagherò**
paghi	pagavi	pagasti	**pagherai**
paga	pagava	pagò	**pagherà**
paghiamo	pagavamo	pagammo	**pagheremo**
pagate	pagavate	pagaste	**pagherete**
pagano	pagavano	pagarono	**pagheranno**

Passato prossimo	Trapassato prossimo	Trapassato remoto	Futuro anteriore
ho pagato	avevo pagato	ebbi pagato	avrò pagato
hai pagato	avevi pagato	avesti pagato	avrai pagato
ha pagato	aveva pagato	ebbe pagato	avrà pagato
abbiamo pagato	avevamo pagato	avemmo pagato	avremo pagato
avete pagato	avevate pagato	aveste pagato	avrete pagato
hanno pagato	avevano pagato	ebbero pagato	avranno pagato

Congiuntivo

Presente	Passato	Imperfetto	Trapassato
paghi	abbia pagato	pagassi	avessi pagato
paghi	abbia pagato	pagassi	avessi pagato
paghi	abbia pagato	pagasse	avesse pagato
paghiamo	abbiamo pagato	pagassimo	avessimo pagato
paghiate	abbiate pagato	pagaste	aveste pagato
paghino	abbiano pagato	pagassero	avessero pagato

Condizionale

Presente	Passato
pagherei	avrei pagato
pagheresti	avresti pagato
pagherebbe	avrebbe pagato
pagheremmo	avremmo pagato
paghereste	avreste pagato
pagherebbero	avrebbero pagato

Imperativo

Presente
–
paga
paghi
paghiamo
pagate
paghino

Modi indefiniti

Presente	Passato
Infinito	
pagare	avere pagato
Gerundio	
pagando	avendo pagato
Participio	
pagante	pagato

2.1.5 lanciare (-ciare) *werfen*

▶ Verben auf **-ciare** verlieren das **-i-** des Stammes vor dem **-e** bzw. dem **-i** der Endungen:
-ci- + -e → -ce; -ci- + -i → -ci.

Indicativo

Presente	Imperfetto	Passato remoto	Futuro semplice
lancio	lanciavo	lanciai	lancerò
lanci	lanciavi	lanciasti	lancerai
lancia	lanciava	lanciò	lancerà
lanciamo	lanciavamo	lanciammo	lanceremo
lanciate	lanciavate	lanciaste	lancerete
lanciano	lanciavano	lanciarono	lanceranno

Passato prossimo		Trapassato prossimo		Trapassato remoto		Futuro anteriore	
ho	lanciato	avevo	lanciato	ebbi	lanciato	avrò	lanciato
hai	lanciato	avevi	lanciato	avesti	lanciato	avrai	lanciato
ha	lanciato	aveva	lanciato	ebbe	lanciato	avrà	lanciato
abbiamo	lanciato	avevamo	lanciato	avemmo	lanciato	avremo	lanciato
avete	lanciato	avevate	lanciato	aveste	lanciato	avrete	lanciato
hanno	lanciato	avevano	lanciato	ebbero	lanciato	avranno	lanciato

Congiuntivo

Presente	Passato		Imperfetto	Trapassato	
lanci	abbia	lanciato	lanciassi	avessi	lanciato
lanci	abbia	lanciato	lanciassi	avessi	lanciato
lanci	abbia	lanciato	lanciasse	avesse	lanciato
lanciamo	abbiamo	lanciato	lanciassimo	avessimo	lanciato
lanciate	abbiate	lanciato	lanciaste	aveste	lanciato
lancino	abbiano	lanciato	lanciassero	avessero	lanciato

Condizionale

Presente	Passato	
lancerei	avrei	lanciato
lanceresti	avresti	lanciato
lancerebbe	avrebbe	lanciato
lanceremmo	avremmo	lanciato
lancereste	avreste	lanciato
lancerebbero	avrebbero	lanciato

Imperativo

Presente
–
lancia
lanci
lanciamo
lanciate
lancino

Modi indefiniti

Presente	Passato
Infinito	
lanciare	avere lanciato
Gerundio	
lanciando	avendo lanciato
Participio	
lanciante	lanciato

2.1.6   mangiare (-giare) *essen*

▶ Verben auf **-giare** verlieren das **-i-** des Stammes vor dem **-e** bzw. dem **-i** der Endungen:
-gi- + -e → -ge; -gi- + -i → -gi.

Indicativo

Presente	Imperfetto	Passato remoto	Futuro semplice
mangio	mangiavo	mangiai	mangerò
mangi	mangiavi	mangiasti	mangerai
mangia	mangiava	mangiò	mangerà
mangiamo	mangiavamo	mangiammo	mangeremo
mangiate	mangiavate	mangiaste	mangerete
mangiano	mangiavano	mangiarono	mangeranno

Passato prossimo	Trapassato prossimo	Trapassato remoto	Futuro anteriore
ho mangiato	avevo mangiato	ebbi mangiato	avrò mangiato
hai mangiato	avevi mangiato	avesti mangiato	avrai mangiato
ha mangiato	aveva mangiato	ebbe mangiato	avrà mangiato
abbiamo mangiato	avevamo mangiato	avemmo mangiato	avremo mangiato
avete mangiato	avevate mangiato	aveste mangiato	avrete mangiato
hanno mangiato	avevano mangiato	ebbero mangiato	avranno mangiato

Congiuntivo

Presente	Passato	Imperfetto	Trapassato
mangi	abbia mangiato	mangiassi	avessi mangiato
mangi	abbia mangiato	mangiassi	avessi mangiato
mangi	abbia mangiato	mangiasse	avesse mangiato
mangiamo	abbiamo mangiato	mangiassimo	avessimo mangiato
mangiate	abbiate mangiato	mangiaste	aveste mangiato
mangino	abbiano mangiato	mangiassero	avessero mangiato

Condizionale

Presente	Passato
mangerei	avrei mangiato
mangeresti	avresti mangiato
mangerebbe	avrebbe mangiato
mangeremmo	avremmo mangiato
mangereste	avreste mangiato
mangerebbero	avrebbero mangiato

Imperativo

Presente
–
mangia
mangi
mangiamo
mangiate
mangino

Modi indefiniti

Presente	Passato
Infinito	
mangiare	avere mangiato
Gerundio	
mangiando	avendo mangiato
Participio	
mangiante	mangiato

2.1.7 sbagliare (-gliare) *einen Fehler begehen*

▶ Verben auf **-gliare** verlieren das **-i-** des Stammes vor dem **-i** der Endungen: **-gli- + -i** → **-gli**.

Indicativo

Presente	Imperfetto	Passato remoto	Futuro semplice
sbaglio	sbagliavo	sbagliai	sbaglierò
sbagli	sbagliavi	sbagliasti	sbaglierai
sbaglia	sbagliava	sbagliò	sbaglierà
sbagliamo	sbagliavamo	sbagliammo	sbaglieremo
sbagliate	sbagliavate	sbagliaste	sbaglierete
sbagliano	sbagliavano	sbagliarono	sbaglieranno

Passato prossimo		Trapassato prossimo		Trapassato remoto		Futuro anteriore	
ho	sbagliato	avevo	sbagliato	ebbi	sbagliato	avrò	sbagliato
hai	sbagliato	avevi	sbagliato	avesti	sbagliato	avrai	sbagliato
ha	sbagliato	aveva	sbagliato	ebbe	sbagliato	avrà	sbagliato
abbiamo	sbagliato	avevamo	sbagliato	avemmo	sbagliato	avremo	sbagliato
avete	sbagliato	avevate	sbagliato	aveste	sbagliato	avrete	sbagliato
hanno	sbagliato	avevano	sbagliato	ebbero	sbagliato	avranno	sbagliato

Congiuntivo

Presente	Passato		Imperfetto	Trapassato	
sbagli	abbia	sbagliato	sbagliassi	avessi	sbagliato
sbagli	abbia	sbagliato	sbagliassi	avessi	sbagliato
sbagli	abbia	sbagliato	sbagliasse	avesse	sbagliato
sbagliamo	abbiamo	sbagliato	sbagliassimo	avessimo	sbagliato
sbagliate	abbiate	sbagliato	sbagliaste	aveste	sbagliato
sbaglino	abbiano	sbagliato	sbagliassero	avessero	sbagliato

Condizionale

Presente	Passato	
sbaglierei	avrei	sbagliato
sbaglieresti	avresti	sbagliato
sbaglierebbe	avrebbe	sbagliato
sbaglieremmo	avremmo	sbagliato
sbagliereste	avreste	sbagliato
sbaglierebbero	avrebbero	sbagliato

Imperativo

Presente
–
sbaglia
sbagli
sbagliamo
sbagliate
sbaglino

Modi indefiniti

Presente	Passato
Infinito	
sbagliare	avere sbagliato
Gerundio	
sbagliando	avendo sbagliato
Participio	
–	sbagliato

2.1.8 lasciare (-sciare) *lassen*

▶ Verben auf **-sciare** verlieren das **-i-** des Stammes vor dem **-e** bzw. dem **-i** der Endungen:
-sci- + -e → **-sce**; **-sci- + -i** → **-sci**.

Indicativo

Presente	Imperfetto	Passato remoto	Futuro semplice
lascio	lasciavo	lasciai	lascerò
lasci	lasciavi	lasciasti	lascerai
lascia	lasciava	lasciò	lascerà
lasciamo	lasciavamo	lasciammo	lasceremo
lasciate	lasciavate	lasciaste	lascerete
lạsciano	lasciạvano	lasciạrono	lasceranno

Passato prossimo		Trapassato prossimo		Trapassato remoto		Futuro anteriore	
ho	lasciato	avevo	lasciato	ebbi	lasciato	avrò	lasciato
hai	lasciato	avevi	lasciato	avesti	lasciato	avrai	lasciato
ha	lasciato	aveva	lasciato	ebbe	lasciato	avrà	lasciato
abbiamo	lasciato	avevamo	lasciato	avemmo	lasciato	avremo	lasciato
avete	lasciato	avevate	lasciato	aveste	lasciato	avrete	lasciato
hanno	lasciato	avẹvano	lasciato	ẹbbero	lasciato	avranno	lasciato

Congiuntivo

Presente	Passato		Imperfetto	Trapassato	
lasci	abbia	lasciato	lasciassi	avessi	lasciato
lasci	abbia	lasciato	lasciassi	avessi	lasciato
lasci	abbia	lasciato	lasciasse	avesse	lasciato
lasciamo	abbiamo	lasciato	lasciạssimo	avẹssimo	lasciato
lasciate	abbiate	lasciato	lasciaste	aveste	lasciato
lạscino	ạbbiano	lasciato	lasciạssero	avẹssero	lasciato

Condizionale

Presente	Passato	
lascerei	avrei	lasciato
lasceresti	avresti	lasciato
lascerebbe	avrebbe	lasciato
lasceremmo	avremmo	lasciato
lascereste	avreste	lasciato
lascerẹbbero	avrẹbbero	lasciato

Imperativo

Presente
–
lascia
lasci
lasciamo
lasciate
lạscino

Modi indefiniti

Presente	Passato
Infinito	
lasciare	avere lasciato
Gerundio	
lasciando	avendo lasciato
Participio	
lasciante	lasciato

2.1.9 cambiare (-iare, *unbetont*) *ändern, wechseln*

▶ Verben auf **-iare** mit unbetontem **-i-** in der 1. Person Singular des **indicativo presente** (z. B. **cambio**) verlieren das unbetonte **-i-** des Stammes vor Endungen, die mit **-i-** beginnen **-i- + -i → -i. Beachte:** Hilfsverb → **avere** oder **essere** (→ S. 12/13).

Indicativo

Presente	Imperfetto	Passato remoto	Futuro semplice
cambio	cambiavo	cambiai	cambierò
cambi	cambiavi	cambiasti	cambierai
cambia	cambiava	cambiò	cambierà
cambiamo	cambiavamo	cambiammo	cambieremo
cambiate	cambiavate	cambiaste	cambierete
cambiano	cambiavano	cambiarono	cambieranno

Passato prossimo		Trapassato prossimo		Trapassato remoto		Futuro anteriore	
ho	cambiato	avevo	cambiato	ebbi	cambiato	avrò	cambiato
hai	cambiato	avevi	cambiato	avesti	cambiato	avrai	cambiato
ha	cambiato	aveva	cambiato	ebbe	cambiato	avrà	cambiato
abbiamo	cambiato	avevamo	cambiato	avemmo	cambiato	avremo	cambiato
avete	cambiato	avevate	cambiato	aveste	cambiato	avrete	cambiato
hanno	cambiato	avevano	cambiato	ebbero	cambiato	avranno	cambiato

Congiuntivo

Presente	Passato		Imperfetto	Trapassato	
cambi	abbia	cambiato	cambiassi	avessi	cambiato
cambi	abbia	cambiato	cambiassi	avessi	cambiato
cambi	abbia	cambiato	cambiasse	avesse	cambiato
cambiamo	abbiamo	cambiato	cambiassimo	avessimo	cambiato
cambiate	abbiate	cambiato	cambiaste	aveste	cambiato
cambino	abbiano	cambiato	cambiassero	avessero	cambiato

Condizionale

Presente	Passato	
cambierei	avrei	cambiato
cambieresti	avresti	cambiato
cambierebbe	avrebbe	cambiato
cambieremmo	avremmo	cambiato
cambiereste	avreste	cambiato
cambierebbero	avrebbero	cambiato

Imperativo

Presente
–
cambia
cambi
cambiamo
cambiate
cambino

Modi indefiniti

Presente	Passato
Infinito	
cambiare	avere cambiato
Gerundio	
cambiando	avendo cambiato
Participio	
cambiante	cambiato

2.1.10 sciare (-iare, *betont*) *Schi fahren*

▶ Verben auf **-iare** mit betontem **-i-** in der 1. Person Singular des **indicativo presente** (z. B. **scio**) behalten das betonte **-i-** des Stammes vor Endungen, die mit **-i** beginnen: **-i- + -i → -ii**; das unbetonte **-i-** hingegen entfällt: **-i + -i → -i**.

Indicativo

Presente	Imperfetto	Passato remoto	Futuro semplice
scio	sciavo	sciai	scierò
scii	sciavi	sciasti	scierai
scia	sciava	sciò	scierà
sciamo	sciavamo	sciammo	scieremo
sciate	sciavate	sciaste	scierete
sciano	sciavano	sciarono	scieranno

Passato prossimo		Trapassato prossimo		Trapassato remoto		Futuro anteriore	
ho	sciato	avevo	sciato	ebbi	sciato	avrò	sciato
hai	sciato	avevi	sciato	avesti	sciato	avrai	sciato
ha	sciato	aveva	sciato	ebbe	sciato	avrà	sciato
abbiamo	sciato	avevamo	sciato	avemmo	sciato	avremo	sciato
avete	sciato	avevate	sciato	aveste	sciato	avrete	sciato
hanno	sciato	avevano	sciato	ebbero	sciato	avranno	sciato

Congiuntivo

Presente	Passato		Imperfetto	Trapassato	
scii	abbia	sciato	sciassi	avessi	sciato
scii	abbia	sciato	sciassi	avessi	sciato
scii	abbia	sciato	sciasse	avesse	sciato
sciamo	abbiamo	sciato	sciassimo	avessimo	sciato
sciate	abbiate	sciato	sciaste	aveste	sciato
sciino	abbiano	sciato	sciassero	avessero	sciato

Condizionale

Presente	Passato	
scierei	avrei	sciato
scieresti	avresti	sciato
scierebbe	avrebbe	sciato
scieremmo	avremmo	sciato
sciereste	avreste	sciato
scierebbero	avrebbero	sciato

Imperativo

Presente
–
scia
scii
sciamo
sciate
sciino

Modi indefiniti

Presente	Passato
Infinito	
sciare	avere sciato
Gerundio	
sciando	avendo sciato
Participio	
sciante	sciato

2.2 Verben auf -ere
2.2.1 vendere *verkaufen*

▶ Das **passato remoto** hat zwei Konjugationen. Verben auf **-tere** haben nur eine
Konjugation des **passato remoto** (Endungen: **-ei, -esti, -é, -emmo, -este, -erono**):
z. B. **battere** *(schlagen)* → **battei, battesti, batté ...**

Indicativo

Presente	Imperfetto	Passato remoto	Futuro semplice
vendo	vendevo	vendei/-etti	venderò
vendi	vendevi	vendesti	venderai
vende	vendeva	vendé/-ette	venderà
vendiamo	vendevamo	vendemmo	venderemo
vendete	vendevate	vendeste	venderete
vendono	vendevano	venderono/-ettero	venderanno

Passato prossimo	Trapassato prossimo	Trapassato remoto	Futuro anteriore
ho venduto	avevo venduto	ebbi venduto	avrò venduto
hai venduto	avevi venduto	avesti venduto	avrai venduto
ha venduto	aveva venduto	ebbe venduto	avrà venduto
abbiamo venduto	avevamo venduto	avemmo venduto	avremo venduto
avete venduto	avevate venduto	aveste venduto	avrete venduto
hanno venduto	avevano venduto	ebbero venduto	avranno venduto

Congiuntivo

Presente	Passato	Imperfetto	Trapassato
venda	abbia venduto	vendessi	avessi venduto
venda	abbia venduto	vendessi	avessi venduto
venda	abbia venduto	vendesse	avesse venduto
vendiamo	abbiamo venduto	vendessimo	avessimo venduto
vendiate	abbiate venduto	vendeste	aveste venduto
vendano	abbiano venduto	vendessero	avessero venduto

Condizionale

Presente	Passato
venderei	avrei venduto
venderesti	avresti venduto
venderebbe	avrebbe venduto
venderemmo	avremmo venduto
vendereste	avreste venduto
venderebbero	avrebbero venduto

Imperativo

Presente
–
vendi
venda
vendiamo
vendete
vendano

Modi indefiniti

Presente	Passato
Infinito	
vendere	avere venduto
Gerundio	
vendendo	avendo venduto
Participio	
vendente	venduto

2.3   Verben auf -ire
2.3.1   sentire *(ohne Stammerweiterung)* *hören, fühlen*

▶ Das **participio presente** endet bei einigen Verben auf **-ente** und/oder **-iente**: **dormire** *(schlafen)* → **dormente/dormiente**.

Indicativo

Presente	Imperfetto	Passato remoto	Futuro semplice
sento	sentivo	sentii	sentirò
senti	sentivi	sentisti	sentirai
sente	sentiva	sentì	sentirà
sentiamo	sentivamo	sentimmo	sentiremo
sentite	sentivate	sentiste	sentirete
sentono	sentivano	sentirono	sentiranno

Passato prossimo		Trapassato prossimo		Trapassato remoto		Futuro anteriore	
ho	sentito	avevo	sentito	ebbi	sentito	avrò	sentito
hai	sentito	avevi	sentito	avesti	sentito	avrai	sentito
ha	sentito	aveva	sentito	ebbe	sentito	avrà	sentito
abbiamo	sentito	avevamo	sentito	avemmo	sentito	avremo	sentito
avete	sentito	avevate	sentito	aveste	sentito	avrete	sentito
hanno	sentito	avevano	sentito	ebbero	sentito	avranno	sentito

Congiuntivo

Presente	Passato		Imperfetto	Trapassato	
senta	abbia	sentito	sentissi	avessi	sentito
senta	abbia	sentito	sentissi	avessi	sentito
senta	abbia	sentito	sentisse	avesse	sentito
sentiamo	abbiamo	sentito	sentissimo	avessimo	sentito
sentiate	abbiate	sentito	sentiste	aveste	sentito
sentano	abbiano	sentito	sentissero	avessero	sentito

Condizionale

Presente	Passato	
sentirei	avrei	sentito
sentiresti	avresti	sentito
sentirebbe	avrebbe	sentito
sentiremmo	avremmo	sentito
sentireste	avreste	sentito
sentirebbero	avrebbero	sentito

Imperativo

Presente
–
senti
senta
sentiamo
sentite
sentano

Modi indefiniti

Presente	Passato
Infinito	
sentire	avere sentito
Gerundio	
sentendo	avendo sentito
Participio	
sentente	sentito

2.3.2 preferire (mit Stammerweiterung -isc-) bevorzugen

▶ Das **participio presente** endet bei einigen Verben auf **-ente** und/oder **-iente**: **obbedire** (*gehorchen*) → **obbediente**. Zur Aussprache von **-sc- + -o/-a/-i/-e** → S. 14.

Indicativo

Presente	Imperfetto	Passato remoto	Futuro semplice
preferisco	preferivo	preferii	preferirò
preferisci	preferivi	preferisti	preferirai
preferisce	preferiva	preferì	preferirà
preferiamo	preferivamo	preferimmo	preferiremo
preferite	preferivate	preferiste	preferirete
preferiscono	preferivano	preferirono	preferiranno

Passato prossimo	Trapassato prossimo	Trapassato remoto	Futuro anteriore
ho preferito	avevo preferito	ebbi preferito	avrò preferito
hai preferito	avevi preferito	avesti preferito	avrai preferito
ha preferito	aveva preferito	ebbe preferito	avrà preferito
abbiamo preferito	avevamo preferito	avemmo preferito	avremo preferito
avete preferito	avevate preferito	aveste preferito	avrete preferito
hanno preferito	avevano preferito	ebbero preferito	avranno preferito

Congiuntivo

Presente	Passato	Imperfetto	Trapassato
preferisca	abbia preferito	preferissi	avessi preferito
preferisca	abbia preferito	preferissi	avessi preferito
preferisca	abbia preferito	preferisse	avesse preferito
preferiamo	abbiamo preferito	preferissimo	avessimo preferito
preferiate	abbiate preferito	preferiste	aveste preferito
preferiscano	abbiano preferito	preferissero	avessero preferito

Condizionale

Presente	Passato
preferirei	avrei preferito
preferiresti	avresti preferito
preferirebbe	avrebbe preferito
preferiremmo	avremmo preferito
preferireste	avreste preferito
preferirebbero	avrebbero preferito

Imperativo

Presente
–
preferisci
preferisca
preferiamo
preferite
preferiscano

Modi indefiniti

Presente	Passato
Infinito	
preferire	avere preferito
Gerundio	
preferendo	avendo preferito
Participio	
preferente	preferito

2.3.3 cucire *nähen*

▶ Bei diesem Verb wird zur Erhaltung der Aussprache des Stammes ein **-i-** vor den Endungen auf **-a** und **-o** eingefügt.

Indicativo

Presente	Imperfetto	Passato remoto	Futuro semplice
cucio	cucivo	cucii	cucirò
cuci	cucivi	cucisti	cucirai
cuce	cuciva	cucì	cucirà
cuciamo	cucivamo	cucimmo	cuciremo
cucite	cucivate	cuciste	cucirete
cuciono	cucivano	cucirono	cuciranno

Passato prossimo		Trapassato prossimo		Trapassato remoto		Futuro anteriore	
ho	cucito	avevo	cucito	ebbi	cucito	avrò	cucito
hai	cucito	avevi	cucito	avesti	cucito	avrai	cucito
ha	cucito	aveva	cucito	ebbe	cucito	avrà	cucito
abbiamo	cucito	avevamo	cucito	avemmo	cucito	avremo	cucito
avete	cucito	avevate	cucito	aveste	cucito	avrete	cucito
hanno	cucito	avevano	cucito	ebbero	cucito	avranno	cucito

Congiuntivo

Presente	Passato		Imperfetto	Trapassato	
cucia	abbia	cucito	cucissi	avessi	cucito
cucia	abbia	cucito	cucissi	avessi	cucito
cucia	abbia	cucito	cucisse	avesse	cucito
cuciamo	abbiamo	cucito	cucissimo	avessimo	cucito
cuciate	abbiate	cucito	cuciste	aveste	cucito
cuciano	abbiano	cucito	cucissero	avessero	cucito

Condizionale

Presente	Passato	
cucirei	avrei	cucito
cuciresti	avresti	cucito
cucirebbe	avrebbe	cucito
cuciremmo	avremmo	cucito
cucireste	avreste	cucito
cucirebbero	avrebbero	cucito

Imperativo

Presente
–
cuci
cucia
cuciamo
cucite
cuciano

Modi indefiniti

Presente	Passato
Infinito	
cucire	avere cucito
Gerundio	
cucendo	avendo cucito
Participio	
cucente	cucito

2.3.4 fuggire *fliehen*

▶ Bei diesem Verb wird das **-g-** des Stammes vor den Endungen auf **-o/-a** wie [g] und vor den Endungen auf **-i/-e** wie [dsch] ausgesprochen (→ S. 13/14).

Indicativo

Presente	Imperfetto	Passato remoto	Futuro semplice
fuggo	fuggivo	fuggii	fuggirò
fuggi	fuggivi	fuggisti	fuggirai
fugge	fuggiva	fuggì	fuggirà
fuggiamo	fuggivamo	fuggimmo	fuggiremo
fuggite	fuggivate	fuggiste	fuggirete
fuggono	fuggivano	fuggirono	fuggiranno

Passato prossimo	Trapassato prossimo	Trapassato remoto	Futuro anteriore
sono fuggito/-a	ero fuggito/-a	fui fuggito/-a	sarò fuggito/-a
sei fuggito/-a	eri fuggito/-a	fosti fuggito/-a	sarai fuggito/-a
è fuggito/-a	era fuggito/-a	fu fuggito/-a	sarà fuggito/-a
siamo fuggiti/-e	eravamo fuggiti/-e	fummo fuggiti/-e	saremo fuggiti/-e
siete fuggiti/-e	eravate fuggiti/-e	foste fuggiti/-e	sarete fuggiti/-e
sono fuggiti/-e	erano fuggiti/-e	furono fuggiti/-e	saranno fuggiti/-e

Congiuntivo

Presente	Passato	Imperfetto	Trapassato
fugga	sia fuggito/-a	fuggissi	fossi fuggito/-a
fugga	sia fuggito/-a	fuggissi	fossi fuggito/-a
fugga	sia fuggito/-a	fuggisse	fosse fuggito/-a
fuggiamo	siamo fuggiti/-e	fuggissimo	fossimo fuggiti/-e
fuggiate	siate fuggiti/-e	fuggiste	foste fuggiti/-e
fuggano	siano fuggiti/-e	fuggissero	fossero fuggiti/-e

Condizionale

Presente	Passato
fuggirei	sarei fuggito/-a
fuggiresti	saresti fuggito/-a
fuggirebbe	sarebbe fuggito/-a
fuggiremmo	saremmo fuggiti/-e
fuggireste	sareste fuggiti/-e
fuggirebbero	sarebbero fuggiti/-e

Imperativo

Presente
–
fuggi
fugga
fuggiamo
fuggite
fuggano

Modi indefiniti

Presente	Passato
Infinito	
fuggire	essere fuggito
Gerundio	
fuggendo	essendo fuggito
Participio	
fuggente	fuggito

2.4 Reflexive Verben
2.4.1 alzarsi (-arsi) *sich erheben, aufstehen*

▶ Die Verb-Endungen entsprechen der 1. Konjugation, die Reflexivpronomen **mi, ti, si, ci, vi, si** werden vorangestellt. **Beachte:** Hilfsverb → **ęssere**.

Indicativo

Presente	Imperfetto	Passato remoto	Futuro semplice
mi alzo	mi alzavo	mi alzai	mi alzerò
ti alzi	ti alzavi	ti alzasti	ti alzerai
si alza	si alzava	si alzò	si alzerà
ci alziamo	ci alzavamo	ci alzammo	ci alzeremo
vi alzate	vi alzavate	vi alzaste	vi alzerete
si ạlzano	si alzạvano	si alzạrono	si alzeranno

Passato prossimo	Trapassato prossimo	Trapassato remoto	Futuro anteriore
mi sono alzato/-a	mi ero alzato/-a	mi fui alzato/-a	mi sarò alzato/-a
ti sei alzato/-a	ti eri alzato/-a	ti fosti alzato/-a	ti sarai alzato/-a
si è alzato/-a	si era alzato/-a	si fu alzato/-a	si sarà alzato/-a
ci siamo alzati/-e	ci eravamo alzati/-e	ci fummo alzati/-e	ci saremo alzati/-e
vi siete alzati/-e	vi erạvate alzati/-e	vi foste alzati/-e	vi sarete alzati/-e
si sono alzati/-e	si ęrano alzati/-e	si fụrono alzati/-e	si saranno alzati/-e

Congiuntivo

Presente	Passato		Imperfetto	Trapassato	
mi alzi	mi sia	alzato/-a	mi alzassi	mi fossi	alzato/-a
ti alzi	ti sia	alzato/-a	ti alzassi	ti fossi	alzato/-a
si alzi	si sia	alzato/-a	si alzasse	si fosse	alzato/-a
ci alziamo	ci siamo	alzati/-e	ci alzạssimo	ci fọssimo	alzati/-e
vi alziate	vi siate	alzati/-e	vi alzaste	vi foste	alzati/-e
si ạlzino	si siano	alzati/-e	si alzạssero	si fọssero	alzati/-e

Condizionale

Presente	Passato	
mi alzerei	mi sarei	alzato/-a
ti alzeresti	ti saresti	alzato/-a
si alzerebbe	si sarebbe	alzato/-a
ci alzeremmo	ci saremmo	alzati/-e
vi alzereste	vi sareste	alzati/-e
si alzerẹbbero	si sarẹbbero	alzati/-e

Imperativo

Presente
–
ạlzati
si alzi
alziạmoci
alzạtevi
si ạlzino

Modi indefiniti

Presente	Passato
Infinito	
alzarsi	ẹssersi alzato
Gerundio	
alzạndosi	essẹndosi alzato
Participio	
(alzạntesi)	alzạtosi

2.4.2 ripętersi (-ersi) *sich wiederholen*

▶ Die Verb-Endungen entsprechen der 2. Konjugation, die Reflexivpronomen **mi, ti, si, ci, vi, si** werden vorangestellt. **Beachte:** Hilfsverb → **ęssere.**

Indicativo

Presente	Imperfetto	Passato remoto	Futuro semplice
mi ripeto	mi ripetevo	mi ripetei	mi ripeterò
ti ripeti	ti ripetevi	ti ripetesti	ti ripeterai
si ripete	si ripeteva	si ripeté	si ripeterà
ci ripetiamo	ci ripetevamo	ci ripetemmo	ci ripeteremo
vi ripetete	vi ripetevate	vi ripeteste	vi ripeterete
si ripętono	si ripetęvano	si ripetęrono	si ripeteranno

Passato prossimo	Trapassato prossimo	Trapassato remoto	Futuro anteriore
mi sono ripetuto/-a	mi ero ripetuto/-a	mi fui ripetuto/-a	mi sarò ripetuto/-a
ti sei ripetuto/-a	ti eri ripetuto/-a	ti fosti ripetuto/-a	ti sarai ripetuto/-a
si è ripetuto/-a	si era ripetuto/-a	si fu ripetuto/-a	si sarà ripetuto/-a
ci siamo ripetuti/-e	ci eravamo ripetuti/-e	ci fummo ripetuti/-e	ci saremo ripetuti/-e
vi siete ripetuti/-e	vi eravate ripetuti/-e	vi foste ripetuti/-e	vi sarete ripetuti/-e
si sono ripetuti/-e	si ęrano ripetuti/-e	si fųrono ripetuti/-e	si saranno ripetuti/-e

Congiuntivo

Presente	Passato	Imperfetto	Trapassato
mi ripeta	mi sia ripetuto/-a	mi ripetessi	mi fossi ripetuto/-a
ti ripeta	ti sia ripetuto/-a	ti ripetessi	ti fossi ripetuto/-a
si ripeta	si sia ripetuto/-a	si ripetesse	si fosse ripetuto/-a
ci ripetiamo	ci siamo ripetuti/-e	ci ripetęssimo	ci fossimo ripetuti/-e
vi ripetiate	vi siate ripetuti/-e	vi ripeteste	vi foste ripetuti/-e
si ripętano	si sįano ripetuti/-e	si ripetęssero	si fossero ripetuti/-e

Condizionale

Presente	Passato
mi ripeterei	mi sarei ripetuto/-a
ti ripeteresti	ti saresti ripetuto/-a
si ripeterebbe	si sarebbe ripetuto/-a
ci ripeteremmo	ci saremmo ripetuti/-e
vi ripetereste	vi sareste ripetuti/-e
si ripeterębbero	si sarębbero ripetuti/-e

Imperativo

Presente
–
ripętiti
si ripeta
ripetiąmoci
ripetętevi
si ripętano

Modi indefiniti

Presente	Passato
Infinito	
ripętersi	ęssersi ripetuto
Gerundio	
ripetęndosi	essęndosi ripetuto
Participio	
(ripetęntesi)	ripetųtosi

2.4.3 vestirsi (-irsi) *sich anziehen*

▶ Die Verb-Endungen entsprechen der 3. Konjugation (ohne Stammerweiterung), die Reflexivpronomen **mi**, **ti**, **si**, **ci**, **vi**, **si** werden vorangestellt. **Beachte:** Hilfsverb → **ẹssere**.

Indicativo

Presente	Imperfetto	Passato remoto	Futuro semplice
mi vesto	mi vestivo	mi vestii	mi vestirò
ti vesti	ti vestivi	ti vestisti	ti vestirai
si veste	si vestiva	si vestì	si vestirà
ci vestiamo	ci vestivamo	ci vestimmo	ci vestiremo
vi vestite	vi vestivate	vi vestiste	vi vestirete
si vẹstono	si vestivano	si vestirono	si vestiranno

Passato prossimo	Trapassato prossimo	Trapassato remoto	Futuro anteriore
mi sono vestito/-a	mi ero vestito/-a	mi fui vestito/-a	mi sarò vestito/-a
ti sei vestito/-a	ti eri vestito/-a	ti fosti vestito/-a	ti sarai vestito/-a
si è vestito/-a	si era vestito/-a	si fu vestito/-a	si sarà vestito/-a
ci siamo vestiti/-e	ci eravamo vestiti/-e	ci fummo vestiti/-e	ci saremo vestiti/-e
vi siete vestiti/-e	vi eravate vestiti/-e	vi foste vestiti/-e	vi sarete vestiti/-e
si sono vestiti/-e	si erano vestiti/-e	si furono vestiti/-e	si saranno vestiti/-e

Congiuntivo

Presente	Passato	Imperfetto	Trapassato
mi vesta	mi sia vestito/-a	mi vestissi	mi fossi vestito/-a
ti vesta	ti sia vestito/-a	ti vestissi	ti fossi vestito/-a
si vesta	si sia vestito/-a	si vestisse	si fosse vestito/-a
ci vestiamo	ci siamo vestiti/-e	ci vestissimo	ci fossimo vestiti/-e
vi vestiate	vi siate vestiti/-e	vi vestiste	vi foste vestiti/-e
si vẹstano	si siano vestiti/-e	si vestissero	si fossero vestiti/-e

Condizionale

Presente	Passato
mi vestirei	mi sarei vestito/-a
ti vestiresti	ti saresti vestito/-a
si vestirebbe	si sarebbe vestito/-a
ci vestiremmo	ci saremmo vestiti/-e
vi vestireste	vi sareste vestiti/-e
si vestirẹbbero	si sarẹbbero vestiti/-e

Imperativo

Presente
–
vẹstiti
si vesta
vestiamoci
vestitevi
si vẹstano

Modi indefiniti

Presente	Passato
Infinito	
vestirsi	ẹssersi vestito
Gerundio	
vestẹndosi	essẹndosi vestito
Participio	
(vestẹntesi) vestitosi	

2.4.4   pulirsi (-irsi) *sich reinigen*

▶ Die Verb-Endungen entsprechen der 3. Konjugation mit Stammerweiterung auf **-isc-**, die Reflexivpronomen **mi, ti, si, ci, vi, si** werden vorangestellt. **Beachte:** Hilfsverb → **ẹssere.**

Indicativo

Presente	Imperfetto	Passato remoto	Futuro semplice
mi pulisco	mi pulivo	mi pulii	mi pulirò
ti pulisci	ti pulivi	ti pulisti	ti pulirai
si pulisce	si puliva	si pulì	si pulirà
ci puliamo	ci pulivamo	ci pulimmo	ci puliremo
vi pulite	vi pulivate	vi puliste	vi pulirete
si puliscono	si pulivano	si pulirono	si puliranno

Passato prossimo		Trapassato prossimo		Trapassato remoto		Futuro anteriore	
mi sono	pulito/-a	mi ero	pulito/-a	mi fui	pulito/-a	mi sarò	pulito/-a
ti sei	pulito/-a	ti eri	pulito/-a	ti fosti	pulito/-a	ti sarai	pulito/-a
si è	pulito/-a	si era	pulito/-a	si fu	pulito/-a	si sarà	pulito/-a
ci siamo	puliti/-e	ci eravamo	puliti/-e	ci fummo	puliti/-e	ci saremo	puliti/-e
vi siete	puliti/-e	vi eravate	puliti/-e	vi foste	puliti/-e	vi sarete	puliti/-e
si sono	puliti/-e	si ẹrano	puliti/-e	si fụrono	puliti/-e	si saranno	puliti/-e

Congiuntivo

Presente	Passato		Imperfetto	Trapassato	
mi pulisca	mi sia	pulito/-a	mi pulissi	mi fossi	pulito/-a
ti pulisca	ti sia	pulito/-a	ti pulissi	ti fossi	pulito/-a
si pulisca	si sia	pulito/-a	si pulisse	si fosse	pulito/-a
ci puliamo	ci siamo	puliti/-e	ci pulịssimo	ci fọssimo	puliti/-e
vi puliate	vi siate	puliti/-e	vi puliste	vi foste	puliti/-e
si pulịscano	si sịano	puliti/-e	si pulịssero	si fọssero	puliti/-e

Condizionale

Presente	Passato	
mi pulirei	mi sarei	pulito/-a
ti puliresti	ti saresti	pulito/-a
si pulirebbe	si sarebbe	pulito/-a
ci puliremmo	ci saremmo	puliti/-e
vi pulireste	vi sareste	puliti/-e
si pulirẹbbero	si sarẹbbero	puliti/-e

Imperativo

Presente
–
pulịsciti
si pulisca
puliạmoci
pulịtevi
si pulịscano

Modi indefiniti

Presente	Passato
Infinito	
pulirsi	ẹssersi pulito
Gerundio	
pulẹndosi	essẹndosi pulito
Participio	
(pulẹntesi)	pulịtosi

3 Unregelmäßige Verben
3.1 Verben auf -are
3.1.1 andare *gehen*

▶ **Andare** wird auch zur Bildung des Passivs (→ 4.3) benutzt.

Indicativo

Presente	Imperfetto	Passato remoto	Futuro semplice
vado	andavo	andai	andrò
vai	andavi	andasti	andrai
va	andava	andò	andrà
andiamo	andavamo	andammo	andremo
andate	andavate	andaste	andrete
vanno	andạvano	andạrono	andranno

Passato prossimo		Trapassato prossimo		Trapassato remoto		Futuro anteriore	
sono	andato/-a	ero	andato/-a	fui	andato/-a	sarò	andato/-a
sei	andato/-a	eri	andato/-a	fosti	andato/-a	sarai	andato/-a
è	andato/-a	era	andato/-a	fu	andato/-a	sarà	andato/-a
siamo	andati/-e	eravamo	andati/-e	fummo	andati/-e	saremo	andati/-e
siete	andati/-e	eravate	andati/-e	foste	andati/-e	sarete	andati/-e
sono	andati/-e	ẹrano	andati/-e	fụrono	andati/-e	saranno	andati/-e

Congiuntivo

Presente	Passato		Imperfetto	Trapassato	
vada	sia	andato/-a	andassi	fossi	andato/-a
vada	sia	andato/-a	andassi	fossi	andato/-a
vada	sia	andato/-a	andasse	fosse	andato/-a
andiamo	siamo	andati/-e	andạssimo	fọssimo	andati/-e
andiate	siate	andati/-e	andaste	foste	andati/-e
vạdano	sịano	andati/-e	andạssero	fọssero	andati/-e

Condizionale

Presente	Passato	
andrei	sarei	andato/-a
andresti	saresti	andato/-a
andrebbe	sarebbe	andato/-a
andremmo	saremmo	andati/-e
andreste	sareste	andati/-e
andrẹbbero	sarẹbbero	andati/-e

Imperativo

Presente
–
va'/vai
vada
andiamo
andate
vạdano

Modi indefiniti

Presente	Passato
Infinito	
andare	ẹssere andato
Gerundio	
andando	essendo andato
Participio	
andante	andato

3.1.2 dare *geben*

Indicativo

Presente	Imperfetto	Passato remoto	Futuro semplice
do	davo	diedi/detti	darò
dai	davi	desti	darai
dà	dava	diede/dette	darà
diamo	davamo	demmo	daremo
date	davate	deste	darete
danno	davano	diedero/dettero	daranno

Passato prossimo	Trapassato prossimo	Trapassato remoto	Futuro anteriore
ho dato	avevo dato	ebbi dato	avrò dato
hai dato	avevi dato	avesti dato	avrai dato
ha dato	aveva dato	ebbe dato	avrà dato
abbiamo dato	avevamo dato	avemmo dato	avremo dato
avete dato	avevate dato	aveste dato	avrete dato
hanno dato	avevano dato	ebbero dato	avranno dato

Congiuntivo

Presente	Passato	Imperfetto	Trapassato
dia	abbia dato	dessi	avessi dato
dia	abbia dato	dessi	avessi dato
dia	abbia dato	desse	avesse dato
diamo	abbiamo dato	dessimo	avessimo dato
diate	abbiate dato	deste	aveste dato
diano	abbiano dato	dessero	avessero dato

Condizionale

Presente	Passato
darei	avrei dato
daresti	avresti dato
darebbe	avrebbe dato
daremmo	avremmo dato
dareste	avreste dato
darebbero	avrebbero dato

Imperativo

Presente
–
da'/dai
dia
diamo
date
diano

Modi indefiniti

Presente	Passato
Infinito	
dare	avere dato
Gerundio	
dando	avendo dato
Participio	
dante	dato

3.1.3 disfare *auseinander nehmen, auflösen*

▶ Zusammengesetztes Verb aus **dis** + **fare**: die unregelmäßigen Formen stammen von **fare** (→ 3.1.4), einige Zeiten haben aber auch regelmäßige Formen.

Indicativo

Presente	Imperfetto	Passato remoto	Futuro semplice
disfo/disfaccio	disfacevo	disfeci	disferò/disfarò
disfi/disfai	disfacevi	disfacesti	disferai/disfarai
disfa/disfà	disfaceva	disfece	disferà/disfarà
disfiamo/disfacciamo	disfacevamo	disfacemmo	disferemo/disfaremo
disfate	disfacevate	disfaceste	disferete/disfarete
disfano/disfanno	disfacevano	disfecero	disferanno/disfaranno

Passato prossimo		Trapassato prossimo		Trapassato remoto		Futuro anteriore	
ho	disfatto	avevo	disfatto	ebbi	disfatto	avrò	disfatto
hai	disfatto	avevi	disfatto	avesti	disfatto	avrai	disfatto
ha	disfatto	aveva	disfatto	ebbe	disfatto	avrà	disfatto
abbiamo	disfatto	avevamo	disfatto	avemmo	disfatto	avremo	disfatto
avete	disfatto	avevate	disfatto	aveste	disfatto	avrete	disfatto
hanno	disfatto	avevano	disfatto	ebbero	disfatto	avranno	disfatto

Congiuntivo

Presente	Passato		Imperfetto	Trapassato	
disfi/disfaccia	abbia	disfatto	disfacessi	avessi	disfatto
disfi/disfaccia	abbia	disfatto	disfacessi	avessi	disfatto
disfi/disfaccia	abbia	disfatto	disfacesse	avesse	disfatto
disfiamo/disfacciamo	abbiamo	disfatto	disfacessimo	avessimo	disfatto
disfiate/disfacciate	abbiate	disfatto	disfaceste	aveste	disfatto
disfino/disfacciano	abbiano	disfatto	disfacessero	avessero	disfatto

Condizionale

Presente	Passato	
disferei/disfarei	avrei	disfatto
disferesti/disfaresti	avresti	disfatto
disferebbe/disfarebbe	avrebbe	disfatto
disferemmo/disfaremmo	avremmo	disfatto
disfereste/disfareste	avreste	disfatto
disferebbero/disfarebbero	avrebbero	disfatto

Imperativo

Presente
–
disfa
disfi
disfiamo
disfate
disfino

Modi indefiniti

Presente	Passato
Infinito	
disfare	avere disfatto
Gerundio	
disfacendo	avendo disfatto
Participio	
disfacente	disfatto

41

3.1.4 fare *machen, tun*

▶ Verkürzte Form von **facere**: einige Verbformen haben deshalb den Stamm **fac-**.

Indicativo

Presente	Imperfetto	Passato remoto	Futuro semplice
faccio	facevo	feci	farò
fai	facevi	facesti	farai
fa	faceva	fece	farà
facciamo	facevamo	facemmo	faremo
fate	facevate	faceste	farete
fanno	facevano	fecero	faranno

Passato prossimo		Trapassato prossimo		Trapassato remoto		Futuro anteriore	
ho	fatto	avevo	fatto	ebbi	fatto	avrò	fatto
hai	fatto	avevi	fatto	avesti	fatto	avrai	fatto
ha	fatto	aveva	fatto	ebbe	fatto	avrà	fatto
abbiamo	fatto	avevamo	fatto	avemmo	fatto	avremo	fatto
avete	fatto	avevate	fatto	aveste	fatto	avrete	fatto
hanno	fatto	avevano	fatto	ebbero	fatto	avranno	fatto

Congiuntivo

Presente	Passato		Imperfetto	Trapassato	
faccia	abbia	fatto	facessi	avessi	fatto
faccia	abbia	fatto	facessi	avessi	fatto
faccia	abbia	fatto	facesse	avesse	fatto
facciamo	abbiamo	fatto	facessimo	avessimo	fatto
facciate	abbiate	fatto	faceste	aveste	fatto
facciano	abbiano	fatto	facessero	avessero	fatto

Condizionale

Presente	Passato	
farei	avrei	fatto
faresti	avresti	fatto
farebbe	avrebbe	fatto
faremmo	avremmo	fatto
fareste	avreste	fatto
farebbero	avrebbero	fatto

Imperativo

Presente
–
fa'/fai
faccia
facciamo
fate
facciano

Modi indefiniti

Presente	Passato
Infinito	
fare	avere fatto
Gerundio	
facendo	avendo fatto
Participio	
facente	fatto

3.1.5   stare *bleiben*

Indicativo

Presente	Imperfetto	Passato remoto	Futuro semplice
sto	stavo	stetti	starò
stai	stavi	stesti	starai
sta	stava	stette	starà
stiamo	stavamo	stemmo	staremo
state	stavate	steste	starete
stanno	stavano	stettero	staranno

Passato prossimo	Trapassato prossimo	Trapassato remoto	Futuro anteriore
sono stato/-a	ero stato/-a	fui stato/-a	sarò stato/-a
sei stato/-a	eri stato/-a	fosti stato/-a	sarai stato/-a
è stato/-a	era stato/-a	fu stato/-a	sarà stato/-a
siamo stati/-e	eravamo stati/-e	fummo stati/-e	saremo stati/-e
siete stati/-e	eravate stati/-e	foste stati/-e	sarete stati/-e
sono stati/-e	erano stati/-e	furono stati/-e	saranno stati/-e

Congiuntivo

Presente	Passato	Imperfetto	Trapassato
stia	sia stato/-a	stessi	fossi stato/-a
stia	sia stato/-a	stessi	fossi stato/-a
stia	sia stato/-a	stesse	fosse stato/-a
stiamo	siamo stati/-e	stessimo	fossimo stati/-e
stiate	siate stati/-e	steste	foste stati/-e
stiano	siano stati/-e	stessero	fossero stati/-e

Condizionale

Presente	Passato
starei	sarei stato/-a
staresti	saresti stato/-a
starebbe	sarebbe stato/-a
staremmo	saremmo stati/-e
stareste	sareste stati/-e
starebbero	sarebbero stati/-e

Imperativo

Presente
–
sta'/stai
stia
stiamo
state
stiano

Modi indefiniti

Presente	Passato
Infinito	
stare	essere stato
Gerundio	
stando	essendo stato
Participio	
stante	stato

43

3.2   Verben auf -ere
3.2.1   bere *trinken*

▶ Verkürzte Form von **bevere**: die meisten Verbformen haben deshalb den Stamm **bev-**.

Indicativo

Presente	Imperfetto	Passato remoto	Futuro semplice
bevo	bevevo	bevvi	berrò
bevi	bevevi	bevesti	berrai
beve	beveva	bevve	berrà
beviamo	bevevamo	bevemmo	berremo
bevete	bevevate	beveste	berrete
bevono	bevevano	bevvero	berranno

Passato prossimo		Trapassato prossimo		Trapassato remoto		Futuro anteriore	
ho	bevuto	avevo	bevuto	ebbi	bevuto	avrò	bevuto
hai	bevuto	avevi	bevuto	avesti	bevuto	avrai	bevuto
ha	bevuto	aveva	bevuto	ebbe	bevuto	avrà	bevuto
abbiamo	bevuto	avevamo	bevuto	avemmo	bevuto	avremo	bevuto
avete	bevuto	avevate	bevuto	aveste	bevuto	avrete	bevuto
hanno	bevuto	avevano	bevuto	ebbero	bevuto	avranno	bevuto

Congiuntivo

Presente	Passato		Imperfetto	Trapassato	
beva	abbia	bevuto	bevessi	avessi	bevuto
beva	abbia	bevuto	bevessi	avessi	bevuto
beva	abbia	bevuto	bevesse	avesse	bevuto
beviamo	abbiamo	bevuto	bevessimo	avessimo	bevuto
beviate	abbiate	bevuto	beveste	aveste	bevuto
bevano	abbiano	bevuto	bevessero	avessero	bevuto

Condizionale

Presente	Passato	
berrei	avrei	bevuto
berresti	avresti	bevuto
berrebbe	avrebbe	bevuto
berremmo	avremmo	bevuto
berreste	avreste	bevuto
berrebbero	avrebbero	bevuto

Imperativo

Presente
–
bevi
beva
beviamo
bevete
bevano

Modi indefiniti

Presente	Passato
Infinito	
bere	avere bevuto
Gerundio	
bevendo	avendo bevuto
Participio	
bevente	bevuto

3.2.2 cadere *fallen*

Indicativo

Presente	Imperfetto	Passato remoto	Futuro semplice
cado	cadevo	caddi	cadrò
cadi	cadevi	cadesti	cadrai
cade	cadeva	cadde	cadrà
cadiamo	cadevamo	cademmo	cadremo
cadete	cadevate	cadeste	cadrete
cadono	cadevano	caddero	cadranno

Passato prossimo	Trapassato prossimo	Trapassato remoto	Futuro anteriore
sono caduto/-a	ero caduto/-a	fui caduto/-a	sarò caduto/-a
sei caduto/-a	eri caduto/-a	fosti caduto/-a	sarai caduto/-a
è caduto/-a	era caduto/-a	fu caduto/-a	sarà caduto/-a
siamo caduti/-e	eravamo caduti/-e	fummo caduti/-e	saremo caduti/-e
siete caduti/-e	eravate caduti/-e	foste caduti/-e	sarete caduti/-e
sono caduti/-e	erano caduti/-e	furono caduti/-e	saranno caduti/-e

Congiuntivo

Presente	Passato	Imperfetto	Trapassato
cada	sia caduto/-a	cadessi	fossi caduto/-a
cada	sia caduto/-a	cadessi	fossi caduto/-a
cada	sia caduto/-a	cadesse	fosse caduto/-a
cadiamo	siamo caduti/-e	cadessimo	fossimo caduti/-e
cadiate	siate caduti/-e	cadeste	foste caduti/-e
cadano	siano caduti/-e	cadessero	fossero caduti/-e

Condizionale

Presente	Passato
cadrei	sarei caduto/-a
cadresti	saresti caduto/-a
cadrebbe	sarebbe caduto/-a
cadremmo	saremmo caduti/-e
cadreste	sareste caduti/-e
cadrebbero	sarebbero caduti/-e

Imperativo

Presente
–
cadi
cada
cadiamo
cadete
cadano

Modi indefiniti

Presente	Passato
Infinito	
cadere	essere caduto
Gerundio	
cadendo	essendo caduto
Participio	
cadente	caduto

3.2.3 chiẹdere *fragen*

Indicativo

Presente	Imperfetto	Passato remoto	Futuro semplice
chiedo	chiedevo	chiesi	chiederò
chiedi	chiedevi	chiedesti	chiederai
chiede	chiedeva	chiese	chiederà
chiediamo	chiedevamo	chiedemmo	chiederemo
chiedete	chiedevate	chiedeste	chiederete
chiẹdono	chiedẹvano	chiẹsero	chiederanno

Passato prossimo		Trapassato prossimo		Trapassato remoto		Futuro anteriore	
ho	chiesto	avevo	chiesto	ebbi	chiesto	avrò	chiesto
hai	chiesto	avevi	chiesto	avesti	chiesto	avrai	chiesto
ha	chiesto	aveva	chiesto	ebbe	chiesto	avrà	chiesto
abbiamo	chiesto	avevamo	chiesto	avemmo	chiesto	avremo	chiesto
avete	chiesto	avevate	chiesto	aveste	chiesto	avrete	chiesto
hanno	chiesto	avẹvano	chiesto	ẹbbero	chiesto	avranno	chiesto

Congiuntivo

Presente	Passato		Imperfetto	Trapassato	
chieda	abbia	chiesto	chiedessi	avessi	chiesto
chieda	abbia	chiesto	chiedessi	avessi	chiesto
chieda	abbia	chiesto	chiedesse	avesse	chiesto
chiediamo	abbiamo	chiesto	chiedẹssimo	avẹssimo	chiesto
chiediate	abbiate	chiesto	chiedeste	aveste	chiesto
chiẹdano	ạbbiano	chiesto	chiedẹssero	avẹssero	chiesto

Condizionale

Presente	Passato	
chiederei	avrei	chiesto
chiederesti	avresti	chiesto
chiederebbe	avrebbe	chiesto
chiederemmo	avremmo	chiesto
chiedereste	avreste	chiesto
chiederẹbbero	avrẹbbero	chiesto

Imperativo

Presente
–
chiedi
chieda
chiediamo
chiedete
chiẹdano

Modi indefiniti

Presente	Passato
Infinito	
chiẹdere	avere chiesto
Gerundio	
chiedendo	avendo chiesto
Participio	
chiedente	chiesto

3.2.4 chiụdere *schließen*

Indicativo

Presente	Imperfetto	Passato remoto	Futuro semplice
chiudo	chiudevo	chiusi	chiuderò
chiudi	chiudevi	chiudesti	chiuderai
chiude	chiudeva	chiuse	chiuderà
chiudiamo	chiudevamo	chiudemmo	chiuderemo
chiudete	chiudevate	chiudeste	chiuderete
chiụdono	chiudẹvano	chiụsero	chiuderanno

Passato prossimo	Trapassato prossimo	Trapassato remoto	Futuro anteriore
ho chiuso	avevo chiuso	ebbi chiuso	avrò chiuso
hai chiuso	avevi chiuso	avesti chiuso	avrai chiuso
ha chiuso	aveva chiuso	ebbe chiuso	avrà chiuso
abbiamo chiuso	avevamo chiuso	avemmo chiuso	avremo chiuso
avete chiuso	avevate chiuso	aveste chiuso	avrete chiuso
hanno chiuso	avẹvano chiuso	ẹbbero chiuso	avranno chiuso

Congiuntivo

Presente	Passato	Imperfetto	Trapassato
chiuda	abbia chiuso	chiudessi	avessi chiuso
chiuda	abbia chiuso	chiudessi	avessi chiuso
chiuda	abbia chiuso	chiudesse	avesse chiuso
chiudiamo	abbiamo chiuso	chiudẹssimo	avẹssimo chiuso
chiudiate	abbiate chiuso	chiudeste	aveste chiuso
chiụdano	ạbbiano chiuso	chiudẹssero	avẹssero chiuso

Condizionale

Presente	Passato
chiuderei	avrei chiuso
chiuderesti	avresti chiuso
chiuderebbe	avrebbe chiuso
chiuderemmo	avremmo chiuso
chiudereste	avreste chiuso
chiuderẹbbero	avrẹbbero chiuso

Imperativo

Presente
–
chiudi
chiuda
chiudiamo
chiudete
chiụdano

Modi indefiniti

Presente	Passato
Infinito	
chiụdere	avere chiuso
Gerundio	
chiudendo	avendo chiuso
Participio	
chiudente	chiuso

3.2.5 cogliere *pflücken*

Indicativo

Presente	Imperfetto	Passato remoto	Futuro semplice
colgo	coglievo	colsi	coglierò
cogli	coglievi	cogliesti	coglierai
coglie	coglieva	colse	coglierà
cogliamo	coglievamo	cogliemmo	coglieremo
cogliete	coglievate	coglieste	coglierete
colgono	coglievano	colsero	coglieranno

Passato prossimo	Trapassato prossimo	Trapassato remoto	Futuro anteriore
ho colto	avevo colto	ebbi colto	avrò colto
hai colto	avevi colto	avesti colto	avrai colto
ha colto	aveva colto	ebbe colto	avrà colto
abbiamo colto	avevamo colto	avemmo colto	avremo colto
avete colto	avevate colto	aveste colto	avrete colto
hanno colto	avevano colto	ebbero colto	avranno colto

Congiuntivo

Presente	Passato	Imperfetto	Trapassato
colga	abbia colto	cogliessi	avessi colto
colga	abbia colto	cogliessi	avessi colto
colga	abbia colto	cogliesse	avesse colto
cogliamo	abbiamo colto	cogliessimo	avessimo colto
cogliate	abbiate colto	coglieste	aveste colto
colgano	abbiano colto	cogliessero	avessero colto

Condizionale

Presente	Passato
coglierei	avrei colto
coglieresti	avresti colto
coglierebbe	avrebbe colto
coglieremmo	avremmo colto
cogliereste	avreste colto
coglierebbero	avrebbero colto

Imperativo

Presente
–
cogli
colga
cogliamo
cogliete
colgano

Modi indefiniti

Presente	Passato
Infinito	
cogliere	avere colto
Gerundio	
cogliendo	avendo colto
Participio	
cogliente	colto

3.2.6   compiere *vollenden*

Indicativo

Presente	Imperfetto	Passato remoto	Futuro semplice
compio	compivo	compii	compirò
compi	compivi	compisti	compirai
compie	compiva	compì	compirà
compiamo	compivamo	compimmo	compiremo
compite	compivate	compiste	compirete
compiono	compivano	compirono	compiranno

Passato prossimo	Trapassato prossimo	Trapassato remoto	Futuro anteriore
ho compiuto	avevo compiuto	ebbi compiuto	avrò compiuto
hai compiuto	avevi compiuto	avesti compiuto	avrai compiuto
ha compiuto	aveva compiuto	ebbe compiuto	avrà compiuto
abbiamo compiuto	avevamo compiuto	avemmo compiuto	avremo compiuto
avete compiuto	avevate compiuto	aveste compiuto	avrete compiuto
hanno compiuto	avevano compiuto	ebbero compiuto	avranno compiuto

Congiuntivo

Presente	Passato	Imperfetto	Trapassato
compia	abbia compiuto	compissi	avessi compiuto
compia	abbia compiuto	compissi	avessi compiuto
compia	abbia compiuto	compisse	avesse compiuto
compiamo	abbiamo compiuto	compissimo	avessimo compiuto
compiate	abbiate compiuto	compiste	aveste compiuto
compiano	abbiano compiuto	compissero	avessero compiuto

Condizionale

Presente	Passato
compirei	avrei compiuto
compiresti	avresti compiuto
compirebbe	avrebbe compiuto
compiremmo	avremmo compiuto
compireste	avreste compiuto
compirebbero	avrebbero compiuto

Imperativo

Presente
–
compi
compia
compiamo
compite
compiano

Modi indefiniti

Presente	Passato
Infinito	
compiere	avere compiuto
Gerundio	
compiendo	avendo compiuto
Participio	
compiente	compiuto

3.2.7 condurre *führen*

▶ Verkürzte Form von **conḑucere**: viele Verbformen haben deshalb den Stamm **conduc-**.

Indicativo

Presente	Imperfetto	Passato remoto	Futuro semplice
conduco	conducevo	condussi	condurrò
conduci	conducevi	conducesti	condurrai
conduce	conduceva	condusse	condurrà
conduciamo	conducevamo	conducemmo	condurremo
conducete	conducevate	conduceste	condurrete
conḑucono	conduçevano	conḑussero	condurranno

Passato prossimo		Trapassato prossimo		Trapassato remoto		Futuro anteriore	
ho	condotto	avevo	condotto	ebbi	condotto	avrò	condotto
hai	condotto	avevi	condotto	avesti	condotto	avrai	condotto
ha	condotto	aveva	condotto	ebbe	condotto	avrà	condotto
abbiamo	condotto	avevamo	condotto	avemmo	condotto	avremo	condotto
avete	condotto	avevate	condotto	aveste	condotto	avrete	condotto
hanno	condotto	av̧evano	condotto	̧ebbero	condotto	avranno	condotto

Congiuntivo

Presente	Passato		Imperfetto	Trapassato	
conduca	abbia	condotto	conducessi	avessi	condotto
conduca	abbia	condotto	conducessi	avessi	condotto
conduca	abbia	condotto	conducesse	avesse	condotto
conduciamo	abbiamo	condotto	conduçessimo	av̧essimo	condotto
conduciate	abbiate	condotto	conduceste	aveste	condotto
conḑucano	̧abbiano	condotto	conduçessero	av̧essero	condotto

Condizionale

Presente	Passato	
condurrei	avrei	condotto
condurresti	avresti	condotto
condurrebbe	avrebbe	condotto
condurremmo	avremmo	condotto
condurreste	avreste	condotto
condurŗebbero	avŗebbero	condotto

Imperativo

Presente
–
conduci
conduca
conduciamo
conducete
conḑucano

Modi indefiniti

Presente	Passato
Infinito	
condurre	avere condotto
Gerundio	
conducendo	avendo condotto
Participio	
conducente	condotto

3.2.8 conoscere *kennen, kennen lernen*

▶ Zur Aussprache von **-sc-** + **-o, -a, -i, -e** → S. 14.

Indicativo

Presente	Imperfetto	Passato remoto	Futuro semplice
conosco	conoscevo	conobbi	conoscerò
conosci	conoscevi	conoscesti	conoscerai
conosce	conosceva	conobbe	conoscerà
conosciamo	conoscevamo	conoscemmo	conosceremo
conoscete	conoscevate	conosceste	conoscerete
conoscono	conoscevano	conobbero	conosceranno

Passato prossimo		Trapassato prossimo		Trapassato remoto		Futuro anteriore	
ho	conosciuto	avevo	conosciuto	ebbi	conosciuto	avrò	conosciuto
hai	conosciuto	avevi	conosciuto	avesti	conosciuto	avrai	conosciuto
ha	conosciuto	aveva	conosciuto	ebbe	conosciuto	avrà	conosciuto
abbiamo	conosciuto	avevamo	conosciuto	avemmo	conosciuto	avremo	conosciuto
avete	conosciuto	avevate	conosciuto	aveste	conosciuto	avrete	conosciuto
hanno	conosciuto	avevano	conosciuto	ebbero	conosciuto	avranno	conosciuto

Congiuntivo

Presente	Passato		Imperfetto	Trapassato	
conosca	abbia	conosciuto	conoscessi	avessi	conosciuto
conosca	abbia	conosciuto	conoscessi	avessi	conosciuto
conosca	abbia	conosciuto	conoscesse	avesse	conosciuto
conosciamo	abbiamo	conosciuto	conoscessimo	avessimo	conosciuto
conosciate	abbiate	conosciuto	conosceste	aveste	conosciuto
conoscano	abbiano	conosciuto	conoscessero	avessero	conosciuto

Condizionale

Presente	Passato	
conoscerei	avrei	conosciuto
conosceresti	avresti	conosciuto
conoscerebbe	avrebbe	conosciuto
conosceremmo	avremmo	conosciuto
conoscereste	avreste	conosciuto
conoscerebbero	avrebbero	conosciuto

Imperativo

Presente
–
conosci
conosca
conosciamo
conoscete
conoscano

Modi indefiniti

Presente	Passato
Infinito	
conoscere	avere conosciuto
Gerundio	
conoscendo	avendo conosciuto
Participio	
conoscente	conosciuto

51

3.2.9 cuọcere *kochen*

▶ Das **-u-** kann bei einigen Formen auch weggelassen werden: z. B. **cuociamo** oder **cociamo** (*wir kochen*). Zur Erhaltung der Aussprache des Stammes [tsch] wird ein **-i-** vor den Endungen auf **-a/-o** eingeschoben: **-cia/-cio**.

Indicativo

Presente	Imperfetto	Passato remoto	Futuro semplice
cuocio	c(u)ocevo	cossi	c(u)ocerò
cuoci	c(u)ocevi	c(u)ocesti	c(u)ocerai
cuoce	c(u)oceva	cosse	c(u)ocerà
c(u)ociamo	c(u)ocevamo	c(u)ocemmo	c(u)oceremo
c(u)ocete	c(u)ocevate	c(u)oceste	c(u)ocerete
cuọciono	c(u)ocẹvano	cọssero	c(u)oceranno

Passato prossimo		Trapassato prossimo		Trapassato remoto		Futuro anteriore	
ho	cotto	avevo	cotto	ebbi	cotto	avrò	cotto
hai	cotto	avevi	cotto	avesti	cotto	avrai	cotto
ha	cotto	aveva	cotto	ebbe	cotto	avrà	cotto
abbiamo	cotto	avevamo	cotto	avemmo	cotto	avremo	cotto
avete	cotto	avevate	cotto	aveste	cotto	avrete	cotto
hanno	cotto	avẹvano	cotto	ẹbbero	cotto	avranno	cotto

Congiuntivo

Presente	Passato		Imperfetto	Trapassato	
cuocia	abbia	cotto	c(u)ocessi	avessi	cotto
cuocia	abbia	cotto	c(u)ocessi	avessi	cotto
cuocia	abbia	cotto	c(u)ocesse	avesse	cotto
c(u)ociamo	abbiamo	cotto	c(u)ocẹssimo	avẹssimo	cotto
c(u)ociate	abbiate	cotto	c(u)oceste	aveste	cotto
cuọciano	ạbbiano	cotto	c(u)ocẹssero	avẹssero	cotto

Condizionale

Presente	Passato	
c(u)ocerei		avrei
c(u)oceresti	avresti	cotto
c(u)ocerebbe	avrebbe	cotto
c(u)oceremmo	avremmo	cotto
c(u)ocereste	avreste	cotto
c(u)ocerẹbbero	avrẹbbero	cotto

Imperativo

Presente
cotto –
cuoci
cuocia
c(u)ociamo
c(u)ocete
cuọciano

Modi indefiniti

Presente	Passato
Infinito	
cuọcere	avere cotto
Gerundio	
c(u)ocendo	avendo cotto
Participio	
cocente	cotto

3.2.10 dolersi *bedauern*

▶ Es gibt auch das Verb **dolere** (*schmerzen, bedauern*), dessen zusammengesetzte Zeiten mit **essere** oder **avere** gebildet werden: z. B. **è/ha doluto**. **Dolere** wird normalerweise nur in der 3. Person Singular oder Plural gebraucht.

Indicativo

Presente	Imperfetto	Passato remoto	Futuro semplice
mi **dolgo**	mi dolevo	mi **dolsi**	mi **dorrò**
ti **duoli**	ti dolevi	ti dolesti	ti **dorrai**
si **duole**	si doleva	si **dolse**	si **dorrà**
ci doliamo/**dogliamo**	ci dolevamo	ci dolemmo	ci **dorremo**
vi dolete	vi dolevate	vi doleste	vi **dorrete**
si **dolgono**	si dolevano	si **dolsero**	si **dorranno**

Passato prossimo	Trapassato prossimo	Trapassato remoto	Futuro anteriore
mi sono doluto/-a	mi ero doluto/-a	mi fui doluto/-a	mi sarò doluto/-a
ti sei doluto/-a	ti eri doluto/-a	ti fosti doluto/-a	ti sarai doluto/-a
si è doluto/-a	si era doluto/-a	si fu doluto/-a	si sarà doluto/-a
ci siamo doluti/-e	ci eravamo doluti/-e	ci fummo doluti/-e	ci saremo doluti/-e
vi siete doluti/-e	vi eravate doluti/-e	vi foste doluti/-e	vi sarete doluti/-e
si sono doluti/-e	si erano doluti/-e	si furono doluti/-e	si saranno doluti/-e

Congiuntivo

Presente	Passato	Imperfetto	Trapassato
mi **dolga**	mi sia doluto/-a	mi dolessi	mi fossi doluto/-a
ti **dolga**	ti sia doluto/-a	ti dolessi	ti fossi doluto/-a
si **dolga**	si sia doluto/-a	si dolesse	si fosse doluto/-a
ci doliamo/**dogliamo**	ci siamo doluti/-e	ci dolessimo	ci fossimo doluti/-e
vi doliate/**dogliate**	vi siate doluti/-e	vi doleste	vi foste doluti/-e
si **dolgano**	si siano doluti/-e	si dolessero	si fossero doluti/-e

Condizionale

Presente	Passato	
mi **dorrei**	mi sarei doluto/-a
ti **dorresti**	ti saresti doluto/-a
si **dorrebbe**	si sarebbe doluto/-a
ci **dorremmo**	ci saremmo doluti/-e
vi **dorreste**	vi sareste doluti/-e
si **dorrebbero**	si sarebbero doluti/-e

Imperativo

Presente
–
duoliti
si **dolga**
doliamoci/**dogliamoci**
doletevi
si **dolgano**

Modi indefiniti

Presente	Passato
Infinito	
dolersi	essersi doluto
Gerundio	
dolendosi	essendosi doluto
Participio	
dolente(si)	dolutosi

3.2.11 dovere *müssen, sollen*

▶ Modalverb: wird es in Verbindung mit einem Infinitiv gebraucht, bildet **dovere** die zusammengesetzten Zeiten mit **essere** oder **avere** (→ S. 12).

Indicativo

Presente	Imperfetto	Passato remoto	Futuro semplice
devo/debbo	dovevo	dovei/-etti	dovrò
devi	dovevi	dovesti	dovrai
deve	doveva	dové/-ette	dovrà
dobbiamo	dovevamo	dovemmo	dovremo
dovete	dovevate	doveste	dovrete
devono/debbono	dovevano	doverono/-ettero	dovranno

Passato prossimo	Trapassato prossimo	Trapassato remoto	Futuro anteriore
ho dovuto	avevo dovuto	ebbi dovuto	avrò dovuto
hai dovuto	avevi dovuto	avesti dovuto	avrai dovuto
ha dovuto	aveva dovuto	ebbe dovuto	avrà dovuto
abbiamo dovuto	avevamo dovuto	avemmo dovuto	avremo dovuto
avete dovuto	avevate dovuto	aveste dovuto	avrete dovuto
hanno dovuto	avevano dovuto	ebbero dovuto	avranno dovuto

Congiuntivo

Presente	Passato	Imperfetto	Trapassato
debba/deva	abbia dovuto	dovessi	avessi dovuto
debba/deva	abbia dovuto	dovessi	avessi dovuto
debba/deva	abbia dovuto	dovesse	avesse dovuto
dobbiamo	abbiamo dovuto	dovessimo	avessimo dovuto
dobbiate	abbiate dovuto	doveste	aveste dovuto
debbano/devano	abbiano dovuto	dovessero	avessero dovuto

Condizionale

Presente	Passato
dovrei	avrei dovuto
dovresti	avresti dovuto
dovrebbe	avrebbe dovuto
dovremmo	avremmo dovuto
dovreste	avreste dovuto
dovrebbero	avrebbero dovuto

Imperativo

Presente
–
–
–
–
–
–

Modi indefiniti

Presente	Passato
Infinito	
dovere	avere dovuto
Gerundio	
dovendo	avendo dovuto
Participio	
dovente	dovuto

3.2.12 godere *genießen*

Indicativo

Presente	Imperfetto	Passato remoto	Futuro semplice
godo	godevo	godei/-etti	godrò
godi	godevi	godesti	godrai
gode	godeva	godé/-ette	godrà
godiamo	godevamo	godemmo	godremo
godete	godevate	godeste	godrete
godono	godevano	goderono/-ettero	godranno

Passato prossimo		Trapassato prossimo		Trapassato remoto		Futuro anteriore	
ho	goduto	avevo	goduto	ebbi	goduto	avrò	goduto
hai	goduto	avevi	goduto	avesti	goduto	avrai	goduto
ha	goduto	aveva	goduto	ebbe	goduto	avrà	goduto
abbiamo	goduto	avevamo	goduto	avemmo	goduto	avremo	goduto
avete	goduto	avevate	goduto	aveste	goduto	avrete	goduto
hanno	goduto	avevano	goduto	ebbero	goduto	avranno	goduto

Congiuntivo

Presente	Passato		Imperfetto	Trapassato	
goda	abbia	goduto	godessi	avessi	goduto
goda	abbia	goduto	godessi	avessi	goduto
goda	abbia	goduto	godesse	avesse	goduto
godiamo	abbiamo	goduto	godessimo	avessimo	goduto
godiate	abbiate	goduto	godeste	aveste	goduto
godano	abbiano	goduto	godessero	avessero	goduto

Condizionale

Presente	Passato	
godrei	avrei	goduto
godresti	avresti	goduto
godrebbe	avrebbe	goduto
godremmo	avremmo	goduto
godreste	avreste	goduto
godrebbero	avrebbero	goduto

Imperativo

Presente
–
godi
goda
godiamo
godete
godano

Modi indefiniti

Presente	Passato
Infinito	
godere	avere goduto
Gerundio	
godendo	avendo goduto
Participio	
godente	goduto

3.2.13 leggere *lesen*

▶ Verben auf **-gere** ändern die Aussprache des **-g-** je nach der Endung: **-g-** + **-a/-o** wird [g] ausgesprochen, z. B. **leggo**; **-g-** + **-e/-i** wird [dsch] ausgesprochen, z. B. **leggi** (→ auch S. 13/14).

Indicativo

Presente	Imperfetto	Passato remoto	Futuro semplice
leggo	leggevo	lessi	leggerò
leggi	leggevi	leggesti	leggerai
legge	leggeva	lesse	leggerà
leggiamo	leggevamo	leggemmo	leggeremo
leggete	leggevate	leggeste	leggerete
leggono	leggevano	lessero	leggeranno

Passato prossimo		Trapassato prossimo		Trapassato remoto		Futuro anteriore	
ho	letto	avevo	letto	ebbi	letto	avrò	letto
hai	letto	avevi	letto	avesti	letto	avrai	letto
ha	letto	aveva	letto	ebbe	letto	avrà	letto
abbiamo	letto	avevamo	letto	avemmo	letto	avremo	letto
avete	letto	avevate	letto	aveste	letto	avrete	letto
hanno	letto	avevano	letto	ebbero	letto	avranno	letto

Congiuntivo

Presente	Passato		Imperfetto	Trapassato	
legga	abbia	letto	leggessi	avessi	letto
legga	abbia	letto	leggessi	avessi	letto
legga	abbia	letto	leggesse	avesse	letto
leggiamo	abbiamo	letto	leggessimo	avessimo	letto
leggiate	abbiate	letto	leggeste	aveste	letto
leggano	abbiano	letto	leggessero	avessero	letto

Condizionale

Presente	Passato	
leggerei	avrei	letto
leggeresti	avresti	letto
leggerebbe	avrebbe	letto
leggeremmo	avremmo	letto
leggereste	avreste	letto
leggerebbero	avrebbero	letto

Imperativo

Presente
–
leggi
legga
leggiamo
leggete
leggano

Modi indefiniti

Presente	Passato
Infinito	
leggere	avere letto
Gerundio	
leggendo	avendo letto
Participio	
leggente	letto

3.2.14 mẹttere *legen, stellen, setzen*

Indicativo

Presente	Imperfetto	Passato remoto	Futuro semplice
metto	mettevo	misi	metterò
metti	mettevi	mettesti	metterai
mette	metteva	mise	metterà
mettiamo	mettevamo	mettemmo	metteremo
mettete	mettevate	metteste	metterete
mẹttono	mettẹvano	mịsero	metteranno

Passato prossimo		Trapassato prossimo		Trapassato remoto		Futuro anteriore	
ho	messo	avevo	messo	ebbi	messo	avrò	messo
hai	messo	avevi	messo	avesti	messo	avrai	messo
ha	messo	aveva	messo	ebbe	messo	avrà	messo
abbiamo	messo	avevamo	messo	avemmo	messo	avremo	messo
avete	messo	avevate	messo	aveste	messo	avrete	messo
hanno	messo	avẹvano	messo	ẹbbero	messo	avranno	messo

Congiuntivo

Presente	Passato		Imperfetto	Trapassato	
metta	abbia	messo	mettessi	avessi	messo
metta	abbia	messo	mettessi	avessi	messo
metta	abbia	messo	mettesse	avesse	messo
mettiamo	abbiamo	messo	mettẹssimo	avẹssimo	messo
mettiate	abbiate	messo	metteste	aveste	messo
mẹttano	ạbbiano	messo	mettẹssero	avẹssero	messo

Condizionale

Presente	Passato	
metterei	avrei	messo
metteresti	avresti	messo
metterebbe	avrebbe	messo
metteremmo	avremmo	messo
mettereste	avreste	messo
metterẹbbero	avrẹbbero	messo

Imperativo

Presente
–
metti
metta
mettiamo
mettete
mẹttano

Modi indefiniti

Presente	Passato
Infinito	
mẹttere	avere messo
Gerundio	
mettendo	avendo messo
Participio	
–	messo

3.2.15 muovere *bewegen*

▶ Das **-u-** kann bei einigen Formen auch weggelassen werden: z. B. **muoviamo** oder **moviamo** (*wir bewegen*).

Indicativo

Presente	Imperfetto	Passato remoto	Futuro semplice
muovo	m(u)ovevo	mossi	m(u)overò
muovi	m(u)ovevi	m(u)ovesti	m(u)overai
muove	m(u)oveva	mosse	m(u)overà
m(u)oviamo	m(u)ovevamo	m(u)ovemmo	m(u)overemo
m(u)ovete	m(u)ovevate	m(u)oveste	m(u)overete
muovono	m(u)ovevano	mossero	m(u)overanno

Passato prossimo		Trapassato prossimo		Trapassato remoto		Futuro anteriore	
ho	mosso	avevo	mosso	ebbi	mosso	avrò	mosso
hai	mosso	avevi	mosso	avesti	mosso	avrai	mosso
ha	mosso	aveva	mosso	ebbe	mosso	avrà	mosso
abbiamo	mosso	avevamo	mosso	avemmo	mosso	avremo	mosso
avete	mosso	avevate	mosso	aveste	mosso	avrete	mosso
hanno	mosso	avevano	mosso	ebbero	mosso	avranno	mosso

Congiuntivo

Presente	Passato		Imperfetto	Trapassato	
muova	abbia	mosso	m(u)ovessi	avessi	mosso
muova	abbia	mosso	m(u)ovessi	avessi	mosso
muova	abbia	mosso	m(u)ovesse	avesse	mosso
m(u)oviamo	abbiamo	mosso	m(u)ovessimo	avessimo	mosso
m(u)oviate	abbiate	mosso	m(u)oveste	aveste	mosso
muovano	abbiano	mosso	m(u)ovessero	avessero	mosso

Condizionale

Presente	Passato	
m(u)overei	avrei	mosso
m(u)overesti	avresti	mosso
m(u)overebbe	avrebbe	mosso
m(u)overemmo	avremmo	mosso
m(u)overeste	avreste	mosso
m(u)overebbero	avrebbero	mosso

Imperativo

Presente
–
muovi
muova
m(u)oviamo
m(u)ovete
muovano

Modi indefiniti

Presente	Passato
Infinito	
muovere	avere mosso
Gerundio	
m(u)ovendo	avendo mosso
Participio	
movente	mosso

3.2.16 nuọcere *schaden*

▶ Das **-u-** kann bei den meisten Formen auch weggelassen werden: z. B. **nuociamo** oder **nociamo** (*wir schaden*).

Indicativo

Presente	Imperfetto	Passato remoto	Futuro semplice
n(u)occio	n(u)ocevo	nocqui	n(u)ocerò
nuoci	n(u)ocevi	n(u)ocesti	n(u)ocerai
nuoce	n(u)oceva	nocque	n(u)ocerà
n(u)ociamo	n(u)ocevamo	n(u)ocemmo	n(u)oceremo
n(u)ocete	n(u)ocevate	n(u)oceste	n(u)ocerete
n(u)occiono	n(u)ocevano	nọcquero	n(u)oceranno

Passato prossimo		Trapassato prossimo		Trapassato remoto		Futuro anteriore	
ho	n(u)ociuto	avevo	n(u)ociuto	ebbi	n(u)ociuto	avrò	n(u)ociuto
hai	n(u)ociuto	avevi	n(u)ociuto	avesti	n(u)ociuto	avrai	n(u)ociuto
ha	n(u)ociuto	aveva	n(u)ociuto	ebbe	n(u)ociuto	avrà	n(u)ociuto
abbiamo	n(u)ociuto	avevamo	n(u)ociuto	avemmo	n(u)ociuto	avremo	n(u)ociuto
avete	n(u)ociuto	avevate	n(u)ociuto	aveste	n(u)ociuto	avrete	n(u)ociuto
hanno	n(u)ociuto	avẹvano	n(u)ociuto	ẹbbero	n(u)ociuto	avranno	n(u)ociuto

Congiuntivo

Presente	Passato		Imperfetto	Trapassato	
n(u)occia	abbia	n(u)ociuto	n(u)ocessi	avessi	n(u)ociuto
n(u)occia	abbia	n(u)ociuto	n(u)ocessi	avessi	n(u)ociuto
n(u)occia	abbia	n(u)ociuto	n(u)ocesse	avesse	n(u)ociuto
n(u)ociamo	abbiamo	n(u)ociuto	n(u)ocẹssimo	avẹssimo	n(u)ociuto
n(u)ociate	abbiate	n(u)ociuto	n(u)oceste	aveste	n(u)ociuto
n(u)occiano	ạbbiano	n(u)ociuto	n(u)ocẹssero	avẹssero	n(u)ociuto

Condizionale

Presente	Passato	
n(u)ocerei	avrei	n(u)ociuto
n(u)oceresti	avresti	n(u)ociuto
n(u)ocerebbe	avrebbe	n(u)ociuto
n(u)oceremmo	avremmo	n(u)ociuto
n(u)ocereste	avreste	n(u)ociuto
n(u)ocerẹbbero	avrẹbbero	n(u)ociuto

Imperativo

Presente
–
nuoci
n(u)occia
n(u)ociamo
n(u)ocete
n(u)ọcciano

Modi indefiniti

Presente	Passato
Infinito	
nuọcere	avere n(u)ociuto
Gerundio	
n(u)ocendo	avendo n(u)ociuto
Participio	
nocente	n(u)ociuto

3.2.17 parere *scheinen*

Indicativo

Presente	Imperfetto	Passato remoto	Futuro semplice
paio	parevo	parvi	parrò
pari	parevi	paresti	parrai
pare	pareva	parve	parrà
paiamo	parevamo	paremmo	parremo
parete	parevate	pareste	parrete
paiono	parevano	parvero	parranno

Passato prossimo	Trapassato prossimo	Trapassato remoto	Futuro anteriore
sono parso/-a	ero parso/-a	fui parso/-a	sarò parso/-a
sei parso/-a	eri parso/-a	fosti parso/-a	sarai parso/-a
è parso/-a	era parso/-a	fu parso/-a	sarà parso/-a
siamo parsi/-e	eravamo parsi/-e	fummo parsi/-e	saremo parsi/-e
siete parsi/-e	eravate parsi/-e	foste parsi/-e	sarete parsi/-e
sono parsi/-e	erano parsi/-e	furono parsi/-e	saranno parsi/-e

Congiuntivo

Presente	Passato	Imperfetto	Trapassato
paia	sia parso/-a	paressi	fossi parso/-a
paia	sia parso/-a	paressi	fossi parso/-a
paia	sia parso/-a	paresse	fosse parso/-a
paiamo	siamo parsi/-e	paressimo	fossimo parsi/-e
paiate	siate parsi/-e	pareste	foste parsi/-e
paiano	siano parsi/-e	paressero	fossero parsi/-e

Condizionale

Presente	Passato
parrei	sarei parso/-a
parresti	saresti parso/-a
parrebbe	sarebbe parso/-a
parremmo	saremmo parsi/-e
parreste	sareste parsi/-e
parrebbero	sarebbero parsi/-e

Imperativo

Presente
–
–
–
–
–
–

Modi indefiniti

Presente	Passato
Infinito	
parere	essere parso
Gerundio	
parendo	essendo parso
Participio	
parvente	parso

3.2.18 piacere *gefallen*

Indicativo

Presente	Imperfetto	Passato remoto	Futuro semplice
piaccio	piacevo	piacqui	piacerò
piaci	piacevi	piacesti	piacerai
piace	piaceva	piacque	piacerà
piac(c)iamo	piacevamo	piacemmo	piaceremo
piacete	piacevate	piaceste	piacerete
piacciono	piacevano	piacquero	piaceranno

Passato prossimo	Trapassato prossimo	Trapassato remoto	Futuro anteriore
sono piaciuto/-a	ero piaciuto/-a	fui piaciuto/-a	sarò piaciuto/-a
sei piaciuto/-a	eri piaciuto/-a	fosti piaciuto/-a	sarai piaciuto/-a
è piaciuto/-a	era piaciuto/-a	fu piaciuto/-a	sarà piaciuto/-a
siamo piaciuti/-e	eravamo piaciuti/-e	fummo piaciuti/-e	saremo piaciuti/-e
siete piaciuti/-e	eravate piaciuti/-e	foste piaciuti/-e	sarete piaciuti/-e
sono piaciuti/-e	erano piaciuti/-e	furono piaciuti/-e	saranno piaciuti/-e

Congiuntivo

Presente	Passato	Imperfetto	Trapassato
piaccia	sia piaciuto/-a	piacessi	fossi piaciuto/-a
piaccia	sia piaciuto/-a	piacessi	fossi piaciuto/-a
piaccia	sia piaciuto/-a	piacesse	fosse piaciuto/-a
piac(c)iamo	siamo piaciuti/-e	piacessimo	fossimo piaciuti/-e
piac(c)iate	siate piaciuti/-e	piaceste	foste piaciuti/-e
piacciano	siano piaciuti/-e	piacessero	fossero piaciuti/-e

Condizionale

Presente	Passato
piacerei	sarei piaciuto/-a
piaceresti	saresti piaciuto/-a
piacerebbe	sarebbe piaciuto/-a
piaceremmo	saremmo piaciuti/-e
piacereste	sareste piaciuti/-e
piacerebbero	sarebbero piaciuti/-e

Imperativo

Presente
–
piaci
piaccia
piacciamo
piacete
piacciano

Modi indefiniti

Presente	Passato
Infinito	
piacere	essere piaciuto
Gerundio	
piacendo	essendo piaciuto
Participio	
piacente	piaciuto

3.2.19 piangere *weinen*

▶ Verben auf **-gere** ändern die Aussprache des **-g-** je nach der Endung: **-g-** + **-a/-o** wird [g]
ausgesprochen, z. B. **piango**; **-g-** + **-e/-i** wird [dsch] ausgesprochen, z. B. **piangi** (→ auch
S. 13/14).

Indicativo

Presente	Imperfetto	Passato remoto	Futuro semplice
piango	piangevo	piansi	piangerò
piangi	piangevi	piangesti	piangerai
piange	piangeva	pianse	piangerà
piangiamo	piangevamo	piangemmo	piangeremo
piangete	piangevate	piangeste	piangerete
piangono	piangevano	piansero	piangeranno

Passato prossimo		Trapassato prossimo		Trapassato remoto		Futuro anteriore	
ho	pianto	avevo	pianto	ebbi	pianto	avrò	pianto
hai	pianto	avevi	pianto	avesti	pianto	avrai	pianto
ha	pianto	aveva	pianto	ebbe	pianto	avrà	pianto
abbiamo	pianto	avevamo	pianto	avemmo	pianto	avremo	pianto
avete	pianto	avevate	pianto	aveste	pianto	avrete	pianto
hanno	pianto	avevano	pianto	ebbero	pianto	avranno	pianto

Congiuntivo

Presente	Passato		Imperfetto	Trapassato	
pianga	abbia	pianto	piangessi	avessi	pianto
pianga	abbia	pianto	piangessi	avessi	pianto
pianga	abbia	pianto	piangesse	avesse	pianto
piangiamo	abbiamo	pianto	piangessimo	avessimo	pianto
piangiate	abbiate	pianto	piangeste	aveste	pianto
piangano	abbiano	pianto	piangessero	avessero	pianto

Condizionale

Presente	Passato	
piangerei	avrei	pianto
piangeresti	avresti	pianto
piangerebbe	avrebbe	pianto
piangeremmo	avremmo	pianto
piangereste	avreste	pianto
piangerebbero	avrebbero	pianto

Imperativo

Presente
–
piangi
pianga
piangiamo
piangete
piangano

Modi indefiniti

Presente	Passato
Infinito	
piangere	avere pianto
Gerundio	
piangendo	avendo pianto
Participio	
piangente	pianto

3.2.20 porre *legen, setzen, stellen*

▶ Verkürzte Form von **ponere**: viele Verbformen haben deshalb den Stamm **pon-**.

Indicativo

Presente	Imperfetto	Passato remoto	Futuro semplice
pongo	ponevo	posi	porrò
poni	ponevi	ponesti	porrai
pone	poneva	pose	porrà
poniamo	ponevamo	ponemmo	porremo
ponete	ponevate	poneste	porrete
pongono	ponevano	posero	porranno

Passato prossimo		Trapassato prossimo		Trapassato remoto		Futuro anteriore	
ho	posto	avevo	posto	ebbi	posto	avrò	posto
hai	posto	avevi	posto	avesti	posto	avrai	posto
ha	posto	aveva	posto	ebbe	posto	avrà	posto
abbiamo	posto	avevamo	posto	avemmo	posto	avremo	posto
avete	posto	avevate	posto	aveste	posto	avrete	posto
hanno	posto	avevano	posto	ebbero	posto	avranno	posto

Congiuntivo

Presente	Passato		Imperfetto	Trapassato	
ponga	abbia	posto	ponessi	avessi	posto
ponga	abbia	posto	ponessi	avessi	posto
ponga	abbia	posto	ponesse	avesse	posto
poniamo	abbiamo	posto	ponessimo	avessimo	posto
poniate	abbiate	posto	poneste	aveste	posto
pongano	abbiano	posto	ponessero	avessero	posto

Condizionale

Presente	Passato	
porrei	avrei	posto
porresti	avresti	posto
porrebbe	avrebbe	posto
porremmo	avremmo	posto
porreste	avreste	posto
porrebbero	avrebbero	posto

Imperativo

Presente
–
poni
ponga
poniamo
ponete
pongano

Modi indefiniti

Presente	Passato
Infinito	
porre	avere posto
Gerundio	
ponendo	avendo posto
Participio	
ponente	posto

3.2.21 potere *können, dürfen*

▶ Modalverb: wird es in Verbindung mit einem Infinitiv gebraucht, bildet **potere** die zusammengesetzten Zeiten mit **essere** oder **avere** (→ S. 12).

Indicativo

Presente	Imperfetto	Passato remoto	Futuro semplice
posso	potevo	potei	potrò
puoi	potevi	potesti	potrai
può	poteva	poté	potrà
possiamo	potevamo	potemmo	potremo
potete	potevate	poteste	potrete
possono	potevano	poterono	potranno

Passato prossimo	Trapassato prossimo	Trapassato remoto	Futuro anteriore
ho potuto	avevo potuto	ebbi potuto	avrò potuto
hai potuto	avevi potuto	avesti potuto	avrai potuto
ha potuto	aveva potuto	ebbe potuto	avrà potuto
abbiamo potuto	avevamo potuto	avemmo potuto	avremo potuto
avete potuto	avevate potuto	aveste potuto	avrete potuto
hanno potuto	avevano potuto	ebbero potuto	avranno potuto

Congiuntivo

Presente	Passato	Imperfetto	Trapassato
possa	abbia potuto	potessi	avessi potuto
possa	abbia potuto	potessi	avessi potuto
possa	abbia potuto	potesse	avesse potuto
possiamo	abbiamo potuto	potessimo	avessimo potuto
possiate	abbiate potuto	poteste	aveste potuto
possano	abbiano potuto	potessero	avessero potuto

Condizionale

Presente	Passato
potrei	avrei potuto
potresti	avresti potuto
potrebbe	avrebbe potuto
potremmo	avremmo potuto
potreste	avreste potuto
potrebbero	avrebbero potuto

Imperativo

Presente
–
–
–
–
–
–

Modi indefiniti

Presente	Passato
Infinito	
potere	avere potuto
Gerundio	
potendo	avendo potuto
Participio	
potente	potuto

3.2.22 prendere *nehmen*

Indicativo

Presente	Imperfetto	Passato remoto	Futuro semplice
prendo	prendevo	presi	prenderò
prendi	prendevi	prendesti	prenderai
prende	prendeva	prese	prenderà
prendiamo	prendevamo	prendemmo	prenderemo
prendete	prendevate	prendeste	prenderete
prendono	prendevano	presero	prenderanno

Passato prossimo		Trapassato prossimo		Trapassato remoto		Futuro anteriore	
ho	preso	avevo	preso	ebbi	preso	avrò	preso
hai	preso	avevi	preso	avesti	preso	avrai	preso
ha	preso	aveva	preso	ebbe	preso	avrà	preso
abbiamo	preso	avevamo	preso	avemmo	preso	avremo	preso
avete	preso	avevate	preso	aveste	preso	avrete	preso
hanno	preso	avevano	preso	ebbero	preso	avranno	preso

Congiuntivo

Presente	Passato		Imperfetto	Trapassato	
prenda	abbia	preso	prendessi	avessi	preso
prenda	abbia	preso	prendessi	avessi	preso
prenda	abbia	preso	prendesse	avesse	preso
prendiamo	abbiamo	preso	prendessimo	avessimo	preso
prendiate	abbiate	preso	prendeste	aveste	preso
prendano	abbiano	preso	prendessero	avessero	preso

Condizionale

Presente	Passato	
prenderei	avrei	preso
prenderesti	avresti	preso
prenderebbe	avrebbe	preso
prenderemmo	avremmo	preso
prendereste	avreste	preso
prenderebbero	avrebbero	preso

Imperativo

Presente
–
prendi
prenda
prendiamo
prendete
prendano

Modi indefiniti

Presente	Passato
Infinito	
prendere	avere preso
Gerundio	
prendendo	avendo preso
Participio	
prendente	preso

3.2.23 ridere *lachen*

Indicativo

Presente	Imperfetto	Passato remoto	Futuro semplice
rido	ridevo	risi	riderò
ridi	ridevi	ridesti	riderai
ride	rideva	rise	riderà
ridiamo	ridevamo	ridemmo	rideremo
ridete	ridevate	rideste	riderete
ridono	ridevano	risero	rideranno

Passato prossimo		Trapassato prossimo		Trapassato remoto		Futuro anteriore	
ho	riso	avevo	riso	ebbi	riso	avrò	riso
hai	riso	avevi	riso	avesti	riso	avrai	riso
ha	riso	aveva	riso	ebbe	riso	avrà	riso
abbiamo	riso	avevamo	riso	avemmo	riso	avremo	riso
avete	riso	avevate	riso	aveste	riso	avrete	riso
hanno	riso	avevano	riso	ebbero	riso	avranno	riso

Congiuntivo

Presente	Passato		Imperfetto	Trapassato	
rida	abbia	riso	ridessi	avessi	riso
rida	abbia	riso	ridessi	avessi	riso
rida	abbia	riso	ridesse	avesse	riso
ridiamo	abbiamo	riso	ridessimo	avessimo	riso
ridiate	abbiate	riso	rideste	aveste	riso
ridano	abbiano	riso	ridessero	avessero	riso

Condizionale

Presente	Passato	
riderei	avrei	riso
rideresti	avresti	riso
riderebbe	avrebbe	riso
rideremmo	avremmo	riso
ridereste	avreste	riso
riderebbero	avrebbero	riso

Imperativo

Presente
–
ridi
rida
ridiamo
ridete
ridano

Modi indefiniti

Presente	Passato
Infinito	
ridere	avere riso
Gerundio	
ridendo	avendo riso
Participio	
ridente	riso

3.2.24 rimanere *bleiben*

Indicativo

Presente	Imperfetto	Passato remoto	Futuro semplice
rimango	rimanevo	rimasi	rimarrò
rimani	rimanevi	rimanesti	rimarrai
rimane	rimaneva	rimase	rimarrà
rimaniamo	rimanevamo	rimanemmo	rimarremo
rimanete	rimanevate	rimaneste	rimarrete
rimangono	rimanevano	rimasero	rimarranno

Passato prossimo	Trapassato prossimo	Trapassato remoto	Futuro anteriore
sono rimasto/-a	ero rimasto/-a	fui rimasto/-a	sarò rimasto/-a
sei rimasto/-a	eri rimasto/-a	fosti rimasto/-a	sarai rimasto/-a
è rimasto/-a	era rimasto/-a	fu rimasto/-a	sarà rimasto/-a
siamo rimasti/-e	eravamo rimasti/-e	fummo rimasti/-e	saremo rimasti/-e
siete rimasti/-e	eravate rimasti/-e	foste rimasti/-e	sarete rimasti/-e
sono rimasti/-e	erano rimasti/-e	furono rimasti/-e	saranno rimasti/-e

Congiuntivo

Presente	Passato	Imperfetto	Trapassato
rimanga	sia rimasto/-a	rimanessi	fossi rimasto/-a
rimanga	sia rimasto/-a	rimanessi	fossi rimasto/-a
rimanga	sia rimasto/-a	rimanesse	fosse rimasto/-a
rimaniamo	siamo rimasti/-e	rimanessimo	fossimo rimasti/-e
rimaniate	siate rimasti/-e	rimaneste	foste rimasti/-e
rimangano	siano rimasti/-e	rimanessero	fossero rimasti/-e

Condizionale

Presente	Passato
rimarrei	sarei rimasto/-a
rimarresti	saresti rimasto/-a
rimarrebbe	sarebbe rimasto/-a
rimarremmo	saremmo rimasti/-e
rimarreste	sareste rimasti/-e
rimarrebbero	sarebbero rimasti/-e

Imperativo

Presente
–
rimani
rimanga
rimaniamo
rimanete
rimangano

Modi indefiniti

Presente	Passato
Infinito	
rimanere	essere rimasto
Gerundio	
rimanendo	essendo rimasto
Participio	
rimanente	rimasto

3.2.25 rompere *brechen, zerbrechen*

Indicativo

Presente	Imperfetto	Passato remoto	Futuro semplice
rompo	rompevo	ruppi	romperò
rompi	rompevi	rompesti	romperai
rompe	rompeva	ruppe	romperà
rompiamo	rompevamo	rompemmo	romperemo
rompete	rompevate	rompeste	romperete
rompono	rompevano	ruppero	romperanno

Passato prossimo		Trapassato prossimo		Trapassato remoto		Futuro anteriore	
ho	rotto	avevo	rotto	ebbi	rotto	avrò	rotto
hai	rotto	avevi	rotto	avesti	rotto	avrai	rotto
ha	rotto	aveva	rotto	ebbe	rotto	avrà	rotto
abbiamo	rotto	avevamo	rotto	avemmo	rotto	avremo	rotto
avete	rotto	avevate	rotto	aveste	rotto	avrete	rotto
hanno	rotto	avevano	rotto	ebbero	rotto	avranno	rotto

Congiuntivo

Presente	Passato		Imperfetto	Trapassato	
rompa	abbia	rotto	rompessi	avessi	rotto
rompa	abbia	rotto	rompessi	avessi	rotto
rompa	abbia	rotto	rompesse	avesse	rotto
rompiamo	abbiamo	rotto	rompessimo	avessimo	rotto
rompiate	abbiate	rotto	rompeste	aveste	rotto
rompano	abbiano	rotto	rompessero	avessero	rotto

Condizionale

Presente	Passato	
romperei	avrei	rotto
romperesti	avresti	rotto
romperebbe	avrebbe	rotto
romperemmo	avremmo	rotto
rompereste	avreste	rotto
romperebbero	avrebbero	rotto

Imperativo

Presente
–
rompi
rompa
rompiamo
rompete
rompano

Modi indefiniti

Presente	Passato
Infinito	
rompere	avere rotto
Gerundio	
rompendo	avendo rotto
Participio	
rompente	rotto

3.2.26 sapere *wissen, erfahren, können*

Indicativo

Presente	Imperfetto	Passato remoto	Futuro semplice
so	sapevo	seppi	saprò
sai	sapevi	sapesti	saprai
sa	sapeva	seppe	saprà
sappiamo	sapevamo	sapemmo	sapremo
sapete	sapevate	sapeste	saprete
sanno	sapevano	seppero	sapranno

Passato prossimo		Trapassato prossimo		Trapassato remoto		Futuro anteriore	
ho	saputo	avevo	saputo	ebbi	saputo	avrò	saputo
hai	saputo	avevi	saputo	avesti	saputo	avrai	saputo
ha	saputo	aveva	saputo	ebbe	saputo	avrà	saputo
abbiamo	saputo	avevamo	saputo	avemmo	saputo	avremo	saputo
avete	saputo	avevate	saputo	aveste	saputo	avrete	saputo
hanno	saputo	avevano	saputo	ebbero	saputo	avranno	saputo

Congiuntivo

Presente	Passato		Imperfetto	Trapassato	
sappia	abbia	saputo	sapessi	avessi	saputo
sappia	abbia	saputo	sapessi	avessi	saputo
sappia	abbia	saputo	sapesse	avesse	saputo
sappiamo	abbiamo	saputo	sapessimo	avessimo	saputo
sappiate	abbiate	saputo	sapeste	aveste	saputo
sappiano	abbiano	saputo	sapessero	avessero	saputo

Condizionale

Presente	Passato	
saprei	avrei	saputo
sapresti	avresti	saputo
saprebbe	avrebbe	saputo
sapremmo	avremmo	saputo
sapreste	avreste	saputo
saprebbero	avrebbero	saputo

Imperativo

Presente
–
sappi
sappia
sappiamo
sappiate
sappiano

Modi indefiniti

Presente	Passato
Infinito	
sapere	avere saputo
Gerundio	
sapendo	avendo saputo
Participio	
sapiente	saputo

3.2.27 scegliere *auswählen*

Indicativo

Presente	Imperfetto	Passato remoto	Futuro semplice
scelgo	sceglievo	scelsi	sceglierò
scegli	sceglievi	scegliesti	sceglierai
sceglie	sceglieva	scelse	sceglierà
scegliamo	sceglievamo	scegliemmo	sceglieremo
scegliete	sceglievate	sceglieste	sceglierete
scelgono	sceglievano	scelsero	sceglieranno

Passato prossimo		Trapassato prossimo		Trapassato remoto		Futuro anteriore	
ho	scelto	avevo	scelto	ebbi	scelto	avrò	scelto
hai	scelto	avevi	scelto	avesti	scelto	avrai	scelto
ha	scelto	aveva	scelto	ebbe	scelto	avrà	scelto
abbiamo	scelto	avevamo	scelto	avemmo	scelto	avremo	scelto
avete	scelto	avevate	scelto	aveste	scelto	avrete	scelto
hanno	scelto	avevano	scelto	ebbero	scelto	avranno	scelto

Congiuntivo

Presente	Passato		Imperfetto	Trapassato	
scelga	abbia	scelto	scegliessi	avessi	scelto
scelga	abbia	scelto	scegliessi	avessi	scelto
scelga	abbia	scelto	scegliesse	avesse	scelto
scegliamo	abbiamo	scelto	scegliessimo	avessimo	scelto
scegliate	abbiate	scelto	sceglieste	aveste	scelto
scelgano	abbiano	scelto	scegliessero	avessero	scelto

Condizionale

Presente	Passato	
sceglierei	avrei	scelto
sceglieresti	avresti	scelto
sceglierebbe	avrebbe	scelto
sceglieremmo	avremmo	scelto
scegliereste	avreste	scelto
sceglierebbero	avrebbero	scelto

Imperativo

Presente
–
scegli
scelga
scegliamo
scegliete
scelgano

Modi indefiniti

Presente	Passato
Infinito	
scegliere	avere scelto
Gerundio	
scegliendo	avendo scelto
Participio	
scegliente	scelto

3.2.28 scendere *hinuntergehen, aussteigen*

▶ Für die zusammengesetzten Zeiten verlangt **scendere** das Hilfsverb **avere**, wenn es **transitiv** gebraucht wird: **ho sceso le scale** (*ich bin die Treppe hinuntergegangen*) (→ S. 13).

Indicativo

Presente	Imperfetto	Passato remoto	Futuro semplice
scendo	scendevo	scesi	scenderò
scendi	scendevi	scendesti	scenderai
scende	scendeva	scese	scenderà
scendiamo	scendevamo	scendemmo	scenderemo
scendete	scendevate	scendeste	scenderete
scendono	scendevano	scesero	scenderanno

Passato prossimo	Trapassato prossimo	Trapassato remoto	Futuro anteriore
sono sceso/-a	ero sceso/-a	fui sceso/-a	sarò sceso/-a
sei sceso/-a	eri sceso/-a	fosti sceso/-a	sarai sceso/-a
è sceso/-a	era sceso/-a	fu sceso/-a	sarà sceso/-a
siamo scesi/-e	eravamo scesi/-e	fummo scesi/-e	saremo scesi/-e
siete scesi/-e	eravate scesi/-e	foste scesi/-e	sarete scesi/-e
sono scesi/-e	erano scesi/-e	furono scesi/-e	saranno scesi/-e

Congiuntivo

Presente	Passato	Imperfetto	Trapassato
scenda	sia sceso/-a	scendessi	fossi sceso/-a
scenda	sia sceso/-a	scendessi	fossi sceso/-a
scenda	sia sceso/-a	scendesse	fosse sceso/-a
scendiamo	siamo scesi/-e	scendessimo	fossimo scesi/-e
scendiate	siate scesi/-e	scendeste	foste scesi/-e
scendano	siano scesi/-e	scendessero	fossero scesi/-e

Condizionale

Presente	Passato
scenderei	sarei sceso/-a
scenderesti	saresti sceso/-a
scenderebbe	sarebbe sceso/-a
scenderemmo	saremmo scesi/-e
scendereste	sareste scesi/-e
scenderebbero	sarebbero scesi/-e

Imperativo

Presente
–
scendi
scenda
scendiamo
scendete
scendano

Modi indefiniti

Presente	Passato
Infinito	
scendere	essere sceso
Gerundio	
scendendo	essendo sceso
Participio	
scendente	sceso

3.2.29 scrivere *schreiben*

Indicativo

Presente	Imperfetto	Passato remoto	Futuro semplice
scrivo	scrivevo	scrissi	scriverò
scrivi	scrivevi	scrivesti	scriverai
scrive	scriveva	scrisse	scriverà
scriviamo	scrivevamo	scrivemmo	scriveremo
scrivete	scrivevate	scriveste	scriverete
scrivono	scrivevano	scrissero	scriveranno

Passato prossimo	Trapassato prossimo	Trapassato remoto	Futuro anteriore
ho scritto	avevo scritto	ebbi scritto	avrò scritto
hai scritto	avevi scritto	avesti scritto	avrai scritto
ha scritto	aveva scritto	ebbe scritto	avrà scritto
abbiamo scritto	avevamo scritto	avemmo scritto	avremo scritto
avete scritto	avevate scritto	aveste scritto	avrete scritto
hanno scritto	avevano scritto	ebbero scritto	avranno scritto

Congiuntivo

Presente	Passato	Imperfetto	Trapassato
scriva	abbia scritto	scrivessi	avessi scritto
scriva	abbia scritto	scrivessi	avessi scritto
scriva	abbia scritto	scrivesse	avesse scritto
scriviamo	abbiamo scritto	scrivessimo	avessimo scritto
scriviate	abbiate scritto	scriveste	aveste scritto
scrivano	abbiano scritto	scrivessero	avessero scritto

Condizionale

Presente	Passato
scriverei	avrei scritto
scriveresti	avresti scritto
scriverebbe	avrebbe scritto
scriveremmo	avremmo scritto
scrivereste	avreste scritto
scriverebbero	avrebbero scritto

Imperativo

Presente
–
scrivi
scriva
scriviamo
scrivete
scrivano

Modi indefiniti

Presente	Passato
Infinito	
scrivere	avere scritto
Gerundio	
scrivendo	avendo scritto
Participio	
scrivente	scritto

3.2.30 sedere *sitzen*

▶ Bei dem reflexiven Verb **sedersi** (*sich setzen*) werden die Reflexivpronomen (**mi, ti, si, ci, vi, si**) den Formen von **sedere** vorangestellt: **mi siedo, ti siedi, ...**

Indicativo

Presente	Imperfetto	Passato remoto	Futuro semplice
siedo/seggo	sedevo	sedei/-etti	s(i)ederò
siedi	sedevi	sedesti	s(i)ederai
siede	sedeva	sedé/-ette	s(i)ederà
sediamo	sedevamo	sedemmo	s(i)ederemo
sedete	sedevate	sedeste	s(i)ederete
siedono/seggono	sedevano	sederono/-ettero	s(i)ederanno

Passato prossimo	Trapassato prossimo		Trapassato remoto		Futuro anteriore	
sono seduto/-a	ero	seduto/-a	fui	seduto/-a	sarò	seduto/-a
sei seduto/-a	eri	seduto/-a	fosti	seduto/-a	sarai	seduto/-a
è seduto/-a	era	seduto/-a	fu	seduto/-a	sarà	seduto/-a
siamo seduti/-e	eravamo	seduti/-e	fummo	seduti/-e	saremo	seduti/-e
siete seduti/-e	eravate	seduti/-e	foste	seduti/-e	sarete	seduti/-e
sono seduti/-e	erano	seduti/-e	furono	seduti/-e	saranno	seduti/-e

Congiuntivo

Presente	Passato		Imperfetto	Trapassato	
sieda/segga	sia	seduto/-a	sedessi	fossi	seduto/-a
sieda/segga	sia	seduto/-a	sedessi	fossi	seduto/-a
sieda/segga	sia	seduto/-a	sedesse	fosse	seduto/-a
sediamo	siamo	seduti/-e	sedessimo	fossimo	seduti/-e
sediate	siate	seduti/-e	sedeste	foste	seduti/-e
siedano/seggano	siano	seduti/-e	sedessero	fossero	seduti/-e

Condizionale

Presente	Passato	
s(i)ederei	sarei	seduto/-a
s(i)ederesti	saresti	seduto/-a
s(i)ederebbe	sarebbe	seduto/-a
s(i)ederemmo	saremmo	seduti/-e
s(i)edereste	sareste	seduti/-e
s(i)ederebbero	sarebbero	seduti/-e

Imperativo

Presente
–
siedi
sieda/segga
sediamo
sedete
siedano/seggano

Modi indefiniti

Presente	Passato
Infinito	
sedere	essere seduto
Gerundio	
sedendo	essendo seduto
Participio	
sedente	seduto

3.2.31 spegnere *ausschalten*

Indicativo

Presente	Imperfetto	Passato remoto	Futuro semplice
spengo	spegnevo	spensi	spegnerò
spegni	spegnevi	spegnesti	spegnerai
spegne	spegneva	spense	spegnerà
spegniamo	spegnevamo	spegnemmo	spegneremo
spegnete	spegnevate	spegneste	spegnerete
spengono	spegnevano	spensero	spegneranno

Passato prossimo		Trapassato prossimo		Trapassato remoto		Futuro anteriore	
ho	spento	avevo	spento	ebbi	spento	avrò	spento
hai	spento	avevi	spento	avesti	spento	avrai	spento
ha	spento	aveva	spento	ebbe	spento	avrà	spento
abbiamo	spento	avevamo	spento	avemmo	spento	avremo	spento
avete	spento	avevate	spento	aveste	spento	avrete	spento
hanno	spento	avevano	spento	ebbero	spento	avranno	spento

Congiuntivo

Presente	Passato		Imperfetto	Trapassato	
spenga	abbia	spento	spegnessi	avessi	spento
spenga	abbia	spento	spegnessi	avessi	spento
spenga	abbia	spento	spegnesse	avesse	spento
spegniamo	abbiamo	spento	spegnessimo	avessimo	spento
spegniate	abbiate	spento	spegneste	aveste	spento
spengano	abbiano	spento	spegnessero	avessero	spento

Condizionale

Presente	Passato	
spegnerei	avrei	spento
spegneresti	avresti	spento
spegnerebbe	avrebbe	spento
spegneremmo	avremmo	spento
spegnereste	avreste	spento
spegnerebbero	avrebbero	spento

Imperativo

Presente
–
spegni
spenga
spegniamo
spegnete
spengano

Modi indefiniti

Presente	Passato
Infinito	
spegnere	avere spento
Gerundio	
spegnendo	avendo spento
Participio	
spegnente	spento

3.2.32 tacere *schweigen*

Indicativo

Presente	Imperfetto	Passato remoto	Futuro semplice
taccio	tacevo	tacqui	tacerò
taci	tacevi	tacesti	tacerai
tace	taceva	tacque	tacerà
tac(c)iamo	tacevamo	tacemmo	taceremo
tacete	tacevate	taceste	tacerete
tạc(c)iono	tacẹvano	tạcquero	taceranno

Passato prossimo	Trapassato prossimo	Trapassato remoto	Futuro anteriore
ho taciuto	avevo taciuto	ebbi taciuto	avrò taciuto
hai taciuto	avevi taciuto	avesti taciuto	avrai taciuto
ha taciuto	aveva taciuto	ebbe taciuto	avrà taciuto
abbiamo taciuto	avevamo taciuto	avemmo taciuto	avremo taciuto
avete taciuto	avevate taciuto	aveste taciuto	avrete taciuto
hanno taciuto	avẹvano taciuto	ẹbbero taciuto	avranno taciuto

Congiuntivo

Presente	Passato	Imperfetto	Trapassato
taccia	abbia taciuto	tacessi	avessi taciuto
taccia	abbia taciuto	tacessi	avessi taciuto
taccia	abbia taciuto	tacesse	avesse taciuto
tac(c)iamo	abbiamo taciuto	tacẹssimo	avẹssimo taciuto
tac(c)iate	abbiate taciuto	taceste	aveste taciuto
tạcciano	ạbbiano taciuto	tacẹssero	avẹssero taciuto

Condizionale

Presente	Passato
tacerei	avrei taciuto
taceresti	avresti taciuto
tacerebbe	avrebbe taciuto
taceremmo	avremmo taciuto
tacereste	avreste taciuto
tacerẹbbero	avrẹbbero taciuto

Imperativo

Presente
–
taci
taccia
tacciamo
tacete
tạcciano

Modi indefiniti

Presente	Passato
Infinito	
tacere	avere taciuto
Gerundio	
tacendo	avendo taciuto
Participio	
tacente	taciuto

3.2.33 tenere *halten*

Indicativo

Presente	Imperfetto	Passato remoto	Futuro semplice
tengo	tenevo	tenni	terrò
tieni	tenevi	tenesti	terrai
tiene	teneva	tenne	terrà
teniamo	tenevamo	tenemmo	terremo
tenete	tenevate	teneste	terrete
tengono	tenevano	tennero	terranno

Passato prossimo	Trapassato prossimo	Trapassato remoto	Futuro anteriore
ho tenuto	avevo tenuto	ebbi tenuto	avrò tenuto
hai tenuto	avevi tenuto	avesti tenuto	avrai tenuto
ha tenuto	aveva tenuto	ebbe tenuto	avrà tenuto
abbiamo tenuto	avevamo tenuto	avemmo tenuto	avremo tenuto
avete tenuto	avevate tenuto	aveste tenuto	avrete tenuto
hanno tenuto	avevano tenuto	ebbero tenuto	avranno tenuto

Congiuntivo

Presente	Passato	Imperfetto	Trapassato
tenga	abbia tenuto	tenessi	avessi tenuto
tenga	abbia tenuto	tenessi	avessi tenuto
tenga	abbia tenuto	tenesse	avesse tenuto
teniamo	abbiamo tenuto	tenessimo	avessimo tenuto
teniate	abbiate tenuto	teneste	aveste tenuto
tengano	abbiano tenuto	tenessero	avessero tenuto

Condizionale

Presente	Passato
terrei	avrei tenuto
terresti	avresti tenuto
terrebbe	avrebbe tenuto
terremmo	avremmo tenuto
terreste	avreste tenuto
terrebbero	avrebbero tenuto

Imperativo

Presente
–
tieni
tenga
teniamo
tenete
tengano

Modi indefiniti

Presente	Passato
Infinito	
tenere	avere tenuto
Gerundio	
tenendo	avendo tenuto
Participio	
tenente	tenuto

3.2.34 trarre *ziehen*

Indicativo

Presente	Imperfetto	Passato remoto	Futuro semplice
traggo	traevo	trassi	trarrò
trai	traevi	traesti	trarrai
trae	traeva	trasse	trarrà
traiamo	traevamo	traemmo	trarremo
traete	traevate	traeste	trarrete
traggono	traevano	trassero	trarranno

Passato prossimo		Trapassato prossimo		Trapassato remoto		Futuro anteriore	
ho	tratto	avevo	tratto	ebbi	tratto	avrò	tratto
hai	tratto	avevi	tratto	avesti	tratto	avrai	tratto
ha	tratto	aveva	tratto	ebbe	tratto	avrà	tratto
abbiamo	tratto	avevamo	tratto	avemmo	tratto	avremo	tratto
avete	tratto	avevate	tratto	aveste	tratto	avrete	tratto
hanno	tratto	avevano	tratto	ebbero	tratto	avranno	tratto

Congiuntivo

Presente	Passato		Imperfetto	Trapassato	
tragga	abbia	tratto	traessi	avessi	tratto
tragga	abbia	tratto	traessi	avessi	tratto
tragga	abbia	tratto	traesse	avesse	tratto
traiamo	abbiamo	tratto	traessimo	avessimo	tratto
traiate	abbiate	tratto	traeste	aveste	tratto
traggano	abbiano	tratto	traessero	avessero	tratto

Condizionale

Presente	Passato	
trarrei	avrei	tratto
trarresti	avresti	tratto
trarrebbe	avrebbe	tratto
trarremmo	avremmo	tratto
trarreste	avreste	tratto
trarrebbero	avrebbero	tratto

Imperativo

Presente
–
trai
tragga
traiamo
traete
traggano

Modi indefiniti

Presente	Passato
Infinito	
trarre	avere tratto
Gerundio	
traendo	avendo tratto
Participio	
traente	tratto

3.2.35 valere *gelten*

Indicativo

Presente	Imperfetto	Passato remoto	Futuro semplice
valgo	valevo	valsi	varrò
vali	valevi	valesti	varrai
vale	valeva	valse	varrà
valiamo	valevamo	valemmo	varremo
valete	valevate	valeste	varrete
valgono	valevano	valsero	varranno

Passato prossimo	Trapassato prossimo	Trapassato remoto	Futuro anteriore
sono valso/-a	ero valso/-a	fui valso/-a	sarò valso/-a
sei valso/-a	eri valso/-a	fosti valso/-a	sarai valso/-a
è valso/-a	era valso/-a	fu valso/-a	sarà valso/-a
siamo valsi/-e	eravamo valsi/-e	fummo valsi/-e	saremo valsi/-e
siete valsi/-e	eravate valsi/-e	foste valsi/-e	sarete valsi/-e
sono valsi/-e	erano valsi/-e	furono valsi/-e	saranno valsi/-e

Congiuntivo

Presente	Passato	Imperfetto	Trapassato
valga	sia valso/-a	valessi	fossi valso/-a
valga	sia valso/-a	valessi	fossi valso/-a
valga	sia valso/-a	valesse	fosse valso/-a
valiamo	siamo valsi/-e	valessimo	fossimo valsi/-e
valiate	siate valsi/-e	valeste	foste valsi/-e
valgano	siano valsi/-e	valessero	fossero valsi/-e

Condizionale

Presente	Passato
varrei	sarei valso/-a
varresti	saresti valso/-a
varrebbe	sarebbe valso/-a
varremmo	saremmo valsi/-e
varreste	sareste valsi/-e
varrebbero	sarebbero valsi/-e

Imperativo

Presente
–
vali
valga
valiamo
valete
valgano

Modi indefiniti

Presente	Passato
Infinito	
valere	essere valso
Gerundio	
valendo	essendo valso
Participio	
valente	valso

3.2.36 vedere *sehen*

▶ Das Verb **vedere** hat ein regelmäßiges Partizip Perfekt **veduto** und ein unregelmäßiges **visto**, das häufiger in der gesprochenen Sprache verwendet wird.

Indicativo

Presente	Imperfetto	Passato remoto	Futuro semplice
vedo	vedevo	vidi	vedrò
vedi	vedevi	vedesti	vedrai
vede	vedeva	vide	vedrà
vediamo	vedevamo	vedemmo	vedremo
vedete	vedevate	vedeste	vedrete
vedono	vedevano	videro	vedranno

Passato prossimo		Trapassato prossimo		Trapassato remoto		Futuro anteriore	
ho	visto	avevo	visto	ebbi	visto	avrò	visto
hai	visto	avevi	visto	avesti	visto	avrai	visto
ha	visto	aveva	visto	ebbe	visto	avrà	visto
abbiamo	visto	avevamo	visto	avemmo	visto	avremo	visto
avete	visto	avevate	visto	aveste	visto	avrete	visto
hanno	visto	avevano	visto	ebbero	visto	avranno	visto

Congiuntivo

Presente	Passato		Imperfetto	Trapassato	
veda	abbia	visto	vedessi	avessi	visto
veda	abbia	visto	vedessi	avessi	visto
veda	abbia	visto	vedesse	avesse	visto
vediamo	abbiamo	visto	vedessimo	avessimo	visto
vediate	abbiate	visto	vedeste	aveste	visto
vedano	abbiano	visto	vedessero	avessero	visto

Condizionale

Presente	Passato	
vedrei	avrei	visto
vedresti	avresti	visto
vedrebbe	avrebbe	visto
vedremmo	avremmo	visto
vedreste	avreste	visto
vedrebbero	avrebbero	visto

Imperativo

Presente
–
vedi
veda
vediamo
vedete
vedano

Modi indefiniti

Presente	Passato
Infinito	
vedere	avere visto
Gerundio	
vedendo	avendo visto
Participio	
vedente	visto/veduto

3.2.37 vincere *gewinnen*

▶ Verben auf **-cere** ändern die Aussprache des **-c-** je nach der Endung: **-c- + -a/-o** wird [k] ausgesprochen, z. B. **vinco**; **-c- + -e/-i** wird [tsch] ausgesprochen, z. B. **vinci** (→ auch S. 13). Eine Ausnahme ist **cuocere** (*kochen*) (→ 3.2.9).

Indicativo

Presente	Imperfetto	Passato remoto	Futuro semplice
vinco	vincevo	vinsi	vincerò
vinci	vincevi	vincesti	vincerai
vince	vinceva	vinse	vincerà
vinciamo	vincevamo	vincemmo	vinceremo
vincete	vincevate	vinceste	vincerete
vincono	vincevano	vinsero	vinceranno

Passato prossimo		Trapassato prossimo		Trapassato remoto		Futuro anteriore	
ho	vinto	avevo	vinto	ebbi	vinto	avrò	vinto
hai	vinto	avevi	vinto	avesti	vinto	avrai	vinto
ha	vinto	aveva	vinto	ebbe	vinto	avrà	vinto
abbiamo	vinto	avevamo	vinto	avemmo vinto		avremo	vinto
avete	vinto	avevate	vinto	aveste	vinto	avrete	vinto
hanno	vinto	avevano	vinto	ebbero	vinto	avranno	vinto

Congiuntivo

Presente	Passato		Imperfetto	Trapassato	
vinca	abbia	vinto	vincessi	avessi	vinto
vinca	abbia	vinto	vincessi	avessi	vinto
vinca	abbia	vinto	vincesse	avesse	vinto
vinciamo	abbiamo	vinto	vincessimo	avessimo vinto	
vinciate	abbiate	vinto	vinceste	aveste	vinto
vincano	abbiano	vinto	vincessero	avessero vinto	

Condizionale

Presente	Passato	
vincerei	avrei	vinto
vinceresti	avresti	vinto
vincerebbe	avrebbe	vinto
vinceremmo	avremmo	vinto
vincereste	avreste	vinto
vincerebbero	avrebbero	vinto

Imperativo

Presente
–
vinci
vinca
vinciamo
vincete
vincano

Modi indefiniti

Presente	Passato
Infinito	
vincere	avere vinto
Gerundio	
vincendo	avendo vinto
Participio	
vincente	vinto

3.2.38 vivere *leben*

▶ Für die zusammengesetzten Zeiten werden die beiden Hilfsverben **avere** und **essere**
gebraucht (**ho vissuto / sono vissuto/-a**). In der Tabelle wird das Verb nur mit **essere**
konjugiert.

Indicativo

Presente	Imperfetto	Passato remoto	Futuro semplice
vivo	vivevo	vissi	vivrò
vivi	vivevi	vivesti	vivrai
vive	viveva	visse	vivrà
viviamo	vivevamo	vivemmo	vivremo
vivete	vivevate	viveste	vivrete
vivono	vivevano	vissero	vivranno

Passato prossimo		Trapassato prossimo		Trapassato remoto		Futuro anteriore	
sono	vissuto/-a	ero	vissuto/-a	fui	vissuto/-a	sarò	vissuto/-a
sei	vissuto/-a	eri	vissuto/-a	fosti	vissuto/-a	sarai	vissuto/-a
è	vissuto/-a	era	vissuto/-a	fu	vissuto/-a	sarà	vissuto/-a
siamo	vissuti/-e	eravamo	vissuti/-e	fummo	vissuti/-e	saremo	vissuti/-e
siete	vissuti/-e	eravate	vissuti/-e	foste	vissuti/-e	sarete	vissuti/-e
sono	vissuti/-e	erano	vissuti/-e	furono	vissuti/-e	saranno	vissuti/-e

Congiuntivo

Presente	Passato		Imperfetto	Trapassato	
viva	sia	vissuto/-a	vivessi	fossi	vissuto/-a
viva	sia	vissuto/-a	vivessi	fossi	vissuto/-a
viva	sia	vissuto/-a	vivesse	fosse	vissuto/-a
viviamo	siamo	vissuti/-e	vivessimo	fossimo	vissuti/-e
viviate	siate	vissuti/-e	viveste	foste	vissuti/-e
vivano	siano	vissuti/-e	vivessero	fossero	vissuti/-e

Condizionale

Presente	Passato	
vivrei	sarei	vissuto/-a
vivresti	saresti	vissuto/-a
vivrebbe	sarebbe	vissuto/-a
vivremmo	saremmo	vissuti/-e
vivreste	sareste	vissuti/-e
vivrebbero	sarebbero	vissuti/-e

Imperativo

Presente
–
vivi
viva
viviamo
vivete
vivano

Modi indefiniti

Presente	Passato
Infinito	
vivere	essere vissuto
Gerundio	
vivendo	essendo vissuto
Participio	
vivente	vissuto

3.2.39 volere *wollen*

▶ Modalverb: wird es in Verbindung mit einem Infinitiv gebraucht, bildet **volere** die zusammengesetzten Zeiten mit **ęssere** oder **avere** (→ S. 12).

Indicativo

Presente	Imperfetto	Passato remoto	Futuro semplice
voglio	volevo	volli	vorrò
vuoi	volevi	volesti	vorrai
vuole	voleva	volle	vorrà
vogliamo	volevamo	volemmo	vorremo
volete	volevate	voleste	vorrete
vọgliono	volęvano	vọllero	vorranno

Passato prossimo		Trapassato prossimo		Trapassato remoto		Futuro anteriore	
ho	voluto	avevo	voluto	ebbi	voluto	avrò	voluto
hai	voluto	avevi	voluto	avesti	voluto	avrai	voluto
ha	voluto	aveva	voluto	ebbe	voluto	avrà	voluto
abbiamo	voluto	avevamo	voluto	avemmo	voluto	avremo	voluto
avete	voluto	avevate	voluto	aveste	voluto	avrete	voluto
hanno	voluto	avęvano	voluto	ębbero	voluto	avranno	voluto

Congiuntivo

Presente	Passato		Imperfetto	Trapassato	
voglia	abbia	voluto	volessi	avessi	voluto
voglia	abbia	voluto	volessi	avessi	voluto
voglia	abbia	voluto	volesse	avesse	voluto
vogliamo	abbiamo	voluto	volęssimo	avęssimo	voluto
vogliate	abbiate	voluto	voleste	aveste	voluto
vọgliano	ạbbiano	voluto	volęssero	avęssero	voluto

Condizionale

Presente	Passato	
vorrei	avrei	voluto
vorresti	avresti	voluto
vorrebbe	avrebbe	voluto
vorremmo	avremmo	voluto
vorreste	avreste	voluto
vorrębbero	avrębbero	voluto

Imperativo

Presente
–
vogli
voglia
vogliamo
vogliate
vọgliano

Modi indefiniti

Presente	Passato
Infinito	
volere	avere voluto
Gerundio	
volendo	avendo voluto
Participio	
volente	voluto

Es folgen weitere unregelmäßige Verben, die nur im **passato remoto** (1./3. Person Singular; 3. Person Plural) und im **participio passato** unregelmäßig sind. Bei den anderen Zeiten folgen sie der regelmäßigen Konjugation auf **-ere**.

▶ Zur Aussprache von **-g-** und **-sc-** der Verben auf **-gere** bzw. **-scere** → S. 13/14.

3.2.40 affiggere *anschlagen*	Passato remoto affissi, affiggesti, affisse, affiggemmo, affiggeste, affissero	Participio passato affisso Hilfsverb: avere
3.2.41 affliggere *plagen*	Passato remoto afflissi, affliggesti, afflisse, affliggemmo, affliggeste, afflissero	Participio passato afflitto Hilfsverb: avere
3.2.42 appendere *aufhängen*	Passato remoto appesi, appendesti, appese, appendemmo, appendeste, appesero	Participio passato appeso Hilfsverb: avere
3.2.43 ardere *brennen*	Passato remoto arsi, ardesti, arse, ardemmo, ardeste, arsero	Participio passato arso Hilfsverb: avere/essere
3.2.44 assolvere *freisprechen*	Passato remoto assolsi, assolvesti, assolse, assolvemmo, assolveste, assolsero	Participio passato assolto Hilfsverb: avere
3.2.45 assumere *annehmen, einstellen*	Passato remoto assunsi, assumesti, assunse, assumemmo, assumeste, assunsero	Participio passato assunto Hilfsverb: avere
3.2.46 assurgere *emporsteigen*	Passato remoto assursi, assurgesti, assurse, assurgemmo, assurgeste, assursero	Participio passato assurto Hilfsverb: essere
3.2.47 comprimere *zusammendrücken*	Passato remoto compressi, comprimesti, compresse, comprimemmo, comprimeste, compressero	Participio passato compresso Hilfsverb: avere

83

3.2.48 concedere *gewähren*	**Passato remoto** concessi, concedesti, concesse,. concedemmo, concedeste, concessero	**Participio passato** concesso Hilfsverb: avere
3.2.49 contundere *quetschen*	**Passato remoto** contusi, contundesti, contuse, contundemmo, contundeste, contusero	**Participio passato** contuso Hilfsverb: avere
3.2.50 correre *rennen*	**Passato remoto** corsi, corresti, corse, corremmo, correste, corsero	**Participio passato** corso Hilfsverb: avere/essere
3.2.51 crescere *wachsen*	**Passato remoto** crebbi, crescesti, crebbe, crescemmo, cresceste, crebbero	**Participio passato** cresciuto Hilfsverb: avere/essere
3.2.52 decidere *entscheiden*	**Passato remoto** decisi, dicidesti, decise, decidemmo, decideste, decisero	**Participio passato** deciso Hilfsverb: avere
3.2.53 devolvere *übertragen*	**Passato remoto** (regelmäßig)	**Participio passato** devoluto Hilfsverb: avere
3.2.54 dirigere *leiten*	**Passato remoto** diressi, dirigesti, diresse, dirigemmo, dirigeste, diressero	**Participio passato** diretto Hilfsverb: avere
3.2.55 discutere *diskutieren*	**Passato remoto** discussi, discutesti, discusse, discutemmo, discuteste, discussero	**Participio passato** discusso Hilfsverb: avere
3.2.56 distinguere *unterscheiden*	**Passato remoto** distinsi, distinguesti, distinse, distinguemmo, distingueste, distinsero	**Participio passato** distinto Hilfsverb: avere

3.2.57 divi̱dere *teilen*	Passato remoto divisi, dividesti, divise, dividemmo, divideste, divi̱sero	Participio passato diviso Hilfsverb: avere
3.2.58 ecce̱llere *sich auszeichnen*	Passato remoto eccelsi, eccellesti, eccelse, eccellemmo, eccelleste, ecce̱lsero	Participio passato eccelso Hilfsverb: avere/e̱ssere
3.2.59 eme̱rgere *auftauchen, hinausragen*	Passato remoto emersi, emergesti, emerse, emergemmo, emergeste, eme̱rsero	Participio passato emerso Hilfsverb: e̱ssere
3.2.60 esi̱gere *verlangen*	Passato remoto (regelmäßig)	Participio passato esatto Hilfsverb: avere
3.2.61 esi̱stere *existieren*	Passato remoto (regelmäßig)	Participio passato esistito Hilfsverb: e̱ssere
3.2.62 espe̱llere *ausweisen, verweisen*	Passato remoto espulsi, espellesti, espulse, espellemmo, espelleste, espu̱lsero	Participio passato espulso Hilfsverb: avere
3.2.63 fi̱ggere *stecken*	Passato remoto fissi, figgesti, fisse, figgemmo, figgeste, fi̱ssero	Participio passato fitto Hilfsverb: avere
3.2.64 fi̱ngere *vortäuschen*	Passato remoto finsi, fingesti, finse, fingemmo, fingeste, fi̱nsero	Participio passato finto Hilfsverb: avere
3.2.65 fo̱ndere *schmelzen*	Passato remoto fusi, fondesti, fuse, fondemmo, fondeste, fu̱sero	Participio passato fuso Hilfsverb: avere

3.2.66 frangere brechen	Passato remoto fransi, frangesti, franse, frangemmo, frangeste, fransero	Participio passato franto Hilfsverb: avere
3.2.67 friggere frittieren, braten	Passato remoto frissi, friggesti, frisse, friggemmo, friggeste, frissero	Participio passato fritto Hilfsverb: avere
3.2.68 giungere ankommen	Passato remoto giunsi, giungesti, giunse, giungemmo, giungeste, giunsero	Participio passato giunto Hilfsverb: essere
3.2.69 indulgere Nachsicht haben	Passato remoto indulsi, indulgesti, indulse, indulgemmo, indulgeste, indulsero	Participio passato indulto (selten gebraucht) Hilfsverb: avere
3.2.70 invadere einfallen, strömen	Passato remoto invasi, invadesti, invase, invademmo, invadeste, invasero	Participio passato invaso Hilfsverb: avere
3.2.71 ledere schädigen	Passato remoto lesi, ledesti, lese, ledemmo, ledeste, lesero	Participio passato leso Hilfsverb: avere
3.2.72 mordere beißen	Passato remoto morsi, mordesti, morse, mordemmo, mordeste, morsero	Participio passato morso Hilfsverb: avere
3.2.73 nascere geboren werden	Passato remoto nacqui, nascesti, nacque, nascemmo, nasceste, nacquero	Participio passato nato Hilfsverb: essere
3.2.74 nascondere verstecken	Passato remoto nascosi, nascondesti, nascose, nascondemmo, nascondeste, nascosero	Participio passato nascosto Hilfsverb: avere

3.2.75 perdere verlieren	Passato remoto persi/perdei/perdetti, perdesti, perse/perdé/perdette, perdemmo, perdeste, persero/perderono/perdettero	Participio passato perso/perduto Hilfsverb: avere
3.2.76 persuadere überreden	Passato remoto persuasi, persuadesti, persuase, persuademmo, persuadeste, persuasero	Participio passato persuaso Hilfsverb: avere
3.2.77 piovere regnen	Passato remoto piovvi, piovesti, piovve, piovemmo, pioveste, piovvero	Participio passato piovuto Hilfsverb: avere/essere
3.2.78 porgere reichen, geben	Passato remoto porsi, porgesti, porse, porgemmo, porgeste, porsero	Participio passato porto Hilfsverb: avere
3.2.79 pungere stechen	Passato remoto punsi, pungesti, punse, pungemmo, pungeste, punsero	Participio passato punto Hilfsverb: avere
3.2.80 redigere verfassen	Passato remoto redassi, redigesti, redasse, redigemmo, redigeste, redassero	Participio passato redatto Hilfsverb: avere
3.2.81 redimere erlösen	Passato remoto redensi, redimesti, redense, redimemmo, redimeste, redensero	Participio passato redento Hilfsverb: avere
3.2.82 riflettere (a) überlegen (b) widerspiegeln	Passato remoto riflettei/riflessi, riflettesti, rifletté/riflesse, riflettemmo, rifletteste, rifletterono/riflessero	Participio passato (a) riflettuto / (b) riflesso Hilfsverb: avere
3.2.83 rifulgere funkeln	Passato remoto rifulsi, rifulgesti, rifulse, rifulgemmo, rifulgeste, rifulsero	Participio passato rifulso Hilfsverb: avere/essere

3.2.84
rispondere
antworten

Passato remoto	Participio passato
risposi, rispondesti, rispose, rispondemmo, rispondeste, risposero	risposto
	Hilfsverb: avere

3.2.85
rodere
nagen

Passato remoto	Participio passato
rosi, rodesti, rose, rodemmo, rodeste, rosero	roso
	Hilfsverb: avere

3.2.86
scindere
spalten, trennen

Passato remoto	Participio passato
scissi, scindesti, scisse, scindemmo, scindeste, scissero	scisso
	Hilfsverb: avere

3.2.87
scuotere
schütteln

Passato remoto	Participio passato
scossi, scuotesti, scosse, scuotemmo, scuoteste, scossero	scosso
	Hilfsverb: avere

3.2.88
sorgere
sich erheben, aufgehen

Passato remoto	Participio passato
sorsi, sorgesti, sorse, sorgemmo, sorgeste, sorsero	sorto
	Hilfsverb: essere

3.2.89
spandere
ausstreuen, verbreiten

Passato remoto	Participio passato
spansi/spandei, spandesti, spanse/spandé, spandemmo, spandeste, spansero/spanderono	spanso
	Hilfsverb: avere

3.2.90
spargere
ausstreuen, verstreuen

Passato remoto	Participio passato
sparsi, spargesti, sparse, spargemmo, spargeste, sparsero	sparso
	Hilfsverb: avere

3.2.91
stringere
drücken

Passato remoto	Participio passato
strinsi, stringesti, strinse, stringemmo, stringeste, strinsero	stretto
	Hilfsverb: avere

3.2.92
struggere
schmelzen

Passato remoto	Participio passato
strussi, struggesti, strusse, struggemmo, struggeste, strussero	strutto
	Hilfsverb: avere

3.2.93 tendere (auf)spannen	Passato remoto tesi, tendesti, tese, tendemmo, tendeste, tesero	Participio passato teso Hilfsverb: avere
3.2.94 tergere wischen	Passato remoto tersi, tergesti, terse, tergemmo, tergeste, tersero	Participio passato terso Hilfsverb: avere
3.2.95 torcere drehen, biegen	Passato remoto torsi, torcesti, torse, torcemmo, torceste, torsero	Participio passato torto Hilfsverb: avere
3.2.96 volgere wenden	Passato remoto volsi, volgesti, volse, volgemmo, volgeste, volsero	Participio passato volto Hilfsverb: avere

3.3 Verben auf -ire
3.3.1 apparire *erscheinen*

▶ In Klammern sind die literarischen und selten gebrauchten Formen angegeben.

Indicativo

Presente	Imperfetto	Passato remoto	Futuro semplice
appaio (apparisco)	apparivo	apparvi (apparii/**apparsi**)	apparirò
appari (apparisci)	apparivi	apparisti	apparirai
appare (apparisce)	appariva	apparve (apparì/**apparse**)	apparirà
appariamo	apparivamo	apparimmo	appariremo
apparite	apparivate	appariste	apparirete
appaiono (appariscono)	apparivano	apparvero (apparirono/**apparsero**)	appariranno

Passato prossimo		Trapassato prossimo		Trapassato remoto		Futuro anteriore	
sono	apparso/-a	ero	apparso/-a	fui	apparso/-a	sarò	apparso/-a
sei	apparso/-a	eri	apparso/-a	fosti	apparso/-a	sarai	apparso/-a
è	apparso/-a	era	apparso/-a	fu	apparso/-a	sarà	apparso/-a
siamo	apparsi/-e	eravamo	apparsi/-e	fummo	apparsi/-e	saremo	apparsi/-e
siete	apparsi/-e	eravate	apparsi/-e	foste	apparsi/-e	sarete	apparsi/-e
sono	apparsi/-e	erano	apparsi/-e	furono	apparsi/-e	saranno	apparsi/-e

Congiuntivo

Presente	Passato		Imperfetto	Trapassato	
appaia (apparisca)	sia	apparso/-a	apparissi	fossi	apparso/-a
appaia (apparisca)	sia	apparso/-a	apparissi	fossi	apparso/-a
appaia (apparisca)	sia	apparso/-a	apparisse	fosse	apparso/-a
appariamo	siamo	apparsi/-e	apparissimo	fossimo	apparsi/-e
appariate	siate	apparsi/-e	appariste	foste	apparsi/-e
appaiano (appariscano)	siano	apparsi/-e	apparissero	fossero	apparsi/-e

Condizionale

Presente	Passato	
apparirei	sarei	apparso/-a
appariresti	saresti	apparso/-a
apparirebbe	sarebbe	apparso/-a
appariremmo	saremmo	apparsi/-e
apparireste	sareste	apparsi/-e
apparirebbero	sarebbero	apparsi/-e

Imperativo

Presente
–
appari
appaia
appariamo
apparite
appaiano

Modi indefiniti

Presente	Passato
Infinito	
apparire	essere apparso
Gerundio	
apparendo	essendo apparso
Participio	
apparente	apparso

3.3.2 aprire *öffnen*

▶ In Klammern sind die literarischen Formen angegeben.

Indicativo

Presente	Imperfetto	Passato remoto	Futuro semplice
apro	aprivo	aprii (apersi)	aprirò
apri	aprivi	apristi	aprirai
apre	apriva	aprì (aperse)	aprirà
apriamo	aprivamo	aprimmo	apriremo
aprite	aprivate	apriste	aprirete
aprono	aprivano	aprirono (apersero)	apriranno

Passato prossimo		Trapassato prossimo		Trapassato remoto		Futuro anteriore	
ho	aperto	avevo	aperto	ebbi	aperto	avrò	aperto
hai	aperto	avevi	aperto	avesti	aperto	avrai	aperto
ha	aperto	aveva	aperto	ebbe	aperto	avrà	aperto
abbiamo	aperto	avevamo	aperto	avemmo	aperto	avremo	aperto
avete	aperto	avevate	aperto	aveste	aperto	avrete	aperto
hanno	aperto	avevano	aperto	ebbero	aperto	avranno	aperto

Congiuntivo

Presente	Passato		Imperfetto	Trapassato	
apra	abbia	aperto	aprissi	avessi	aperto
apra	abbia	aperto	aprissi	avessi	aperto
apra	abbia	aperto	aprisse	avesse	aperto
apriamo	abbiamo	aperto	aprissimo	avessimo	aperto
apriate	abbiate	aperto	apriste	aveste	aperto
aprano	abbiano	aperto	aprissero	avessero	aperto

Condizionale

Presente	Passato	
aprirei	avrei	aperto
apriresti	avresti	aperto
aprirebbe	avrebbe	aperto
apriremmo	avremmo	aperto
aprireste	avreste	aperto
aprirebbero	avrebbero	aperto

Imperativo

Presente
–
apri
apra
apriamo
aprite
aprano

Modi indefiniti

Presente	Passato
Infinito	
aprire	avere aperto
Gerundio	
aprendo	avendo aperto
Participio	
aprente	aperto

3.3.3 dire *sagen*

▶ Verkürzte Form von **dicere**: einige Verbformen haben deshalb den Stamm **dic-**.

Indicativo

Presente	Imperfetto	Passato remoto	Futuro semplice
dico	dicevo	dissi	dirò
dici	dicevi	dicesti	dirai
dice	diceva	disse	dirà
diciamo	dicevamo	dicemmo	diremo
dite	dicevate	diceste	direte
dicono	dicevano	dissero	diranno

Passato prossimo	Trapassato prossimo	Trapassato remoto	Futuro anteriore
ho detto	avevo detto	ebbi detto	avrò detto
hai detto	avevi detto	avesti detto	avrai detto
ha detto	aveva detto	ebbe detto	avrà detto
abbiamo detto	avevamo detto	avemmo detto	avremo detto
avete detto	avevate detto	aveste detto	avrete detto
hanno detto	avevano detto	ebbero detto	avranno detto

Congiuntivo

Presente	Passato	Imperfetto	Trapassato
dica	abbia detto	dicessi	avessi detto
dica	abbia detto	dicessi	avessi detto
dica	abbia detto	dicesse	avesse detto
diciamo	abbiamo detto	dicessimo	avessimo detto
diciate	abbiate detto	diceste	aveste detto
dicano	abbiano detto	dicessero	avessero detto

Condizionale

Presente	Passato
direi	avrei detto
diresti	avresti detto
direbbe	avrebbe detto
diremmo	avremmo detto
direste	avreste detto
direbbero	avrebbero detto

Imperativo

Presente
–
di'
dica
diciamo
dite
dicano

Modi indefiniti

Presente	Passato
Infinito	
dire	avere detto
Gerundio	
dicendo	avendo detto
Participio	
dicente	detto

3.3.4 morire *sterben*

Indicativo

Presente	Imperfetto	Passato remoto	Futuro semplice
muoio	morivo	morii	morirò/morrò
muori	morivi	moristi	morirai/morrai
muore	moriva	morì	morirà/morrà
moriamo	morivamo	morimmo	moriremo/morremo
morite	morivate	moriste	morirete/morrete
muoiono	morivano	morirono	moriranno/morranno

Passato prossimo	Trapassato prossimo	Trapassato remoto	Futuro anteriore
sono morto/-a	ero morto/-a	fui morto/-a	sarò morto/-a
sei morto/-a	eri morto/-a	fosti morto/-a	sarai morto/-a
è morto/-a	era morto/-a	fu morto/-a	sarà morto/-a
siamo morti/-e	eravamo morti/-e	fummo morti/-e	saremo morti/-e
siete morti/-e	eravate morti/-e	foste morti/-e	sarete morti/-e
sono morti/-e	erano morti/-e	furono morti/-e	saranno morti/-e

Congiuntivo

Presente	Passato	Imperfetto	Trapassato
muoia	sia morto/-a	morissi	fossi morto/-a
muoia	sia morto/-a	morissi	fossi morto/-a
muoia	sia morto/-a	morisse	fosse morto/-a
moriamo	siamo morti/-e	morissimo	fossimo morti/-e
moriate	siate morti/-e	moriste	foste morti/-e
muoiano	siano morti/-e	morissero	fossero morti/-e

Condizionale

Presente	Passato
morirei/morrei	sarei morto/-a
moriresti/morresti	saresti morto/-a
morirebbe/morrebbe	sarebbe morto/-a
moriremmo/morremmo	saremmo morti/-e
morireste/morreste	sareste morti/-e
morirebbero/morrebbero	sarebbero morti/-e

Imperativo

Presente
–
muori
muoia
moriamo
morite
muoiano

Modi indefiniti

Presente	Passato
Infinito	
morire	essere morto
Gerundio	
morendo	essendo morto
Participio	
morente	morto

93

3.3.5 offrire *anbieten*

Indicativo

Presente	Imperfetto	Passato remoto	Futuro semplice
offro	offrivo	offrii	offrirò
offri	offrivi	offristi	offrirai
offre	offriva	offrì	offrirà
offriamo	offrivamo	offrimmo	offriremo
offrite	offrivate	offriste	offrirete
offrono	offrivano	offrirono	offriranno

Passato prossimo		Trapassato prossimo		Trapassato remoto		Futuro anteriore	
ho	offerto	avevo	offerto	ebbi	offerto	avrò	offerto
hai	offerto	avevi	offerto	avesti	offerto	avrai	offerto
ha	offerto	aveva	offerto	ebbe	offerto	avrà	offerto
abbiamo	offerto	avevamo	offerto	avemmo	offerto	avremo	offerto
avete	offerto	avevate	offerto	aveste	offerto	avrete	offerto
hanno	offerto	avevano	offerto	ebbero	offerto	avranno	offerto

Congiuntivo

Presente	Passato		Imperfetto	Trapassato	
offra	abbia	offerto	offrissi	avessi	offerto
offra	abbia	offerto	offrissi	avessi	offerto
offra	abbia	offerto	offrisse	avesse	offerto
offriamo	abbiamo	offerto	offrissimo	avessimo	offerto
offriate	abbiate	offerto	offriste	aveste	offerto
offrano	abbiano	offerto	offrissero	avessero	offerto

Condizionale

Presente	Passato	
offrirei	avrei	offerto
offriresti	avresti	offerto
offrirebbe	avrebbe	offerto
offriremmo	avremmo	offerto
offrireste	avreste	offerto
offrirebbero	avrebbero	offerto

Imperativo

Presente
–
offri
offra
offriamo
offrite
offrano

Modi indefiniti

Presente	Passato
Infinito	
offrire	avere offerto
Gerundio	
offrendo	avendo offerto
Participio	
offerente	offerto

3.3.6 riempire *(auf)füllen, ausfüllen*

Indicativo

Presente	Imperfetto	Passato remoto	Futuro semplice
riempio	riempivo	riempii	riempirò
riempi	riempivi	riempisti	riempirai
riempie	riempiva	riempì	riempirà
riempiamo	riempivamo	riempimmo	riempiremo
riempite	riempivate	riempiste	riempirete
riempiono	riempivano	riempirono	riempiranno

Passato prossimo		Trapassato prossimo		Trapassato remoto		Futuro anteriore	
ho	riempito	avevo	riempito	ebbi	riempito	avrò	riempito
hai	riempito	avevi	riempito	avesti	riempito	avrai	riempito
ha	riempito	aveva	riempito	ebbe	riempito	avrà	riempito
abbiamo	riempito	avevamo	riempito	avemmo	riempito	avremo	riempito
avete	riempito	avevate	riempito	aveste	riempito	avrete	riempito
hanno	riempito	avevano	riempito	ebbero	riempito	avranno	riempito

Congiuntivo

Presente	Passato		Imperfetto	Trapassato	
riempia	abbia	riempito	riempissi	avessi	riempito
riempia	abbia	riempito	riempissi	avessi	riempito
riempia	abbia	riempito	riempisse	avesse	riempito
riempiamo	abbiamo	riempito	riempissimo	avessimo	riempito
riempiate	abbiate	riempito	riempiste	aveste	riempito
riempiano	abbiano	riempito	riempissero	avessero	riempito

Condizionale

Presente	Passato	
riempirei	avrei	riempito
riempiresti	avresti	riempito
riempirebbe	avrebbe	riempito
riempiremmo	avremmo	riempito
riempireste	avreste	riempito
riempirebbero	avrebbero	riempito

Imperativo

Presente
–
riempi
riempia
riempiamo
riempite
riempiano

Modi indefiniti

Presente	Passato
Infinito	
riempire	avere riempito
Gerundio	
riempiendo	avendo riempito
Participio	
riempiente	riempito

3.3.7 salire *hinaufgehen, (hinauf)steigen, einsteigen*

▶ Für die zusammengesetzten Zeiten verlangt **salire** das Hilfsverb **avere**, wenn es **transitiv** gebraucht wird: **ho salito le scale** (*ich bin die Treppe hinaufgegangen*) (→ S. 13).

Indicativo

Presente	Imperfetto	Passato remoto	Futuro semplice
salgo	salivo	salii	salirò
sali	salivi	salisti	salirai
sale	saliva	salì	salirà
saliamo	salivamo	salimmo	saliremo
salite	salivate	saliste	salirete
salgono	salivano	salirono	saliranno

Passato prossimo	Trapassato prossimo	Trapassato remoto	Futuro anteriore
sono salito/-a	ero salito/-a	fui salito/-a	sarò salito/-a
sei salito/-a	eri salito/-a	fosti salito/-a	sarai salito/-a
è salito/-a	era salito/-a	fu salito/-a	sarà salito/-a
siamo saliti/-e	eravamo saliti/-e	fummo saliti/-e	saremo saliti/-e
siete saliti/-e	eravate saliti/-e	foste saliti/-e	sarete saliti/-e
sono saliti/-e	erano saliti/-e	furono saliti/-e	saranno saliti/-e

Congiuntivo

Presente	Passato		Imperfetto	Trapassato	
salga	sia	salito/-a	salissi	fossi	salito/-a
salga	sia	salito/-a	salissi	fossi	salito/-a
salga	sia	salito/-a	salisse	fosse	salito/-a
saliamo	siamo	saliti/-e	salissimo	fossimo	saliti/-e
saliate	siate	saliti/-e	saliste	foste	saliti/-e
salgano	siano	saliti/-e	salissero	fossero	saliti/-e

Condizionale

Presente	Passato	
salirei	sarei	salito/-a
saliresti	saresti	salito/-a
salirebbe	sarebbe	salito/-a
saliremmo	saremmo	saliti/-e
salireste	sareste	saliti/-e
salirebbero	sarebbero	saliti/-e

Imperativo

Presente
–
sali
salga
saliamo
salite
salgano

Modi indefiniti

Presente	Passato
Infinito	
salire	essere salito
Gerundio	
salendo	essendo salito
Participio	
salente	salito

3.3.8 udire *hören*

Indicativo

Presente	Imperfetto	Passato remoto	Futuro semplice
odo	udivo	udii	udirò/udrò
odi	udivi	udisti	udirai/udrai
ode	udiva	udì	udirà/udrà
udiamo	udivamo	udimmo	udiremo/udremo
udite	udivate	udiste	udirete/udrete
odono	udivano	udirono	udiranno/udranno

Passato prossimo	Trapassato prossimo	Trapassato remoto	Futuro anteriore
ho udito	avevo udito	ebbi udito	avrò udito
hai udito	avevi udito	avesti udito	avrai udito
ha udito	aveva udito	ebbe udito	avrà udito
abbiamo udito	avevamo udito	avemmo udito	avremo udito
avete udito	avevate udito	aveste udito	avrete udito
hanno udito	avevano udito	ebbero udito	avranno udito

Congiuntivo

Presente	Passato	Imperfetto	Trapassato
oda	abbia udito	udissi	avessi udito
oda	abbia udito	udissi	avessi udito
oda	abbia udito	udisse	avesse udito
udiamo	abbiamo udito	udissimo	avessimo udito
udiate	abbiate udito	udiste	aveste udito
odano	abbiano udito	udissero	avessero udito

Condizionale

Presente	Passato
udirei/udrei	avrei udito
udiresti/udresti	avresti udito
udirebbe/udrebbe	avrebbe udito
udiremmo/udremmo	avremmo udito
udireste/udreste	avreste udito
udirebbero/udrebbero	avrebbero udito

Imperativo

Presente
–
odi
oda
udiamo
udite
odano

Modi indefiniti

Presente	Passato
Infinito	
udire	avere udito
Gerundio	
udendo	avendo udito
Participio	
udente	udito

3.3.9 uscire *(hin)ausgehen*

▶ Zur Aussprache von **-sc-** + **-o/-a/-i/-e** → S. 14.

Indicativo

Presente	Imperfetto	Passato remoto	Futuro semplice
esco	uscivo	uscii	uscirò
esci	uscivi	uscisti	uscirai
esce	usciva	uscì	uscirà
usciamo	uscivamo	uscimmo	usciremo
uscite	uscivate	usciste	uscirete
escono	uscivano	uscirono	usciranno

Passato prossimo	Trapassato prossimo	Trapassato remoto	Futuro anteriore
sono uscito/-a	ero uscito/-a	fui uscito/-a	sarò uscito/-a
sei uscito/-a	eri uscito/-a	fosti uscito/-a	sarai uscito/-a
è uscito/-a	era uscito/-a	fu uscito/-a	sarà uscito/-a
siamo usciti/-e	eravamo usciti/-e	fummo usciti/-e	saremo usciti/-e
siete usciti/-e	eravate usciti/-e	foste usciti/-e	sarete usciti/-e
sono usciti/-e	erano usciti/-e	furono usciti/-e	saranno usciti/-e

Congiuntivo

Presente	Passato	Imperfetto	Trapassato
esca	sia uscito/-a	uscissi	fossi uscito/-a
esca	sia uscito/-a	uscissi	fossi uscito/-a
esca	sia uscito/-a	uscisse	fosse uscito/-a
usciamo	siamo usciti/-e	uscissimo	fossimo usciti/-e
usciate	siate usciti/-e	usciste	foste usciti/-e
escano	siano usciti/-e	uscissero	fossero usciti/-e

Condizionale

Presente	Passato
uscirei	sarei uscito/-a
usciresti	saresti uscito/-a
uscirebbe	sarebbe uscito/-a
usciremmo	saremmo usciti/-e
uscireste	sareste usciti/-e
uscirebbero	sarebbero usciti/-e

Imperativo

Presente
–
esci
esca
usciamo
uscite
escano

Modi indefiniti

Presente	Passato
Infinito	
uscire	essere uscito
Gerundio	
uscendo	essendo uscito
Participio	
uscente	uscito

3.3.10 venire *kommen*

▶ **Venire** wird auch zur Bildung des Passivs (→ 4.2) benutzt.

Indicativo

Presente	Imperfetto	Passato remoto	Futuro semplice
vengo	venivo	venni	verrò
vieni	venivi	venisti	verrai
viene	veniva	venne	verrà
veniamo	venivamo	venimmo	verremo
venite	venivate	veniste	verrete
vengono	venivano	vennero	verranno

Passato prossimo		Trapassato prossimo		Trapassato remoto		Futuro anteriore	
sono	venuto/-a	ero	venuto/-a	fui	venuto/-a	sarò	venuto/-a
sei	venuto/-a	eri	venuto/-a	fosti	venuto/-a	sarai	venuto/-a
è	venuto/-a	era	venuto/-a	fu	venuto/-a	sarà	venuto/-a
siamo	venuti/-e	eravamo	venuti/-e	fummo	venuti/-e	saremo	venuti/-e
siete	venuti/-e	eravate	venuti/-e	foste	venuti/-e	sarete	venuti/-e
sono	venuti/-e	erano	venuti/-e	furono	venuti/-e	saranno	venuti/-e

Congiuntivo

Presente	Passato		Imperfetto	Trapassato	
venga	sia	venuto/-a	venissi	fossi	venuto/-a
venga	sia	venuto/-a	venissi	fossi	venuto/-a
venga	sia	venuto/-a	venisse	fosse	venuto/-a
veniamo	siamo	venuti/-e	venissimo	fossimo	venuti/-e
veniate	siate	venuti/-e	veniste	foste	venuti/-e
vengano	siano	venuti/-e	venissero	fossero	venuti/-e

Condizionale

Presente	Passato	
verrei	sarei	venuto/-a
verresti	saresti	venuto/-a
verrebbe	sarebbe	venuto/-a
verremmo	saremmo	venuti/-e
verreste	sareste	venuti/-e
verrebbero	sarebbero	venuti/-e

Imperativo

Presente
–
vieni
venga
veniamo
venite
vengano

Modi indefiniti

Presente	Passato
Infinito	
venire	essere venuto
Gerundio	
venendo	essendo venuto
Participio	
(veniente)	venuto

4 Passiv
4.1 essere lodato *gelobt werden*

▶ Hier sind nur die männlichen Formen des Partizips angegeben. Ist das Subjekt weiblich Singular oder Plural, endet das Partizip auf **-a** bzw. **-e**: Rosa è stat**a** lodat**a**; Rosa e Tina sono stat**e** lodat**e**.

Indicativo

Presente		Imperfetto		Passato remoto		Futuro semplice	
sono	lodato	ero	lodato	fui	lodato	sarò	lodato
sei	lodato	eri	lodato	fosti	lodato	sarai	lodato
è	lodato	era	lodato	fu	lodato	sarà	lodato
siamo	lodati	eravamo	lodati	fummo	lodati	saremo	lodati
siete	lodati	eravate	lodati	foste	lodati	sarete	lodati
sono	lodati	erano	lodati	furono	lodati	saranno	lodati

Passato prossimo		Trapassato prossimo		Trapassato remoto		Futuro anteriore	
sono stato	lodato	ero	stato lodato	fui	stato lodato	sarò	stato lodato
sei stato	lodato	eri	stato lodato	fosti	stato lodato	sarai	stato lodato
è stato	lodato	era	stato lodato	fu	stato lodato	sarà	stato lodato
siamo stati	lodati	eravamo stati	lodati	fummo stati	lodati	saremo stati	lodati
siete stati	lodati	eravate stati	lodati	foste stati	lodati	sarete stati	lodati
sono stati	lodati	erano stati	lodati	furono stati	lodati	saranno stati	lodati

Congiuntivo

Presente		Passato		Imperfetto		Trapassato	
sia	lodato	sia	stato lodato	fossi	lodato	fossi	stato lodato
sia	lodato	sia	stato lodato	fossi	lodato	fossi	stato lodato
sia	lodato	sia	stato lodato	fosse	lodato	fosse	stato lodato
siamo	lodati	siamo	stati lodati	fossimo	lodati	fossimo	stati lodati
siate	lodati	siate	stati lodati	foste	lodati	foste	stati lodati
siano	lodati	siano	stati lodati	fossero	lodati	fossero	stati lodati

Condizionale

Presente		Passato	
sarei	lodato	sarei	stato lodato
saresti	lodato	saresti	stato lodato
sarebbe	lodato	sarebbe	stato lodato
saremmo	lodati	saremmo	stati lodati
sareste	lodati	sareste	stati lodati
sarebbero	lodati	sarebbero	stati lodati

Imperativo

Presente	
–	
sii	lodato
sia	lodato
siamo	lodati
siate	lodati
siano	lodati

Modi indefiniti

Presente	Passato
Infinito	
essere lodato	essere stato lodato
Gerundio	
essendo lodato	essendo stato lodato
Participio	
–	(stato) lodato

4.2 venire lodato *gelobt werden*

▶ Das Passiv mit **venire** wird nur bei den einfachen Zeiten gebraucht.

Indicativo

Presente		Imperfetto		Passato remoto		Futuro semplice	
vengo	lodato/-a	venivo	lodato/-a	venni	lodato/-a	verrò	lodato/-a
vieni	lodato/-a	venivi	lodato/-a	venisti	lodato/-a	verrai	lodato/-a
viene	lodato/-a	veniva	lodato/-a	venne	lodato/-a	verrà	lodato/-a
veniamo	lodati/-e	venivamo	lodati/-e	venimmo	lodati/-e	verremo	lodati/-e
venite	lodati/-e	venivate	lodati/-e	veniste	lodati/-e	verrete	lodati/-e
vengono	lodati/-e	venivano	lodati/-e	vennero	lodati/-e	verranno	lodati/-e

Passato prossimo	Trapassato prossimo	Trapassato remoto	Futuro anteriore
–	–	–	–
–	–	–	–
–	–	–	–
–	–	–	–
–	–	–	–
–	–	–	–

Congiuntivo

Presente		Passato	Imperfetto		Trapassato
venga	lodato/-a	–	venissi	lodato/-a	–
venga	lodato/-a	–	venissi	lodato/-a	–
venga	lodato/-a	–	venisse	lodato/-a	–
veniamo	lodati/-e	–	venissimo	lodati/-e	–
veniate	lodati/-e	–	veniste	lodati/-e	–
vengano	lodati/-e	–	venissero	lodati/-e	–

Condizionale

Presente		Passato
verrei	lodato/-a	–
verresti	lodato/-a	–
verrebbe	lodato/-a	–
verremmo	lodati/-e	–
verreste	lodati/-e	–
verrebbero	lodati/-e	–

Imperativo

Presente	
–	
vieni	lodato/-a
venga	lodato/-a
veniamo	lodati/-e
venite	lodati/-e
vengano	lodati/-e

Modi indefiniti

Presente	Passato
Infinito	
venire lodato	–
Gerundio	
venendo lodato	–
Participio	
–	–

4.3   andare lodato *gelobt werden müssen*

▶ Das Passiv mit **andare** wird nur bei den einfachen Zeiten gebraucht.

Indicativo

Presente		Imperfetto		Passato remoto		Futuro semplice	
vado	lodato/-a	andavo	lodato/-a	andai	lodato/-a	andrò	lodato/-a
vai	lodato/-a	andavi	lodato/-a	andasti	lodato/-a	andrai	lodato/-a
va	lodato/-a	andava	lodato/-a	andò	lodato/-a	andrà	lodato/-a
andiamo	lodati/-e	andavamo	lodati/-e	andammo	lodati/-e	andremo	lodati/-e
andate	lodati/-e	andavate	lodati/-e	andaste	lodati/-e	andrete	lodati/-e
vanno	lodati/-e	andavano	lodati/-e	andarono	lodati/-e	andranno	lodati/-e

Passato prossimo	Trapassato prossimo	Trapassato remoto	Futuro anteriore
–	–	–	–
–	–	–	–
–	–	–	–
–	–	–	–
–	–	–	–
–	–	–	–

Congiuntivo

Presente		Passato	Imperfetto		Trapassato
vada	lodato/-a	–	andassi	lodato/-a	–
vada	lodato/-a	–	andassi	lodato/-a	–
vada	lodato/-a	–	andasse	lodato/-a	–
andiamo	lodati/-e	–	andassimo	lodati/-e	–
andiate	lodati/-e	–	andaste	lodati/-e	–
vadano	lodati/-e	–	andassero	lodati/-e	–

Condizionale

Presente		Passato
andrei	lodato/-a	–
andresti	lodato/-a	–
andrebbe	lodato/-a	–
andremmo	lodati/-e	–
andreste	lodati/-e	–
andrebbero	lodati/-e	–

Imperativo

Presente
–
–
–
–
–
–

Modi indefiniti

Presente	Passato
Infinito	
andare lodato	–
Gerundio	
andando lodato	–
Participio	
–	–

Verben mit und ohne Präpositionen

Die folgende Tabelle enthält eine Auswahl häufig gebrauchter italienischer Verben, die eine bestimmte Präposition – meist eine andere als im Deutschen – verlangen oder die im Gegensatz zum Deutschen ohne Präposition (bzw. mit Akkusativobjekt) verwendet werden, mit deutscher Übersetzung.

Abkürzungen:

qlcu. = qualcuno	jdm. = jemandem	jdn. = jemanden	jds. = jemandes
qlco. = qualcosa	etw. = etwas		

A

abituarsi a qlcu./qlco.	sich an jdn./etw. gewöhnen
abusare di qlcu./qlco.	jdn./etw. missbrauchen
accanirsi contro qlcu.	sich über jdn. erbosen
accennare a qlcu./qlco.	sich auf jdn./etw. beziehen, jdn./etw. andeuten
accettare di fare qlco.	akzeptieren, etw. zu tun
acconsentire a qlco.	auf etw. eingehen
accontentarsi di qlco.	sich mit etw. zufrieden geben
accorgersi di qlco.	etw. bemerken
accusare qlcu. di qlco.	jdn. einer Sache beschuldigen
aderire a qlco.	an etw. haften, sich etw. anschließen, etw. beitreten
affezionarsi a qlcu./qlco.	jdn./etw. liebgewinnen
affrettarsi a fare qlco.	sich beeilen, etw. zu tun
affrontare qlcu./qlco.	jdm./etw. entgegentreten, sich mit etw. beschäftigen
alludere a qlco.	auf etw. anspielen
aiutare qlcu. a fare qlco.	jdm. helfen, etw. zu tun
andare a fare qlco.	etw. tun gehen
approfittare di qlcu./qlco.	jdn./etw. nutzen
arrabbiarsi con qlcu.	sich über jdn. ärgern/aufregen, auf jdn. böse werden
arrabbiarsi per qlco.	sich wegen etw. ärgern/aufregen
ascoltare qlcu.	jdm. zuhören
aspettare qlcu./qlco.	auf jdn./etw. warten
assistere a qlco.	etw. beiwohnen
assistere qlcu.	jdm. beistehen
astenersi da qlco.	sich einer Sache enthalten
augurare qlco. a qlcu.	jdm. etw. wünschen
augurarsi di fare qlco.	sich wünschen, etw. zu tun
avvertire qlcu. di qlco.	jdn. von etw. verständigen

B

badare a qlcu./qlco.	auf jdn./etw. achten
basarsi su qlco.	sich auf etw. stützen
brindare a qlcu./qlco.	auf jdn./etw. anstoßen
burlarsi di qlcu.	sich über jdn. lustig machen
buttarsi in qlco.	sich in etw. stürzen

C

cavarsela con qlco.	mit etw. zurechtkommen
chiedere qlco. a qlcu.	jdn. nach etw. fragen, jdn. um etw. bitten
chiedere di qlcu.	sich nach jdm. erkundigen, nach jdm. fragen
cimentarsi in qlco.	sich an etw. versuchen
cominciare a fare qlco.	anfangen, etw. zu tun
cominciare da qlco.	bei etw. anfangen
concorrere a qlco.	zu etw. beitragen
confidarsi con qlcu.	sich jdm. anvertrauen
congratularsi con qlcu. di/per qlco.	jdm. zu etw. gratulieren
consigliare a qlcu. di fare qlco.	jdm. raten, etw. zu tun
consigliare qlco. a qlcu.	jdm. zu etw. raten, jdm etw. empfehlen
consigliarsi con qlcu.	sich bei jdm. Rat holen
consistere di/in qlco.	aus etw. bestehen
continuare a fare qlco.	etw. weitermachen
contraddire qlcu.	jdm. widersprechen
convenire con qlcu. su qlco.	mit jdm. über etw. übereinstimmen
convincere qlcu. di qlco.	jdn. von etw. überzeugen
credere a qlcu./qlco.	jdm. glauben
credere in qlcu./qlco.	an jdn./etw. glauben

D

decidere di fare qlco.	beschließen, etw. zu tun
dedicarsi a qlco.	sich einer Sache widmen, sich mit etw. beschäftigen
dedicarsi a qlcu.	sich jdm. widmen
diffidare di qlcu./qlco.	jdm./etw. misstrauen
diffidare da qlco.	vor etw. warnen
dimenticare di fare qlco.	vergessen, etw. zu tun
dire qlco. a qlcu.	jdm. etw. sagen
dire di fare qlco.	jdm. sagen, etw. zu tun
discutere di/su qlco.	über etw. diskutieren
disperare di qlco.	die Hoffnung auf etw. verlieren
disporre di qlco.	über etw. verfügen
dissuadere qlcu. da qlco.	jdm. von etw. abraten
divertirsi a fare qlco.	Freude an etw. haben
domandare qlco. a qlcu.	jdn. etw./nach etw. fragen
dubitare di qlcu./qlco.	an jdn./etw. zweifeln

E

eccellere in qlco.	über etw. hervorragen

emergere in qlco.	über etw. hinausragen
esagerare in qlco.	etw. übertreiben
escludere qlcu. da qlco.	jdn. von etw. ausschließen
esonerare da qlco.	von etw. befreien
evitare di fare qlco.	vermeiden, etw. zu tun

F

fantasticare su qlco.	von etw. phantasieren
fidarsi di qlcu.	jdm. vertrauen
finire di fare qlco.	aufhören, etw. zu tun
fissarsi su qlco.	sich etw. in den Kopf setzen, auf etw. bestehen
fregarsene di qlcu./qlco.	auf jdn./etw. pfeifen

G

garantire qlco.	für etw. bürgen, für etw. einstehen
gloriarsi di qlco.	mit etw. prahlen
giurare di fare qlco.	schwören, etw. zu tun
guardarsi da qlcu./qlco.	sich vor jdn./etw. hüten, sich einer Sache enthalten

I

imbattersi in qlcu./qlco.	auf jdn./etw. stoßen
impadronirsi di qlco.	sich einer Sache bemächtigen
imparare a fare qlco.	etw. zu tun lernen
imparare qlco. da qlcu.	von jdm etw. lernen
impegnarsi a fare qlco.	sich verpflichten, etw. zu tun
impegnarsi in qlco.	sich einer Sache widmen
imporre qlco. a qlcu.	jdn. zu etw. zwingen
incaricarsi di qlco.	etw. auf sich nehmen
incoraggiare qlcu. a fare qlco.	jdn. ermutigen, etw. zu tun
indugiare a fare qlco.	zögern, etw. zu tun
indurre qlcu. a fare qlco.	jdn. veranlassen, etw. zu tun
informare qlcu. di qlco.	jdn. über etw. unterrichten
informarsi di/su qlcu./qlco.	sich nach jdn./etw. erkundigen
innamorarsi di qlcu.	sich in jdn. verlieben
insegnare qlco. a qlcu.	jdn etw. lehren, jdm. etw. beibringen
interessarsi di qlcu./qlco.	sich für jdn./etw. interessieren
iscriversi a qlco.	sich bei etw. anmelden

L

lamentarsi di qlcu./qlco.	sich über jdn./etw. beschweren
liberare da qlco.	von etw. befreien
limitarsi a qlco.	sich auf etw. beschränken
lusingare qlcu.	jdm. schmeicheln

M

mendicare qlco.	um etw. betteln
meravigliarsi di qlcu./qlco.	sich über jdn./etw. wundern
meritare di fare qlco.	verdienen, etw. zu tun
mettersi a fare qlco.	anfangen, etw. zu tun

105

minacciare qlcu. di qlco.	jdm. mit etw. drohen
mirare a qlco.	auf etw. hinzielen/abzielen

N

negoziare qlco.	über etw. verhandeln
nutrirsi con/di qlco.	sich von etw. ernähren

O

obbligare qlcu. a fare qlco.	jdn. zwingen, etw. zu tun
odorare qlco.	an etw. riechen
onorare qlcu. con/di qlco.	jdn. mit etw. beehren
ostinarsi in qlco.	sich auf etw. versteifen

P

paragonare qlcu./qlco. a/con qlcu./qlco.	jdn./etw. mit jdm./etw. vergleichen
parlare di qlcu./qlco.	über jdn./etw. sprechen
partecipare a qlco.	an etw. teilnehmen
pensare a qlcu./qlco.	an jdn./etw. denken
pensare di fare qlco.	vorhaben, etw. zu tun
pentirsi di qlco.	etw. bereuen
permettere a qlcu. di fare qlco.	jdm. erlauben, etw. zu tun
pregare qlcu. di fare qlco.	jdn. bitten, etw. zu tun
premere qlco.	auf etw. drücken
preoccuparsi di/per qlcu./qlco.	sich um jdn./etw. Sorgen machen
prepararsi a qlco.	sich auf etw. vorbereiten
prevenire qlcu./qlco.	jdm./einer Sache zuvorkommen
promettere qlco. a qlcu.	jdm. etw. versprechen
promettere di fare qlco.	versprechen, etw. zu tun
propendere a fare qlco.	dazu neigen, etw. zu tun
propendere per qlco.	zu etw. neigen
proporsi di fare qlco.	sich vornehmen, etw. zu tun
proteggere qlcu. da qlco.	jdn. vor etw. schützen
provare a fare qlco.	versuchen, etw. zu tun
provvedere a qlcu./qlco.	für jdn./etw. sorgen
puntare qlco. contro/verso qlcu.	etw. auf jdn. richten
puzzare di qlco.	nach etw. stinken

R

rallegrarsi di qlco.	sich über etw. freuen
rammaricarsi di qlco.	etw. bedauern
rassegnarsi a fare qlco.	sich damit abfinden, etw. zu tun
reagire a qlcu./qlco.	auf jdn./etw. reagieren
riconoscere qlcu./qlco. da qlco.	jdn./etw. an etw. erkennen
ricordare qlco. a qlcu.	jdn. an etw. erinnern
ricordarsi di qlco.	sich an etw. erinnern
ridere di qlcu./qlco.	über jdn./etw. lachen
rifiutarsi di fare qlco.	sich weigern, etw. zu tun
riflettere su qlco.	über etw. nachdenken/etw. überlegen
ringraziare qlcu. di/per qlco.	sich bei jdm. für etw. bedanken

rinunciare a qlco.	auf etw. verzichten
rischiare di fare qlco.	riskieren, etw. zu tun
rispondere a qlco.	etw. beantworten
rispondere a qlcu.	jdm. antworten
riuscire a fare qlco.	gelingen, etw. zu tun
riuscire in qlco.	etw. können, eine Anlage zu etw. haben
rivolgersi a qlcu.	sich an jdn. wenden

S

sapere qlco. da qlcu.	etw. von jdm. erfahren
sapere qlco. di qlcu./qlco.	etw. von jdm./etw. wissen
scusarsi con qlcu. di/per qlco.	sich bei jdm. für etw. entschuldigen
seguire qlcu./qlco.	jdm./etw. folgen
servire qlcu.	jdm. dienen
servire a qlco.	zu einer Sache dienen
servirsi di qlco.	sich einer Sache bedienen
smettere di fare qlco.	aufhören, etw. zu tun
soffrire di qlco.	an/unter etw. leiden
sognare qlcu./qlco.	von jdm./etw. träumen
sospettare qlcu. di qlco.	jdn. einer Sache verdächtigen
sostituire qlcu./qlco. a/con qlcu./qlco.	jdn./etw. durch jdn./etw. ersetzen
sperare di fare qlco.	hoffen, etw. zu tun
sperare in qlcu./qlco.	auf jdn./etw. hoffen
stravedere per qlcu.	eine besondere Zuneigung zu jdm. haben

T

tardare a fare qlco.	zögern, etw. zu tun
telefonare a qlcu.	mit jdm. telefonieren, jdn. anrufen
tendere a qlco.	nach etw. streben
tentare di fare qlco.	versuchen, etw. zu tun
tradurre da qlco.	aus etw. übersetzen
tutelarsi contro qlco.	sich vor etw. schützen

V

vantarsi di qlco.	sich einer Sache rühmen
vendicarsi di qlco.	sich für etw. rächen
vergognarsi di qlcu./qlco.	sich jds./einer Sache schämen
vietare di fare qlco.	verbieten, etw. zu tun

Alphabetisches Verbregister
Italienisch – Deutsch

- Nach dem italienischen Verb geben wir das Hilfsverb (**avere** oder **ẹssere** oder beide) an, mit dem die zusammengesetzten Zeiten gebildet werden; danach folgt der Verweis auf das entsprechende Musterverb in den Verbtabellen, das genauso konjugiert wird; danach finden Sie die deutsche Übersetzung.
- In Klammern werden die Besonderheiten angegeben, die das aufgelistete Verb vom Musterverb unterscheiden.
- Der Strich (–) weist darauf hin, dass das **participio passato** fehlt und folglich die zusammengesetzten Zeiten nicht gebildet werden können.
- Die Musterverben sind **blau** markiert.
- Im Falle eines unregelmäßigen reflexiven Verbs wird auf das zugrunde liegende unregelmäßige Musterverb verwiesen. Um daraus ein reflexives Verb zu bilden, muss man die Reflexivpronomen (**mi**, **ti**, **si**, **ci**, **vi**, **si**) voranstellen, wie dies in den Tabellen der regelmäßigen reflexiven Verben dargestellt wurde (→ 2.4.1– 4). Beispiel:
  avvalersi → Musterverb **valere** (3.2.35)
  Indicativo presente: mi avvalgo, ti avvali, si avvale, ci avvaliamo, vi avvalete, si avvạlgono

A

abbaiare avere → 2.1.9 bellen
abbandonare avere → 2.1.1 verlassen
abbassare avere → 2.1.1 niedriger machen, senken
abbạttere avere → 2.2.1 niederwerfen, abreißen, umbringen
abbellire avere → 2.3.2 verschönern, schmücken
abbinare avere → 2.1.1 koppeln, kombinieren
abbracciare avere → 2.1.5 umarmen
abbrustolire avere → 2.3.2 rösten
abitare avere → 2.1.2 wohnen
abituare avere → 2.1.2 gewöhnen
abortire avere → 2.3.2 abtreiben, eine Fehlgeburt haben
abusare avere → 2.1.1 missbrauchen
accadere ẹssere → 3.2.2 geschehen, passieren, vorkommen
accanirsi ẹssere → 2.4.4 sich erbosen

accarezzare avere → 2.1.1 liebkosen, streicheln
accelerare avere → 2.1.2 beschleunigen
accẹndere avere → 3.2.42 anzünden, einschalten
accettare avere → 2.1.1 annehmen, zulassen
acchiappare avere → 2.1.1 fangen
accịngersi ẹssere → 3.2.64 sich anschicken
acclụdere avere → 3.2.4 beifügen
accọgliere avere → 3.2.5 empfangen, aufnehmen, annehmen
accomodare avere → 2.1.2 ausbessern, reparieren
accompagnare avere → 2.1.1 begleiten
accondiscẹndere avere → 3.2.28 einwilligen
acconsentire avere → 2.3.1 eingehen, zustimmen, bewilligen

accontentare avere → 2.1.1
zufrieden stellen
accorciare avere → 2.1.5 verkürzen,
abkürzen
accorgersi essere → 3.2.88 merken,
bemerken
accorrere essere → 3.2.50 herbeeilen
accrescere avere/essere → 3.2.51
erhöhen, vergrößern
accudire avere → 2.3.2 versorgen,
pflegen
accumulare avere → 2.1.2 häufen
accusare avere → 2.1.1 beschuldigen,
vorwerfen
acquisire avere → 2.3.2 erwerben
acquistare avere → 2.1.1 kaufen
adattare avere → 2.1.1 anpassen
addivenire essere → 3.3.10 gelangen
addobbare avere → 2.1.1 dekorieren,
ausstatten
addolcire essere → 2.3.2 süßen
addolorare avere → 2.1.1 betrüben,
leid tun
addormentarsi essere → 2.4.1
einschlafen
addurre avere → 3.2.7 anführen,
vorbringen
adeguare avere → 2.1.1 angleichen,
anpassen
adempiere avere → 3.2.6 erfüllen
adempire avere → 2.3.2 erfüllen
aderire avere → 2.3.2 haften, sich
anschließen, beitreten
adibire avere → 2.3.2 benutzen
adoperare avere → 2.1.2 gebrauchen
adorare avere → 2.1.1 anbeten,
verehren
adottare avere → 2.1.1 adoptieren,
annehmen
affacciarsi essere → 2.1.5 sich
zeigen, blicken
affermare avere → 2.1.1 behaupten
afferrare avere → 2.1.1 fassen,
ergreifen
affettare avere → 2.1.1 in Scheiben
schneiden
affezionarsi essere → 2.4.1
Zuneigung entwickeln
affidare avere → 2.1.1 anvertrauen

affievolire avere/essere → 2.3.2
schwächen
affiggere avere → 3.2.40 anschlagen
affittare avere → 2.1.1 vermieten
affliggere avere → 3.2.41 plagen
affluire essere → 2.3.2 zufließen
affogare avere/essere → 2.1.4
ertränken, ertrinken
affondare avere/essere → 2.1.1 ver-
senken
affrancare avere → 2.1.3 frankieren
affrontare avere → 2.1.1 angreifen,
entgegentreten
aggiungere avere → 3.2.68 hinzufügen
aggiustare avere → 2.1.1 reparieren
aggredire avere → 2.3.2 überfallen
agire avere → 2.3.2 handeln, wirken
agitare avere → 2.1.2 schwanken,
schütteln
aiutare avere → 2.1.1 helfen
allacciare avere → 2.1.5 zubinden
allargare avere → 2.1.4 verbreitern,
ausbreiten
allattare avere → 2.1.1 stillen
alleggerire avere → 2.3.2 leichter
machen, erleichtern
allestire avere → 2.3.2 vorbereiten
allibire essere → 2.3.2 verblüfft sein
alloggiare avere → 2.1.6 unter-
bringen
allontanarsi essere → 2.4.1 sich
entfernen
alludere avere → 3.2.4 anspielen
alzare avere → 2.1.1 heben
alzarsi essere → 2.4.1 sich erheben,
aufstehen
amare avere → 2.1.1 lieben
ambientarsi essere → 2.4.1 sich
eingewöhnen
ammalarsi essere → 2.4.1 krank
werden
ammattire essere → 2.3.2 verrückt
werden
ammazzare avere → 2.1.1 töten
ammettere avere → 3.2.14 vorlassen,
zulassen, annehmen
ammirare avere → 2.1.1 bewundern

ammonire avere → 2.3.2 mahnen, ermahnen

ammorbidire avere → 2.3.2 erweichen

ammuffire avere/ẹssere → 2.3.2 schimmeln

ammutolire avere/ẹssere → 2.3.2 stumm werden, verstummen

ampliare avere → 2.1.9 erweitern

analizzare avere → 2.1.1 analysieren

andare ẹssere → 3.1.1 gehen

annegare avere/ẹssere → 2.1.4 ertrinken, ertränken

annerire avere/ẹssere → 2.3.2 anschwärzen, schwarz werden

annẹttere avere → 3.2.82 b anschließen, beilegen

annoiare avere → 2.1.9 langweilen

annuire avere → 2.3.2 nicken

anteporre avere → 3.2.20 vorsetzen

anticipare avere → 2.1.2 vorverlegen, vorschießen, vorwegnehmen

apparecchiare avere → 2.1.9 aufdecken

apparire ẹssere → 3.3.1 erscheinen

appartenere avere/ẹssere → 3.2.33 gehören

appassire avere/ẹssere → 2.3.2 welken, verwelken

appẹndere avere → 3.2.42 aufhängen

appesantire avere → 2.3.2 beschweren, schwer machen

applaudire avere → 2.3.1/2 Beifall klatschen

applicare avere → 2.1.3 auftragen, auflegen, anwenden

appoggiare avere → 2.1.6 anlehnen

apporre avere → 3.2.20 daneben setzen, anbringen

apprẹndere avere → 3.2.22 lernen

apprezzare avere → 2.1.1 schätzen

approfittare avere → 2.1.1 nutzen, ausnutzen

approfondire avere → 2.3.2 tiefer machen, vertiefen

approvare avere → 2.1.1 billigen, zustimmen

appuntire avere → 2.3.2 spitzen

aprire avere → 3.3.2 öffnen

ạrdere avere/ẹssere → 3.2.43 brennen

arrabbiarsi ẹssere → 2.1.9 sich ärgern, zornig werden

arrẹndersi ẹssere → 3.2.22 sich ergeben

arricchire avere/ẹssere → 2.3.2 bereichern, anreichern

arrịdere avere → 3.2.23 anlächeln

arrivare ẹssere → 2.1.1 ankommen, zutreffen, erreichen

arrossire ẹssere → 2.3.2 erröten

arrostire avere/ẹssere → 2.3.2 braten, grillen

arrugginire avere/ẹssere → 2.3.2 rostig machen, rosten

ascẹndere avere/ẹssere → 3.2.28 hinaufsteigen, aufsteigen

asciugare avere/ẹssere → 2.1.4 trocknen

ascoltare avere → 2.1.1 hören

ascrịvere avere → 3.2.29 zählen, anrechnen

aspẹrgere avere → 3.2.94 besprengen

aspettare avere → 2.1.1 warten

assaggiare avere → 2.1.6 probieren, kosten

assalire avere → 3.3.7 überfallen, angreifen

assegnare avere → 2.1.1 anweisen, zuschreiben

assentire avere → 2.3.1 zustimmen, einwilligen

assịstere avere → 3.2.61 beiwohnen, helfen, pflegen

assọlvere avere → 3.2.44 freisprechen

assomigliare avere → 2.1.7 ähneln

assuefare avere → 3.1.4 gewöhnen

assụmere avere → 3.2.45 annehmen, einstellen

assụrgere ẹssere → 3.2.46 emporsteigen

astenersi ẹssere → 3.2.33 sich fernhalten, sich abhalten

astrarre avere → 3.2.34 ablenken, absehen

astringere avere → 3.2.91
adstringieren, zusammenziehen
attaccare avere → 2.1.3 ankleben,
zusammenbinden, angreifen
attecchire avere/essere → 2.3.2
Wurzeln schlagen, festwachsen
attendere avere → 3.2.93 warten
attenere avere/essere → 3.2.33
betreffen
attingere avere → 3.2.64 schöpfen,
entnehmen
attorcere avere → 3.2.95 drehen,
aufwickeln
attrarre avere → 3.2.34 anziehen
attraversare avere → 2.1.1 über-
queren
attribuire avere → 2.3.2 zuschreiben
augurare avere → 2.1.2 wünschen
aumentare avere/essere → 2.1.1
vermehren, vergrößern, erhöhen
avanzare essere → 2.1.1 vorwärts
gehen, vorankommen
avere avere → 1.1 haben
avvalersi essere → 3.2.35 sich
bedienen, Gebrauch machen
avvedersi essere → 3.2.36
wahrnehmen, bemerken
avvenire essere → 3.3.10 geschehen,
stattfinden
avvertire avere → 2.3.1 benachrich-
tigen, verständigen
avviare avere → 2.1.10 (ein)leiten,
einführen
avvicinarsi essere → 2.4.1 sich
nähern
avvilire avere → 2.3.2 demütigen,
entmutigen
avvincere avere → 3.2.37 hinreißen,
fesseln
avvisare avere → 2.1.1 benachrichti-
gen, unterrichten
avvizzire avere/essere → 2.3.2
welken, welken lassen
avvolgere avere → 3.2.96 einwickeln,
(ein)rollen
azzittire avere/essere → 2.3.2 zum
Schweigen bringen

B

badare avere → 2.1.1 besorgen,
achten
baciare avere → 2.1.5 küssen
ballare avere → 2.1.1 tanzen
bandire avere → 2.3.2 verkünden,
ausschreiben
bastare essere → 2.1.1 genügen
battere avere → 2.2.1 schlagen
battezzare avere → 2.1.1 taufen
benedire avere → 3.3.3 segnen
bere avere → 3.2.1 trinken
bisognare essere → 2.1.1 notwendig
sein
bloccare avere → 2.1.3 blockieren,
sperren
bocciare avere → 2.1.5 ablehnen,
durchfallen lassen
bollire avere → 2.3.1 kochen
brandire avere → 2.3.2 schwingen
brillare avere → 2.1.1 glänzen,
strahlen
brindare avere → 2.1.1 anstoßen,
(zu)prosten
bruciare avere → 2.1.5 verbrennen
bucare avere → 2.1.3 durchbohren,
lochen
bussare avere → 2.1.1 klopfen
buttare avere → 2.1.1 werfen,
schütten

C

cadere essere → 3.2.2 fallen
calmare avere → 2.1.1 beruhigen
cambiare avere/essere → 2.1.9
ändern, wechseln
camminare avere → 2.1.1 gehen,
laufen
cancellare avere → 2.1.1 streichen,
ausradieren
cantare avere → 2.1.1 singen
capire avere → 2.3.2 verstehen
capitare essere → 2.1.2 passieren,
geschehen, sich bieten
capovolgere avere → 3.2.96 um-
kehren
caricare avere → 2.1.3 laden

causare avere → 2.1.2 verursachen
cavalcare avere → 2.1.3 reiten
cedere avere → 2.2.1 zurückweichen, nachgeben
cenare avere → 2.1.1 zu Abend essen
cercare avere → 2.1.3 suchen
chiacchierare avere → 2.1.2 plaudern
chiamare avere → 2.1.1 rufen, nennen
chiamarsi essere → 2.4.1 heißen, sich nennen
chiarire avere → 2.3.2 klären
chiedere avere → 3.2.3 fragen
chiudere avere → 3.2.4 schließen
cimentarsi essere → 2.4.1 wagen, sich versuchen
cingere avere → 3.2.64 umgeben, umschließen
circolare avere/essere → 2.1.2 sich bewegen, umlaufen
circoncidere avere → 3.2.52 beschneiden
circoscrivere avere → 3.2.29 umschreiben, begrenzen
coesistere essere → 3.2.61 zugleich bestehen
cogliere avere → 3.2.5 pflücken
coincidere avere → 3.2.52 zusammentreffen, übereinstimmen
coinvolgere avere → 3.2.96 verwickeln, hineinziehen
collegare avere → 2.1.4 verbinden
collidere avere → 3.2.23 zusammenstoßen, kollidieren
collocare avere → 2.1.3 stellen, setzen, legen
colorire avere → 2.3.2 färben
colpire avere → 2.3.2 schlagen, treffen
coltivare avere → 2.1.1 anbauen, anpflanzen, pflegen
comandare avere → 2.1.1 befehlen, führen
combattere avere → 2.2.1 kämpfen
cominciare avere/essere → 2.1.5 anfangen, beginnen
commerciare avere → 2.1.5 handeln
commettere avere → 3.2.14 begehen

commuovere avere → 3.2.15 rühren, ergreifen
comparire essere → 3.3.1 erscheinen
compatire avere → 2.3.2 bemitleiden
competere – → 2.2.1 aufkommen, zukommen
compiacere avere → 3.2.18 zufrieden stellen, gefällig sein
compiangere avere → 3.2.19 beklagen, bedauern
compiere avere → 3.2.6 vollenden, tun, begehen, erfüllen
compire avere → 2.3.2 vollenden, tun, begehen, erfüllen
comporre avere → 3.2.20 zusammensetzen, bilden
comportare avere → 2.1.1 mit sich führen, verlangen
comportarsi essere → 2.4.1 sich benehmen
comprare avere → 2.1.1 kaufen
comprendere avere → 3.2.22 enthalten, umfassen, verstehen
comprimere avere → 3.2.47 zusammendrücken
compromettere avere → 3.2.14 gefährden
compungere avere → 3.2.79 betrüben
comunicare avere → 2.1.3 bekannt geben, mitteilen
concedere avere → 3.2.48 gewähren
concentrare avere → 2.1.1 konzentrieren
concepire avere → 2.3.2 empfangen, begreifen
concludere avere → 3.2.4 abschließen, enden
concorrere avere → 3.2.50 beitragen, mitwirken
condannare avere → 2.1.1 verurteilen
condire avere → 2.3.2 würzen
condiscendere avere → 3.2.28 einwilligen
condividere avere → 3.2.57 billigen, teilen
condurre avere → 3.2.7 führen

confarsi ẹssere → 3.1.4 sich schicken, passen

confermare avere → 2.1.1 bestätigen

confidare avere → 2.1.1 anvertrauen, vertrauen

configgere avere → 3.2.63 annageln, rammen, stechen

confluire avere/ẹssere → 2.3.2 zusammenströmen, münden

confọndere avere → 3.2.65 vermischen, verwechseln, verwirren

congiụngere avere → 3.2.68 verbinden, vereinigen

coniugare avere → 2.1.4 konjugieren

connẹttere avere → 3.2.14 zusammenfügen, verknüpfen

conọscere avere → 3.2.8 kennen, kennen lernen

consegnare avere → 2.1.1 abgeben, liefern

conseguire avere/ẹssere → 2.3.1/2 erlangen, folgen

consentire avere → 2.3.1 zustimmen, einwilligen, erlauben

considerare avere → 2.1.2 betrachten, beachten

consigliare avere → 2.1.7 raten

consịstere ẹssere → 3.2.61 bestehen

consumare avere → 2.1.1 verbrauchen, abnutzen, aufbrauchen

contare avere → 2.1.1 zählen

contẹndere avere → 3.2.93 streitig machen

contenere avere → 3.2.33 enthalten

continuare avere/ẹssere → 2.1.2 fortsetzen, dauern

contọrcere avere → 3.2.95 auswinden

contraddire avere → 3.3.3 widersprechen

contraddistịnguere avere → 3.2.56 kennzeichnen

contraffare avere → 3.1.4 fälschen

contrapporre avere → 3.2.20 gegenüberstellen

contrarre avere → 3.2.34 zusammenziehen, abschließen

contrastare avere → 2.1.1 widersprechen, kämpfen, verhindern

contravvenire avere → 3.3.10 übertreten

controllare avere → 2.1.1 kontrollieren, prüfen

contụndere avere → 3.2.49 quetschen

convenire avere/ẹssere → 3.3.10 zusammenkommen, sich einigen

convẹrgere ẹssere → 3.2.59 zusammenlaufen, zustreben

convertire avere → 2.3.1 bekehren, verwandeln

convịncere avere → 3.2.37 überzeugen, überreden

convịvere avere/ẹssere → 3.2.38 zusammenleben

copiare avere → 2.1.9 abschreiben, kopieren

coprire avere → 3.3.2 decken, zudecken

corrẹggere avere → 3.2.13 verbessern, korrigieren

cọrrere avere/ẹssere → 3.2.50 rennen

corrispọndere avere → 3.2.84 entsprechen, übereinstimmen

corrọdere avere → 3.2.85 angreifen, ätzen, fressen

corrọmpere avere → 3.2.25 verderben

cospạrgere avere → 3.2.90 bestreuen

costare ẹssere → 2.1.1 kosten

costrịngere avere → 3.2.91 zwingen

costruire avere → 2.3.2 bauen, aufbauen

creare avere → 2.1.1 schaffen, gründen

crẹdere avere → 2.2.1 glauben

crẹscere avere/ẹssere → 3.2.51 wachsen

criticare avere → 2.1.3 kritisieren

crocifịggere avere → 3.2.40 kreuzigen

cucire avere → 2.3.3 nähen

cuọcere avere → 3.2.9 kochen

curare avere → 2.1.1 pflegen, behandeln
custodire avere → 2.3.2 bewachen, beaufsichtigen

D

dare avere → 3.1.2 geben
decadere essere → 3.2.2 verfallen
decidere avere → 3.2.52 entscheiden
decomporre avere → 3.2.20 zerlegen
decomprimere avere → 3.2.47 den Druck vermindern
decorare avere → 2.1.1 schmücken, dekorieren
decorrere essere → 3.2.50 vergehen, verfallen
decrescere essere → 3.2.51 abnehmen, sinken
dedicare avere → 2.1.3 weihen, widmen
dedurre avere → 3.2.7 schließen, entnehmen
definire avere → 2.3.2 festsetzen, definieren
defluire essere → 2.3.2 abfließen
deglutire avere → 2.3.2 schlucken
deludere avere → 3.2.4 enttäuschen
demolire avere → 2.3.2 abreißen, zerstören
denunciare avere → 2.1.5 anzeigen
deperire avere → 2.3.2 verfallen, verderben
deporre avere → 3.2.20 ablegen, absetzen
deprimere avere → 3.2.47 bedrücken, deprimieren
deridere avere → 3.2.23 auslachen
derivare avere/essere → 2.1.1 herkommen, entstammen
descrivere avere → 3.2.29 beschreiben
desiderare avere → 2.1.2 wünschen
desistere avere → 3.2.61 ablassen
desumere avere → 3.2.45 entnehmen, schließen
detenere avere → 3.2.33 innehaben
detergere avere → 3.2.94 säubern, reinigen

determinare avere → 2.1.2 bestimmen
detrarre avere → 3.2.34 abziehen
deviare avere → 2.1.10 abweichen, ablenken
devolvere avere → 3.2.53 übertragen
dialogare avere → 2.1.4 sich unterhalten, reden
dichiarare avere → 2.1.1 erklären, behaupten
difendere avere → 3.2.42 verteidigen
differire avere → 2.3.2 sich unterscheiden
diffondere avere → 3.2.65 verbreiten
digerire avere → 2.3.2 verdauen
diluire avere → 2.3.2 verdünnen
dimagrire essere → 2.3.2 abnehmen
dimenticare avere → 2.1.3 vergessen
dimettersi essere → 3.2.14 zurücktreten
diminuire avere/essere → 2.3.2 vermindern, abnehmen
dimostrare avere → 2.1.1 zeigen, beweisen
dipendere essere → 3.2.42 abhängen
dipingere avere → 3.2.64 malen
dire avere → 3.3.3 sagen
dirigere avere → 3.2.54 leiten
dirompere avere/essere → 3.2.25 brechen, ausbrechen
disattendere avere → 3.2.93 nicht beachten, ignorieren
discendere avere/essere → 3.2.28 herabsteigen, abstammen
discernere – → 2.2.1 genau unterscheiden, erkennen
dischiudere avere → 3.2.4 öffnen
disciogliere avere → 3.2.5 auflösen
disconnettere avere → 3.2.14 auseinander nehmen, zerlegen
disconoscere avere → 3.2.8 nicht anerkennen
discorrere avere → 3.2.50 reden
discutere avere → 3.2.55 diskutieren
disdire avere → 3.3.3 absagen
disegnare avere → 2.1.1 zeichnen
disfare avere → 3.1.3 auseinander nehmen, auflösen, auspacken

disgiungere avere → 3.2.68 trennen, ablösen
disilludere avere → 3.2.4 ernüchtern
disonorare avere → 2.1.1 entehren
disperare avere → 2.1.1 verzweifeln
disperdere avere → 3.2.75 zerstreuen
dispiacere essere → 3.2.18 bedauern
disporre avere → 3.2.20 anordnen, verfügen
dissentire avere → 2.3.1 nicht einverstanden sein
dissolvere avere → 3.2.44 zerstreuen, auflösen
dissuadere avere → 3.2.76 abraten, ausreden
distendere avere → 3.2.93 ausbreiten, ausstrecken
distinguere avere → 3.2.56 unterscheiden
distogliere avere → 3.2.5 abwenden, ablenken
distorcere avere → 3.2.95 verziehen, verdrehen
distrarre avere → 3.2.34 ablenken
distribuire avere → 2.3.2 verteilen
distruggere avere → 3.2.92 zerstören
disturbare avere → 2.1.1 stören
disubbidire (part. pres. -iente) avere → 2.3.2 nicht gehorchen
divenire essere → 3.3.10 werden
diventare essere → 2.1.1 werden
divertirsi essere → 2.4.3 sich amüsieren
dividere avere → 3.2.57 teilen
divorziare avere → 2.1.9 sich scheiden lassen
dolersi essere → 3.2.10 bedauern, sich beschweren
domandare avere → 2.1.1 fragen
dormire (part. pres. -ente/-iente) avere → 2.3.1 schlafen
dovere avere/essere → 3.2.11 müssen, sollen
dubitare avere → 2.1.2 zweifeln
durare avere/essere → 2.1.1 dauern

E

eccedere avere → 2.2.1 übertreffen, sich übernehmen
eccellere avere/essere → 3.2.58 sich auszeichnen
eccepire avere → 2.3.2 einwenden
educare avere → 2.1.3 erziehen
effondere avere/essere → 3.2.65 ausgießen, ausströmen
elaborare avere → 2.1.2 ausarbeiten
eleggere avere → 3.2.13 wählen
elevare avere → 2.1.1 erhöhen
elidere avere → 3.2.23 elidieren
eliminare avere → 2.1.2 entfernen, beseitigen
eludere avere → 3.2.4 ausweichen, umgehen
emergere essere → 3.2.59 auftauchen, hinausragen
emettere avere → 3.2.14 ausstoßen, ausstrahlen
empire avere → 3.3.6 füllen
entrare essere → 2.1.1 hineingehen
equivalere avere/essere → 3.2.35 gleichwertig sein, entsprechen
ergere avere → 3.2.78 erheben
erigere avere → 3.2.54 errichten
erodere avere → 3.2.85 erodieren
erompere avere → 3.2.25 ausbrechen
esagerare avere → 2.1.2 übertreiben
esaltare avere → 2.1.1 hervorheben, aufregen
esaudire avere → 2.3.2 erhören
esaurire (part. pres. -iente) avere → 2.3.2 erschöpfen, verbrauchen
escludere avere → 3.2.4 ausschließen
eseguire avere → 2.3.1 ausführen
esibire avere → 2.3.2 vorweisen
esigere avere → 3.2.60 verlangen
esistere essere → 3.2.61 existieren
esordire avere → 2.3.2 beginnen
espandere avere → 3.2.89 ausdehnen
espellere avere → 3.2.62 ausweisen, verweisen
espiare avere → 2.1.10 sühnen

esplodere avere/essere → 3.2.85 explodieren

esporre avere → 3.2.20 ausstellen

esportare avere → 2.1.1 exportieren

esprimere avere → 3.2.47 ausdrücken

espungere avere → 3.2.79 ausstreichen

essere essere → 1.2 sein

estendere avere → 3.2.93 erweitern

estinguere avere → 3.2.56 löschen, auslöschen

estorcere avere → 3.2.95 erpressen

estrarre avere → 3.2.34 ausziehen, entnehmen

estromettere avere → 3.2.14 ausschließen

evadere avere/essere → 3.2.70 entfliehen

evincere avere → 3.2.37 ableiten

evitare avere → 2.1.2 vermeiden

evolvere avere/essere → 3.2.53 entwickeln

F

fabbricare avere → 2.1.3 bauen, anfertigen

fallire avere/essere → 2.3.2 scheitern

farcire avere → 2.3.2 füllen

fare avere → 3.1.4 machen, tun

favorire avere → 2.3.2 begünstigen

ferire avere → 2.3.2 verletzen

fermare avere → 2.1.1 anhalten

festeggiare avere → 2.1.6 feiern

fidarsi essere → 2.4.1 trauen

figgere avere → 3.2.63 stecken

filtrare avere → 2.1.1 filtern

fingere avere → 3.2.64 vortäuschen

finire avere/essere → 2.3.2 enden, beenden

fiorire avere/essere → 2.3.2 blühen

firmare avere → 2.1.1 unterschreiben

fischiare avere → 2.1.9 pfeifen

fissare avere → 2.1.1 festmachen

flettere avere → 3.2.82b biegen

fluire essere → 2.3.2 fließen, strömen

fondare avere → 2.1.1 gründen

fondere avere → 3.2.65 schmelzen

formare avere → 2.1.1 bilden, machen

fornire avere → 2.3.2 versorgen, versehen

fotocopiare avere → 2.1.9 fotokopieren

fraintendere avere → 3.2.93 missverstehen

frangere avere → 3.2.66 brechen

frapporre avere → 3.2.20 dazwischen legen

fregare avere → 2.1.4 reiben

frequentare avere → 2.1.1 besuchen

friggere avere → 3.2.67 frittieren, braten

fruire avere → 2.3.2 genießen

fuggire essere → 2.3.4 fliehen

fulminare avere/essere → 2.1.2 (vom Blitz/elektrischen Schlag) treffen

fumare avere → 2.1.1 rauchen

fungere avere → 3.2.79 fungieren

funzionare avere → 2.1.1 funktionieren, in Betrieb sein

fuoriuscire essere → 3.3.9 entweichen

fuorviare avere → 2.1.10 irreleiten

G

galleggiare avere → 2.1.6 schwimmen

garantire avere → 2.3.2 bürgen, garantieren

generare avere → 2.1.2 zeugen, schaffen

genuflettersi essere → 3.2.82b niederknien

gestire avere → 2.3.2 führen, leiten

gettare avere → 2.1.1 werfen

giacere avere/essere → 3.2.18 liegen

giocare avere → 2.1.3 spielen

girare avere/essere → 2.1.1 drehen, wickeln, umgehen

giudicare avere → 2.1.3 beurteilen

giungere essere → 3.2.68 ankommen

giurare avere → 2.1.1 schwören

giustapporre avere → 3.2.20 nebeneinander stellen

giustificare avere → 2.1.3 recht-
fertigen
godere avere → 3.2.12 genießen
gonfiare avere → 2.1.9 aufblasen
governare avere → 2.1.1 regieren
gradire avere → 2.3.2 gern
annehmen
graffiare avere → 2.1.9 kratzen
gratificare avere → 2.1.3 eine
Gratifikation geben
grattare avere → 2.1.1 kratzen,
ausradieren
grattugiare avere → 2.1.6 reiben
gridare avere → 2.1.1 schreien
grigliare avere → 2.1.7 grillen
guadagnare avere → 2.1.1 verdienen
guaire avere → 2.3.2 jaulen
guardare avere → 2.1.1 anschauen
guarire avere/essere → 2.3.2 heilen,
genesen
guarnire avere → 2.3.2 garnieren
guastare avere → 2.1.1 beschädigen,
kaputt machen
guidare avere → 2.1.1 fahren
gustare avere → 2.1.1 schmecken

I

ideare avere → 2.1.2 ausdenken,
erfinden
identificare avere → 2.1.3
identifizieren
ignorare avere → 2.1.1 nicht kennen,
ignorieren
illudere avere → 3.2.4 täuschen,
hoffen lassen
illuminare avere → 2.1.2 beleuchten
imballare avere → 2.1.1 verpacken
imbarcare avere → 2.1.3 einschiffen,
an Bord nehmen
imbastire avere → 2.3.2 heften
imbizzarrire avere/essere → 2.3.2
scheu werden, sich erregen
imboccare avere → 2.1.3 in den Mund
stecken, füttern
imbottire avere → 2.3.2 polstern
imbrogliare avere → 2.1.7 verwickeln, betrügen

imbruttire avere/essere → 2.3.2
hässlich machen/werden
immaginare avere → 2.1.2 sich vorstellen
immergere avere → 3.2.59 tauchen
immettere avere → 3.2.14 einführen
impadronirsi essere → 2.4.4 sich
bemächtigen
impallidire essere → 2.3.2 blass
werden
imparare avere → 2.1.1 lernen
impartire avere → 2.3.2 erteilen
impaurire avere → 2.3.2 einschüchtern, erschrecken
impazzire essere → 2.3.2 verrückt
werden, sich begeistern
impedire avere → 2.3.2 verhindern
impegnarsi essere → 2.4.1 sich
verpflichten, sich widmen
impiegare avere → 2.1.4 anwenden
impietosire avere → 2.3.2 Mitleid
erregen
impigrire avere/essere → 2.3.2 träge
werden lassen, faul werden
implodere essere → 3.2.85
implodieren
imporre avere → 3.2.20 auferlegen
importare avere/essere → 2.1.1
importieren, nötig sein
impratichire avere → 2.3.2
einarbeiten
imprecare avere → 2.1.3 fluchen
imprimere avere → 3.2.47 prägen,
eindrücken
imputridire avere/essere → 2.3.2
verfaulen
inacerbire avere/essere → 2.3.2
sauer machen/werden
inacidire avere/essere → 2.3.2
säuern, verbittern
inaridire avere/essere → 2.3.2 aus-
trocknen
inasprire avere/essere → 2.3.2
verschärfen
inaugurare avere → 2.1.2 eröffnen
incaponirsi essere → 2.4.4 sich
versteifen
incaricare avere → 2.1.3 beauftragen

incattivire avere/essere → 2.3.2 erbosen

incendiare avere → 2.1.9 anzünden

incenerire avere → 2.3.2 einäschern

inchiodare avere → 2.1.1 nageln

inciampare avere/essere → 2.1.1 stolpern

incidere avere → 3.2.52 einschneiden, schnitzen, einprägen

includere avere → 3.2.4 einschließen

incollerire essere → 2.3.2 in Zorn geraten

incombere – → 2.2.1 bevorstehen, drohen

incominciare avere/essere → 2.1.5 beginnen, anfangen

incontrare avere → 2.1.1 treffen

incoraggiare avere → 2.1.6 ermutigen

incorrere essere → 3.2.50 geraten

incrudelire avere/essere → 2.3.2 grausam werden

incuriosire avere → 2.3.2 neugierig machen

incutere avere → 3.2.55 einflößen

indebolire avere/essere → 2.3.2 schwächen, schwach werden

indicare avere → 2.1.3 (an)zeigen

indire avere → 3.3.3 ausschreiben, einberufen

indispettire avere → 2.3.2 ärgern

indisporre avere → 3.2.20 verstimmen

individuare avere → 2.1.2 bestimmen, erkennen

indovinare avere → 2.1.1 erraten

indulgere avere → 3.2.69 Nachsicht haben

indurire avere/essere → 2.3.2 härten, erhärten

indurre avere → 3.2.7 veranlassen

infarcire avere → 2.3.2 füllen, farcieren

infastidire avere → 2.3.2 belästigen

inferocire avere/essere → 2.3.2 wild/wütend machen/werden

infervorare avere → 2.1.1 anfeuern, ereifern

infierire avere → 2.3.2 wüten

infiggere avere → 3.2.40 hineinstoßen

infilare avere → 2.1.1 hineinstecken

infittire avere/essere → 2.3.2 dichter machen/werden

infliggere avere → 3.2.41 auferlegen

influenzare avere → 2.1.1 beeinflussen

influire avere/essere → 2.3.2 einwirken

infondere avere → 3.2.65 einflößen

informare avere → 2.1.1 informieren

infrangere avere → 3.2.66 zerbrechen, übertreten

infreddolire essere → 2.3.2 frieren

ingannare avere → 2.1.1 täuschen

ingelosire avere/essere → 2.3.2 eifersüchtig machen

ingerire avere → 2.3.2 zu sich nehmen

ingiallire avere/essere → 2.3.2 vergilben

ingigantire avere/essere → 2.3.2 riesengroß machen/werden, aufbauschen

ingoiare avere → 2.1.9 verschlucken

ingolosire avere/essere → 2.3.2 Appetit/Lust machen

ingrandire avere/essere → 2.3.2 vergrößern

ingrassare avere/essere → 2.1.1 dick machen, zunehmen

inibire avere → 2.3.2 hemmen

iniziare avere/essere → 2.1.9 anfangen, beginnen

innamorarsi essere → 2.4.1 sich verlieben

innervosire avere → 2.3.2 nervös machen

innervosirsi essere → 2.4.4 nervös werden

inorgoglirsi essere → 2.4.4 stolz werden

inorridire avere/essere → 2.3.2 entsetzen

inquinare avere → 2.1.1 verseuchen

insaporire avere → 2.3.2 schmackhaft machen

insegnare avere → 2.1.1 unterrichten

inseguire avere → 2.3.1 verfolgen
inserire avere → 2.3.2 (hinein)-
stecken
insignire avere → 2.3.2 auszeichnen
insistere avere → 3.2.61 dringen,
beharren
insorgere essere → 3.2.88 sich auf-
lehnen
insospettire avere → 2.3.2 Verdacht
erregen
insuperbirsi essere → 2.4.4 stolz
werden
integrare avere → 2.1.2 ergänzen
intendere avere → 3.2.93 beabsichti-
gen, meinen
intenerire avere/essere → 2.3.2
weich machen, erweichen
intercorrere essere → 3.2.50 dazwischen liegen
interdire avere → 3.3.3 untersagen,
entmündigen
interessare avere/essere → 2.1.1
interessieren
interferire avere → 2.3.2 sich
überschneiden, sich einmischen
interporre avere → 3.2.20
dazwischen legen
interpretare avere → 2.1.2 auslegen
interrogare avere → 2.1.4 befragen
interrompere avere → 3.2.25
unterbrechen
intervenire essere → 3.3.10 eingrei-
fen, sich beteiligen
intestardirsi essere → 2.4.4 sich
versteifen
intimidire avere/essere → 2.3.2
einschüchtern
intimorire avere → 2.3.2 verängsti-
gen
intingere avere → 3.2.64 tauchen
intitolare avere → 2.1.2 titeln,
benennen
intontire avere/essere → 2.3.2
betäuben
intralciare avere → 2.1.5 behindern
intrappolare avere → 2.1.2 fangen
intraprendere avere → 3.2.22
unternehmen

intrattenere avere → 3.2.33
unterhalten
intravedere avere → 3.2.36 erblicken,
ahnen
intrecciare avere → 2.1.5 flechten
intridere avere → 3.2.23 einrühren,
einweichen
intristire essere → 2.3.2 verderben
introdurre avere → 3.2.7 einführen
intromettersi essere → 3.2.14 sich
einmischen
intuire avere → 2.3.2 erahnen
inumidire avere → 2.3.2 befeuchten
invadere avere → 3.2.70 einfallen,
strömen
invaghirsi essere → 2.4.4 sich
verknallen
invecchiare avere/essere → 2.1.9
alt werden, altern
inveire avere → 2.3.2 schimpfen
inventare avere → 2.1.1 erfinden
invertire avere → 2.3.1 verdrehen
investire avere → 2.3.1 einsetzen,
versehen, anfahren
inviare avere → 2.1.10 senden
invidiare avere → 2.1.9 beneiden
invitare avere → 2.1.1 einladen
invogliare avere → 2.1.7 anregen
irraggiare avere/essere → 2.1.6
bestrahlen, ausstrahlen
irretire avere → 2.3.2 umgarnen
irridere avere → 3.2.23 auslachen,
verspotten
irrigare avere → 2.1.4 bewässern
irrigidire avere → 2.3.2 versteifen
irrobustire avere → 2.3.2 stärken
irrompere – → 3.2.25 eindringen,
einbrechen
irruvidire avere/essere → 2.3.2
aufrauen, rau werden
iscrivere avere → 3.2.29 einschreiben
isolare avere → 2.1.2 absondern,
isolieren
ispessire avere → 2.3.2 verdicken
istigare avere → 2.1.4 anreizen
istruire avere → 2.3.2 belehren

L

lamentarsi ẹssere → 2.4.1 sich beklagen
lanciare avere → 2.1.5 werfen
lasciare avere → 2.1.8 lassen
lavare avere → 2.1.1 waschen
lavorare avere → 2.1.1 arbeiten
leccare avere → 2.1.3 lecken
lẹdere avere → 3.2.71 schädigen
legare avere → 2.1.4 binden
lẹggere avere → 3.2.13 lesen
lenire avere → 2.3.2 lindern
levare avere → 2.1.1 heben, wegnehmen, ausziehen
levigare avere → 2.1.4 schleifen, polieren
liberare avere → 2.1.2 befreien
licenziare avere → 2.1.9 entlassen
limare avere → 2.1.1 feilen
limitare avere → 2.1.2 einschränken
liquefare avere → 3.1.4/2.1.2 verflüssigen, schmelzen
litigare avere → 2.1.4 streiten
lodare avere → 2.1.1 loben
lottare avere → 2.1.1 kämpfen
luccicare avere → 2.1.3 funkeln, leuchten
lusingare avere → 2.1.4 schmeicheln

M

macchiare avere → 2.1.9 beflecken
maledire avere → 3.3.3 verfluchen
mancare avere → 2.1.3 fehlen
mandare avere → 2.1.1 schicken
mangiare avere → 2.1.6 essen
manifestare avere → 2.1.1 zeigen, offenbaren
manomẹttere avere → 3.2.14 aufbrechen
mantenere avere → 3.2.33 erhalten
marcire avere/ẹssere → 2.3.2 faulen
martellare avere → 2.1.1 hämmern
massaggiare avere → 2.1.6 massieren
masticare avere → 2.1.3 kauen
maturare avere/ẹssere → 2.1.1 reifen

medicare avere → 2.1.3 ärztlich behandeln
meditare avere → 2.1.2 nachdenken
mentire avere → 2.3.1/2 lügen
meritare avere → 2.1.2 verdienen
mescolare avere → 2.1.2 mischen
mẹttere avere → 3.2.14 legen, stellen, setzen
migliorare avere/ẹssere → 2.1.1 verbessern, besser werden
minacciare avere → 2.1.5 drohen
modificare avere → 2.1.3 ändern
moltiplicare avere → 2.1.3 vervielfältigen
montare avere/ẹssere → 2.1.1 hinaufsteigen, einbauen
mọrdere avere → 3.2.72 beißen
morire ẹssere → 3.3.4 sterben
mostrare avere → 2.1.1 zeigen
mụngere avere → 3.2.79 melken
munire avere → 2.3.2 ausrüsten
muọvere avere → 3.2.15 bewegen
musicare avere → 2.1.3 vertonen, komponieren

N

narrare avere → 2.1.1 erzählen
nạscere ẹssere → 3.2.73 geboren werden
nascọndere avere → 3.2.74 verstecken
naufragare avere/ẹssere → 2.1.4 Schiffbruch erleiden
navigare avere → 2.1.4 (zu Wasser) fahren
negare avere → 2.1.4 verneinen
negoziare avere → 2.1.9 verhandeln
nettare avere → 2.1.1 reinigen, schälen
nevicare avere/ẹssere → 2.1.3 schneien
noleggiare avere → 2.1.6 mieten
notare avere → 2.1.1 bemerken
nuọcere avere → 3.2.16 schaden
nuotare avere → 2.1.1 schwimmen
nutrirsi ẹssere → 2.4.3/4 sich ernähren

O

obbedire (part. pres. -iente) avere
→ 2.3.2 gehorchen

obbligare avere → 2.1.4 verpflichten

obliare avere → 2.1.10 vergessen

obliterare avere → 2.1.2 entwerten

occludere avere → 3.2.4 verschließen

occorrere essere → 3.2.50 brauchen

occupare avere → 2.1.2 besetzen

odiare avere → 2.1.9 hassen

odorare avere → 2.1.1 riechen

offendere avere → 3.2.42 beleidigen

offrire avere → 3.3.5 anbieten

oltraggiare avere → 2.1.6 beschimp-
fen, schänden

omettere avere → 3.2.14 auslassen

onorare avere → 2.1.1 ehren

operare avere → 2.1.2 wirken,
operieren

opporre avere → 3.2.20 entgegen-
setzen, einwenden

opprimere avere → 3.2.47 unter-
drücken

ordinare avere → 2.1.2 ordnen,
bestellen

organizzare avere → 2.1.1 organi-
sieren

ospitare avere → 2.1.2 zu Gast
haben, beherbergen

osservare avere → 2.1.1 beobachten

ostruire avere → 2.3.2 verstopfen

ottenere avere → 3.2.33 erreichen,
erhalten

ovviare avere → 2.1.10 abhelfen

oziare avere → 2.1.9 faulenzen

P

pagare avere → 2.1.4 bezahlen

paragonare avere → 2.1.1 vergleichen

parcheggiare avere → 2.1.6 parken

parere essere → 3.2.17 scheinen

parlare avere → 2.1.1 sprechen

partecipare avere → 2.1.2 teil-
nehmen

partire essere → 2.3.1 abreisen,
abfahren

partorire (part. pres. -iente) avere
→ 2.3.2 gebären

passare avere/essere → 2.1.1
vorbeigehen, verbringen

passeggiare avere → 2.1.6 spazieren
gehen

patire avere → 2.3.2 (er)leiden

peggiorare avere/essere → 2.1.1
(sich) verschlechtern

pendere – → 2.2.1 hängen

pensare avere → 2.1.1 denken

pentirsi essere → 2.4.3 bereuen

percepire avere → 2.3.2 wahrnehmen

percorrere avere → 3.2.50 durch-
laufen/-fahren

percuotere avere → 3.2.87 schlagen

perdere avere → 3.2.75 verlieren

perdonare avere → 2.1.1 verzeihen

permanere (part. pass. permaso)
essere → 3.2.24 bleiben

permettere avere → 3.2.14 erlauben

persistere avere → 3.2.61 beharren

persuadere avere → 3.2.76 überreden

pervadere avere → 3.2.70 durch-
dringen

pervenire essere → 3.3.10
(an)kommen, gelangen

pesarsi essere → 2.4.1 sich wiegen

pescare avere → 2.1.3 fischen,
angeln

pettinare avere → 2.1.2 kämmen

piacere essere → 3.2.18 gefallen

piangere avere → 3.2.19 weinen

piantare avere → 2.1.1 pflanzen

picchiare avere → 2.1.9 schlagen,
prügeln

piegare avere → 2.1.4 falten, biegen

pigliare avere → 2.1.7 nehmen

piovere avere/essere → 3.2.77
regnen, herabfallen

pizzicare avere → 2.1.3 zwicken

poltrire avere → 2.3.2 faulenzen

porgere avere → 3.2.78 reichen,
geben

porre avere → 3.2.20 legen, setzen,
stellen

portare avere → 2.1.1 tragen,
bringen

posare avere → 2.1.1 (ab)stellen, ablegen
posporre avere → 3.2.20 nachstellen, verschieben
possedere avere → 3.2.30 besitzen
potere avere/essere → 3.2.21 können, dürfen
pranzare avere → 2.1.1 zu Mittag essen
praticare avere → 2.1.3 ausüben
precludere avere → 3.2.4 versperren, verhindern
precorrere avere → 3.2.50 vorausgehen, zuvorkommen
predicare avere → 2.1.3 predigen
prediligere avere → 3.2.54 vorziehen
predire avere → 3.3.3 voraussagen, prophezeien
predisporre avere → 3.2.20 vorbereiten, vorsehen
preferire avere → 2.3.2 bevorzugen
prefiggere avere → 3.2.40 festsetzen
pregare avere → 2.1.4 bitten, beten
preludere avere → 3.2.4 hindeuten
premettere avere → 3.2.14 voraussetzen
premorire essere → 3.3.4 vorher sterben
prendere avere → 3.2.22 nehmen
preoccupare avere → 2.1.2 beunruhigen
preparare avere → 2.1.1 vorbereiten
presagire avere → 2.3.2 vorhersagen, ahnen
prescegliere avere → 3.2.27 auswählen
prescindere avere → 3.2.86 absehen
prescrivere avere → 3.2.29 vorschreiben, verschreiben
presentare avere → 2.1.1 vorstellen, vorzeigen
presiedere avere → 2.2.1 vorsitzen
prestabilire avere → 2.3.2 vorherbestimmen
prestare avere → 2.1.1 leihen, ausleihen
presumere avere → 3.2.45 vermuten, annehmen

presupporre avere → 3.2.20 voraussetzen, annehmen
pretendere avere → 3.2.93 verlangen, fordern, behaupten
prevalere avere/essere → 3.2.35 überwiegen
prevedere (fut. pres. / cond. pres. regelmäßig) avere → 3.2.36 voraussehen
prevenire avere → 3.3.10 zuvorkommen
privilegiare avere → 2.1.6 privilegieren, begünstigen
procedere avere/essere → 2.2.1 vorwärts gehen, fortschreiten
procurare avere → 2.1.1 besorgen
produrre avere → 3.2.7 erzeugen
profondere avere → 3.2.65 mit vollen Händen ausgeben
progredire avere/essere → 2.3.2 fortschreiten
proibire avere → 2.3.2 verbieten
promettere avere → 3.2.14 versprechen, zusagen
promuovere avere → 3.2.15 (be)fördern
pronunciare avere → 2.1.5 aussprechen
propendere (part. pass. propenso) avere → 3.2.42 neigen
proporre avere → 3.2.20 vorlegen, vorschlagen
prorompere avere → 3.2.25 ausbrechen
prosciogliere avere → 3.2.5 befreien, lossprechen
proseguire avere/essere → 2.3.1 fortsetzen
prostituirsi essere → 2.4.4 sich prostituieren
proteggere avere → 3.2.13 schützen, behüten
protendere avere → 3.2.93 vorstrecken
protestare avere → 2.1.1 protestieren
protrarre avere → 3.2.34 in die Länge ziehen
provare avere → 2.1.1 probieren, fühlen

provenire ẹssere → 3.3.10
herkommen
provocare avere → 2.1.3 verursachen,
provozieren
provvedere avere → 2.2.1 (**pass. rem.**
→ 3.2.36) sorgen, sich kümmern
prụdere – → 2.2.1 jucken
pubblicare avere → 2.1.3 veröffent-
lichen
pulire avere → 2.3.2 putzen
pulirsi ẹssere → 2.4.4 sich reinigen
pụngere avere → 3.2.79 stechen
punire avere → 2.3.2 (be)strafen
puzzare avere → 2.1.1 stinken

Q

quadrare avere → 2.1.1 zurecht-
setzen, quadrieren, passen
qualificare avere → 2.1.3 bezeichnen, qualifizieren
quantificare avere → 2.1.3
quantifizieren
querelare avere → 2.1.1 verklagen

R

rabbrividire avere/ẹssere → 2.3.2
erschauern
racchiụdere avere → 3.2.4 enthalten
raccọgliere avere → 3.2.5 aufheben,
sammeln
raccomandare avere → 2.1.1
empfehlen
raccontare avere → 2.1.1 erzählen
raddolcire avere → 2.3.2 versüßen,
mildern
rạdere avere → 3.2.70 rasieren
raffreddare avere → 2.1.1 abkühlen
raffreddarsi ẹssere → 2.4.1 sich
verkühlen
raggiụngere avere → 3.2.68
erreichen
raggrinzire avere/ẹssere → 2.3.2
runzeln
rallentare avere/ẹssere → 2.1.1
verlangsamen, langsamer gehen
rapire avere → 2.3.2 entführen

rapprẹndere avere/ẹssere → 3.2.22
gerinnen lassen
rappresentare avere → 2.1.1
darstellen
rarefare avere → 3.1.4 verdünnen
rattristarsi ẹssere → 2.4.1 traurig
werden
ravvedersi ẹssere → 3.2.36 sein
Unrecht einsehen
ravviare avere → 2.1.10 ordnen,
aufräumen
reagire avere → 2.3.2 reagieren
realizzare avere → 2.1.1 verwirk-
lichen
recepire avere → 2.3.2 aufnehmen
recịdere avere → 3.2.52 abschneiden
recịngere avere → 3.2.64 umgeben
recitare avere → 2.1.2 aufsagen,
aufführen, spielen
reclụdere avere → 3.2.4 einsperren
recuperare avere → 2.1.2 wieder-
erlangen
redịgere avere → 3.2.80 verfassen
redịmere avere → 3.2.81 erlösen
rẹggere avere → 3.2.13 halten,
tragen
registrare avere → 2.1.1 aufnehmen,
registrieren
regredire avere/ẹssere → 2.3.2
zurückgehen, nachlassen
reinserire avere → 2.3.2 wieder
einführen
rẹndere avere → 3.2.22 zurückgeben,
leisten
repẹllere avere → 3.2.62 abstoßen
reperire avere → 2.3.2 auffinden
reprịmere avere → 3.2.47 unter-
drücken
requisire avere → 2.3.2 beschlag-
nahmen
rescịndere avere → 3.2.86 aufheben
resịstere avere → 3.2.61 widerstehen
respịngere avere → 3.2.64 zurück-
drängen, ablehnen
restare ẹssere → 2.1.1 bleiben
restituire avere → 2.3.2 zurückgeben
restrịngere (part. pass. ristretto)
avere → 3.2.91 enger machen

retribuire avere → 2.3.2 bezahlen, entlohnen
retrocędere avere/ęssere → 3.2.48 degradieren, zurückgehen
riandare ęssere → 3.1.1 wieder gehen
riannęttere avere → 3.2.82 b wieder angliedern
riapparire ęssere → 3.3.1 wieder erscheinen
riaprire avere → 3.3.2 wieder öffnen
riassųmere avere → 3.2.45 wieder antreten/anstellen
ribadire avere → 2.3.2 bekräftigen
ricadere ęssere → 3.2.2 wieder fallen, zurückfallen
ricavare avere → 2.1.1 gewinnen, ziehen
ricercare avere → 2.1.3 wieder suchen, forschen
ricęvere avere → 2.2.1 bekommen
richiamare avere → 2.1.1 wieder rufen, zurückrufen
richiędere avere → 3.2.3 (wieder) verlangen
richiųdere avere → 3.2.4 wieder schließen
ricominciare avere/ęssere → 2.1.5 wieder anfangen
ricondurre avere → 3.2.7 zurückführen/-bringen
riconnęttere avere → 3.2.82 b (wieder) verbinden
riconǫscere avere → 3.2.8 (wieder) erkennen
ricoprire avere → 3.3.2 (wieder) bedecken
ricordare avere → 2.1.1 sich erinnern
ricǫrrere avere/ęssere → 3.2.50 sich wenden, greifen
ricostituire avere → 2.3.2 neu bilden, wieder gründen
ricręscere ęssere → 3.2.51 wieder wachsen
rįdere avere → 3.2.23 lachen
ridire avere → 3.3.3 wieder sagen
ridurre avere → 3.2.7 kürzen, bringen

rielęggere avere → 3.2.13 wieder wählen
riempire avere → 3.3.6 auffüllen
rientrare ęssere → 2.1.1 zurückkehren, gehören
rifare avere → 3.1.4 wieder machen
riferire avere → 2.3.2 berichten
rifinire avere → 2.3.2 wieder beenden, nacharbeiten
rifiorire avere/ęssere → 2.3.2 wieder blühen
rifiutare avere → 2.1.1 ablehnen
riflęttere avere → 3.2.82 überlegen, widerspiegeln
rifornire avere → 2.3.2 versorgen
rifųlgere avere/ęssere → 3.2.83 funkeln
riguardare avere → 2.1.1 (wieder) betrachten, nachsehen
rilassarsi ęssere → 2.4.1 sich entspannen
rilęggere avere → 3.2.13 wieder lesen
rimandare avere → 2.1.1 wieder schicken, zurückschicken
rimanere ęssere → 3.2.24 bleiben
rimbambire avere/ęssere → 2.3.2 verblöden
rimęttere avere → 3.2.14 wieder stellen/legen/setzen
rimpiangere avere → 3.2.19 nachtrauern
rimpicciolire avere/ęssere → 2.3.2 verkleinern
rimuǫvere avere → 3.2.15 wegräumen, entfernen
rinascere ęssere → 3.2.73 wieder geboren werden
rinchiųdere avere → 3.2.4 (ein)schließen
rincǫrrere avere → 3.2.50 nachlaufen
rincręscere ęssere → 3.2.51 leid tun, bedauern
rinfrescare avere/ęssere → 2.1.3 abkühlen, kühler werden
ringiovanire avere/ęssere → 2.3.2 verjüngen, jünger werden
ringraziare avere → 2.1.9 danken

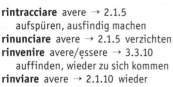

rintracciare avere → 2.1.5
aufspüren, ausfindig machen
rinunciare avere → 2.1.5 verzichten
rinvenire avere/ęssere → 3.3.10
auffinden, wieder zu sich kommen
rinviare avere → 2.1.10 wieder
senden, verschieben
rinvigorire avere/ęssere → 2.3.2
stärken, stark werden
riparare avere → 2.1.1 schützen,
reparieren
ripercuǫtere avere → 3.2.87 wieder
schlagen, zurückwerfen
ripętere avere → 2.2.1 wiederholen
ripętersi ęssere → 2.4.2 sich
wiederholen
riporre avere → 3.2.20 wieder
legen/setzen/stellen, ablegen
riposarsi ęssere → 2.4.1 sich
ausruhen
ripręndere avere → 3.2.22 wieder
nehmen/aufnehmen
riprodurre avere → 3.2.7 wieder
erzeugen, reproduzieren
ripromęttersi ęssere → 3.2.14 sich
vornehmen
riproporre avere → 3.2.20 wieder
vorschlagen
risalire avere/ęssere → 3.3.7
(wieder) hinaufsteigen
rischiare avere → 2.1.9 riskieren
riscoprire avere → 3.3.2 wieder
entdecken
riscrịvere avere → 3.2.29 wieder
schreiben
riscuǫtere avere → 3.2.87 aufrütteln,
einziehen, erzielen
risǫlvere avere → 3.2.44 lösen
risǫrgere ęssere → 3.2.88
auferstehen, wieder aufleben
risparmiare avere → 2.1.9 sparen
rispettare avere → 2.1.1 achten,
respektieren
risplęndere – → 2.2.1 glänzen,
strahlen
rispǫndere avere → 3.2.84
antworten
ritardare avere → 2.1.1 (sich)
verspäten, zögern

ritenere avere → 3.2.33 glauben
ritịngere avere → 3.2.64 neu färben
ritirare avere → 2.1.1 zurückziehen,
abholen
ritǫrcere avere → 3.2.95 verdrehen,
zurückgeben
ritornare ęssere → 2.1.1 zurückkehren, zurückkommen
ritrarre avere → 3.2.34 wiedergeben,
darstellen
ritrovare avere → 2.1.1 wieder
finden, ausfindig machen
riunire avere → 2.3.2 wieder
vereinigen, verbinden
riuscire ęssere → 3.3.9 wieder
ausgehen, gelingen
rivalersi ęssere → 3.2.35 sich wieder
bedienen
rivedere avere → 3.2.36 wieder
sehen, durchsehen
rivịvere avere/ęssere → 3.2.38
wieder lebendig werden
rivǫlgere avere → 3.2.96 richten,
wenden
rǫdere avere → 3.2.85 nagen
rǫmpere avere → 3.2.25 brechen,
zerbrechen
rubare avere → 2.1.1 stehlen

S

sacrificare avere → 2.1.3 opfern
saggiare avere → 2.1.6 prüfen,
probieren
salire avere/ęssere → 3.3.7 hinauf-
gehen, (hinauf)steigen, einsteigen
saltare avere/ęssere → 2.1.1
springen
salutare avere → 2.1.1 grüßen
salvare avere → 2.1.1 retten
sapere avere → 3.2.26 wissen,
können, erfahren
sbadigliare avere → 2.1.7 gähnen
sbagliare avere → 2.1.7 einen Fehler
begehen, können
sbalordire avere → 2.3.2 verblüffen
sbarcare avere/ęssere → 2.1.3
landen, ausschiffen

sbiadire avere/essere → 2.3.2 ausbleichen
sbloccare avere → 2.1.3 freigeben, lösen
sbrigare avere → 2.1.4 erledigen
sbucciare avere → 2.1.5 schälen
scadere essere → 3.2.2 fällig werden
scandalizzare avere → 2.1.1 empören
scandalizzarsi essere → 2.4.1 sich empören
scappare essere → 2.1.1 fortlaufen
scaricare avere → 2.1.3 entladen, abladen
scaturire essere → 2.3.2 entspringen
scegliere avere → 3.2.27 auswählen
scendere avere/essere → 3.2.28 hinuntergehen, aussteigen
scherzare avere → 2.1.1 scherzen
schiarire avere/essere → 2.3.2 aufhellen
schiudere avere → 3.2.4 (halb) öffnen
sciare avere → 2.1.10 Schi fahren
scindere avere → 3.2.86 spalten, trennen
sciogliere avere → 3.2.5 lösen, aufmachen
scivolare essere → 2.1.2 rutschen
scolpire avere → 2.3.2 meißeln, schnitzen
scommettere avere → 3.2.14 wetten
scomparire essere → 3.3.1 verschwinden
scomporre avere → 3.2.20 auseinander nehmen
sconfiggere avere → 3.2.63 schlagen, besiegen
sconnettere avere → 3.2.82b faseln
sconvolgere avere → 3.2.96 erschüttern
scoprire avere → 3.3.2 entdecken
scorgere avere → 3.2.78 erblicken
scorrere avere/essere → 3.2.50 überfliegen, fließen
scrivere avere → 3.2.29 schreiben
scuocere avere → 3.2.9 verkochen
scuotere avere → 3.2.87 schütteln
scusare avere → 2.1.1 entschuldigen
sdegnarsi essere → 2.4.1 entrüsten

sedere essere → 3.2.30 sitzen
sedersi essere → 3.2.30 sich hinsetzen
sedurre avere → 3.2.7 verführen
segnare avere → 2.1.1 bezeichnen, aufschreiben
seguire avere → 2.3.1 folgen
sembrare essere → 2.1.1 scheinen
semplificare avere → 2.1.3 vereinfachen
sentire avere → 2.3.1 hören, fühlen
separare avere → 2.1.1 trennen
seppellire avere → 2.3.2 begraben
servire avere/essere → 2.3.1 dienen, brauchen
sfiorire essere → 2.3.2 verblühen
sfogare avere/essere → 2.1.4 auslassen, ausströmen, abfließen
sforzarsi essere → 2.4.1 sich anstrengen
sfruttare avere → 2.1.1 ausnutzen
sfuggire avere/essere → 2.3.1 fliehen, entkommen
sganciare avere → 2.1.5 abhängen, loslassen
sgonfiare avere/essere → 2.1.9 entleeren, abschwellen
sgridare avere → 2.1.1 schimpfen
significare avere → 2.1.3 bedeuten
sistemare avere → 2.1.1 in Ordnung bringen, regeln
slacciare avere → 2.1.5 aufbinden, öffnen
smacchiare avere → 2.1.9 entflecken, reinigen
smaltire avere → 2.3.2 verdauen, überwinden, aufbrauchen
smarrire avere → 2.3.2 verlegen, verlieren
smentire avere → 2.3.2 dementieren
smettere avere → 3.2.14 aufhören
smuovere avere → 3.2.15 verrücken
snellire avere → 2.3.2 schlank machen, verschlanken
socchiudere avere → 3.2.4 anlehnen
soccorrere avere → 3.2.50 helfen
soddisfare avere → 3.1.3 befriedigen
soffiare avere → 2.1.9 blasen
soffriggere avere → 3.2.67 anbraten

soffrire avere → 3.3.5 leiden
soggiacere avere/essere → 3.2.18 unterliegen
soggiogare avere → 2.1.4 unterwerfen, beherrschen
soggiungere avere → 3.2.68 hinzufügen
sognare avere → 2.1.1 träumen
sollecitare avere → 2.1.2 drängen
sollevare avere → 2.1.1 heben, hochziehen
somigliare avere → 2.1.7 ähneln
sommergere avere → 3.2.59 überfluten
sopprimere avere → 3.2.47 abschaffen
sopraffare avere → 3.1.4 überwältigen
sopraggiungere essere → 3.2.68 hinzukommen, zustoßen
soprassedere avere → 3.2.30 aufschieben
sopravvenire essere → 3.3.10 hinzukommen, dazwischenkommen
sopravvivere (fut. pres./cond. pres. auch regelmäßig) essere → 3.2.38 überleben
sorgere essere → 3.2.88 sich erheben, aufgehen
sorprendere avere → 3.2.22 überraschen
sorvegliare avere → 2.1.7 beaufsichtigen, überwachen
sospingere avere → 3.2.64 treiben
sostenere avere → 3.2.33 tragen, halten, behaupten
sostituire avere → 2.3.2 auswechseln, ersetzen
sottacere avere → 3.2.32 verschweigen
sottendere avere → 3.2.93 mit sich bringen
sottintendere avere → 3.2.93 durchblicken (lassen)
sottomettere avere → 3.2.14 unterwerfen
sottoporre avere → 3.2.20 unterbreiten, unterziehen

sottoscrivere avere → 3.2.29 unterschreiben
sottostare essere → 3.1.5 unterliegen
sottrarre avere → 3.2.34 entziehen, entwenden
sovrintendere avere → 3.2.93 vorstehen
sovrapporre avere → 3.2.20 übereinander legen
spaccare avere → 2.1.3 spalten, hauen
spandere avere → 3.2.89 ausstreuen, verbreiten
sparare avere → 2.1.1 schießen
spargere avere → 3.2.90 ausstreuen, verstreuen
sparire essere → 2.3.2 verschwinden
spaventarsi essere → 2.4.1 erschrecken
spedire avere → 2.3.2 absenden, schicken
spegnere avere → 3.2.31 ausschalten
spendere avere → 3.2.42 ausgeben
sperare avere → 2.1.1 hoffen
sperdere avere → 3.2.75 zerstreuen
spiare avere → 2.1.10 ausspionieren
spiegare avere → 2.1.4 erklären
spingere avere → 3.2.64 schieben, drücken
spiovere avere/essere → 3.2.77 zu regnen aufhören
splendere – → 2.2.1 scheinen, strahlen, glänzen
spogliare avere → 2.1.7 ausziehen
sporcare avere → 2.1.3 beschmutzen
sporgere avere/essere → 3.2.78 hinausstrecken, herausragen
sposarsi essere → 2.4.1 heiraten
spostare avere → 2.1.1 rücken, verlegen
sprecare avere → 2.1.3 verschwenden
stabilire avere → 2.3.2 aufstellen, bestimmen
stabilirsi essere → 2.4.4 sich niederlassen
staccare avere → 2.1.3 lösen, trennen
stare essere → 3.1.5 bleiben
starnutire avere → 2.3.2 niesen

stendere avere → 3.2.93 ausstrecken, ausbreiten

stingere avere/essere → 3.2.64 bleichen

stirare avere → 2.1.1 bügeln

storcere avere → 3.2.95 verbiegen

stordire avere → 2.3.2 betäuben, verblüffen

stracciare avere → 2.1.5 zerreißen

stravedere avere → 3.2.36 eine besondere Zuneigung haben, blind lieben

stravolgere avere → 3.2.96 verdrehen, zutiefst verwirren

stridere – → 2.2.1 kreischen, rasseln, nicht passen

stringere avere → 3.2.91 drücken

struggere avere → 3.2.92 schmelzen

studiare avere → 2.1.9 lernen

stupefare avere → 3.1.4 erstaunen

stupire avere → 2.3.2 erstaunen, verwundern

subire avere → 2.3.2 erleiden

succedere essere → 3.2.48 folgen, geschehen

suddividere avere → 3.2.57 teilen, unterteilen

suggerire avere → 2.3.2 einflüstern, raten

suonare avere → 2.1.1 spielen, läuten

superare avere → 2.1.2 überragen, überholen, überschreiten

supplire avere → 2.3.2 ersetzen, vertreten

supplicare avere → 2.1.3 anflehen

supporre avere → 3.2.20 annehmen, vermuten

sussistere essere → 3.2.61 bestehen

svanire essere → 2.3.2 verschwinden, verklingen

svegliare avere → 2.1.7 wecken

svelare avere → 2.1.1 enthüllen

sveltire avere → 2.3.2 beschleunigen

svenire essere → 3.3.10 ohnmächtig werden

svestirsi essere → 2.4.3 sich ausziehen

sviare avere → 2.1.10 ablenken

svilire avere → 2.3.2 erniedrigen, abwerten

sviluppare avere → 2.1.1 entwickeln

svolgere avere → 3.2.96 abwickeln, entfalten

T

tacere avere → 3.2.32 schweigen

tagliare avere → 2.1.7 schneiden

tangere (pass. rem. fehlt) – → 2.2.1 berühren

telefonare avere → 2.1.2 telefonieren, anrufen

temere avere → 2.2.1 fürchten

tendere avere → 3.2.93 (auf)spannen

tenere avere → 3.2.33 halten

tentare avere → 2.1.1 versuchen

tergere avere → 3.2.94 wischen

terminare avere/essere → 2.1.2 beenden, abschließen, enden

testimoniare avere → 2.1.9 bezeugen

tifare avere → 2.1.1 Fan sein, Partei ergreifen

timbrare avere → 2.1.1 (ab)stempeln

tingere avere → 3.2.64 färben

tirare avere → 2.1.1 ziehen, werfen, schießen

toccare avere → 2.1.3 berühren

togliere avere → 3.2.5 (ab)nehmen, entfernen, wegnehmen

tollerare avere → 2.1.2 ertragen, dulden, tolerieren

torcere avere → 3.2.95 drehen, biegen

tormentare avere → 2.1.1 quälen

tornare essere → 2.1.1 zurückkehren, zurückgehen

torrefare avere → 3.1.4 rösten

torturare avere → 2.1.1 foltern

tossire avere → 2.3.2 husten

tracciare avere → 2.1.5 ziehen, zeichnen, umreißen

tradire avere → 2.3.2 verraten, betrügen

tradurre avere → 3.2.7 übersetzen

trafficare avere → 2.1.3 handeln

trafiggere avere → 3.2.63
durchbohren, stechen
tralasciare avere → 2.1.8 auslassen
tranciare avere → 2.1.5 zerlegen,
schneiden
transigere avere → 3.2.60 durch
einen Vergleich beilegen, über-
einkommen
trarre avere → 3.2.34 ziehen
trasalire avere/essere → 3.3.7
zusammenfahren
trascendere avere/essere → 3.2.28
übersteigen, übertreiben
trascinare avere → 2.1.1 schleppen
trascorrere avere/essere → 3.2.50
verbringen, vergehen
trascrivere avere → 3.2.29
abschreiben, eintragen
trasferire avere → 2.3.2 versetzen
trasfigurare avere → 2.1.1
verändern, verklären
trasfondere avere → 3.2.65 übertragen
trasformare avere → 2.1.1 verwandeln, verändern
trasgredire avere → 2.3.2 übertreten
trasmettere avere → 3.2.14 übertragen, senden
trasparire essere → 3.3.1 durch-
scheinen
trasporre avere → 3.2.20 umstellen
trasportare avere → 2.1.1 bringen,
transportieren
trattare avere → 2.1.1 behandeln
trattenere avere → 3.2.33 aufhalten,
zurückhalten
travasare avere → 2.1.1 umfüllen
traviare avere → 2.1.9/10 vom
rechten Weg abbringen
travolgere avere → 3.2.96 fortreißen
tremare avere → 2.1.1 zittern
troncare avere → 2.1.3 abschneiden,
abbrechen
trovare avere → 2.1.1 finden
truccare avere → 2.1.3 schminken
tuffarsi essere → 2.4.1 tauchen, sich
stürzen
tumefare avere → 3.1.4 anschwellen

U

ubbidire (part. pres. -iente) avere
→ 2.3.2 gehorchen
ubriacare avere → 2.1.3 betrunken
machen
uccidere avere → 3.2.52 umbringen
udire avere → 3.3.8 hören
uguagliare avere → 2.1.7 gleich
machen
ultimare avere → 2.1.2 beendigen
umidificare avere → 2.1.3
anfeuchten
umiliare avere → 2.1.9 demütigen
ungere avere → 3.2.79 einfetten,
einschmieren
uniformare avere → 2.1.1 anpassen
unire avere → 2.3.2 verbinden
urbanizzare avere → 2.1.1
verstädtern
urinare avere → 2.1.1 harnen
urlare avere → 2.1.1 schreien
urtare avere → 2.1.1 stoßen
usare avere → 2.1.1 benutzen
uscire essere → 3.3.9 (hin)ausgehen
ustionarsi essere → 2.4.1 sich
verbrennen
usufruire avere → 2.3.2 genießen,
benutzen

V

vaccinarsi essere → 2.4.1 sich
impfen lassen
vagabondare avere → 2.1.1 sich
herumtreiben
vagare avere → 2.1.4 umherziehen
vagliare avere → 2.1.7 abwägen
valere essere → 3.2.35 gelten
valutare avere → 2.1.2 einschätzen
vantarsi essere → 2.4.1 stolz sein,
sich brüsten
variare avere/essere → 2.1.9 ändern,
wechseln
vedere avere → 3.2.36 sehen
vegetare avere → 2.1.2 wachsen,
vegetieren
vendere avere → 2.2.1 verkaufen
vendicare avere → 2.1.3 rächen

venire essere → 3.3.10 kommen
vergognarsi essere → 2.4.1 sich
schämen
verificare avere → 2.1.3 prüfen
versare avere → 2.1.1 (aus)gießen
vestire avere → 2.3.1 anziehen
vestirsi essere → 2.4.3 sich anziehen
viaggiare avere → 2.1.6 reisen
vietare avere → 2.1.1 verbieten
vilipendere avere → 3.2.42
verachten
villeggiare avere → 2.1.6 seinen
Urlaub verbringen
vincere avere → 3.2.37 gewinnen
visitare avere → 2.1.2 besuchen,
untersuchen
vivere avere/essere → 3.2.38 leben
viziare avere → 2.1.9 verwöhnen

volare avere/essere → 2.1.1 fliegen
volere avere/essere → 3.2.39 wollen
volgere avere → 3.2.96 wenden
votare avere → 2.1.1 wählen
vuotare avere → 2.1.1 (aus)leeren

Z

zampillare avere/essere → 2.1.1
hervorschießen
zappare avere → 2.1.1 hacken
zigzagare avere → 2.1.4 im Zickzack
laufen
zittire avere → 2.3.2 zischen
zoppicare avere → 2.1.3 hinken
zuccherare avere → 2.1.2 zuckern,
süßen

Notizen

Notizen

Notizen

Notizen

Notizen

Notizen